田野·新知丛书

田野逐梦　太行山传统村落调查研究（教师篇）

主编　郝平

山西出版传媒集团　山西人民出版社

图书在版编目（CIP）数据

田野逐梦：太行山传统村落调查研究．教师篇／郝平主编．—太原：山西人民出版社，2021.10
（田野·新知／郝平主编）
ISBN 978-7-203-11945-6

Ⅰ．①田… Ⅱ．①郝… Ⅲ．①太行山－村落－调查研究 Ⅳ．①K928.5

中国版本图书馆 CIP 数据核字（2021）第 204476 号

田野逐梦：太行山传统村落调查研究．教师篇

主 编：郝 平
责任编辑：王新斐
复 审：吕绘元
终 审：武 静
装帧设计：谢 成
出 版 者：山西出版传媒集团·山西人民出版社
地 址：太原市建设南路 21 号
邮 编：030012
发行营销：0351-4922220 4955996 4956039 4922127（传真）
天猫官网：https：// sxrmcbs.tmall.com 电话：0351-4922159
E － mail：sxskcb@ 163.com 发行部
 sxskcb@ 126.com 总编室
网 址：www.sxskcb.com
经 销 者：山西出版传媒集团·山西人民出版社
承 印 厂：山西出版传媒集团·山西人民印刷有限责任公司
开 本：720mm×1020mm 1/16
印 张：19.75
字 数：300 千字
印 数：1—1000 册
版 次：2021 年 10 月 第 1 版
印 次：2021 年 10 月 第 1 次印刷
书 号：ISBN 978-7-203-11945-6
定 价：118.00 元

总　序

作为学术意义上的田野工作（field work）主要起源于西方的人类学和考古学研究。20 世纪初，随着西学东渐的逐渐深入，一批西方学者以及在西方留学的中国人把这一方法引入中国，由此推动了中国人类学、社会学、民俗学等众多学科的发展。这一过程中，历史学也在经历着从传统到现代的过渡，"新史学"在 20 世纪的两端遥相呼应，共同呼唤新的研究气象。社会史、文化史、医疗史、环境史等"新史学"领域无不要求眼光向下，而田野调查也就成为一种基本的工作方法得到运用。只不过，这里的田野调查是经过史学家"改造"后的研究方法，也即史学本位的田野调查，而不是人类学视野下的田野工作。无论如何，它已经完全超越了一般意义上的实地考察，在注重观察"事实"的前提下，更加重视其背后的故事和对当下的构建。

山西大学民间文献整理与研究中心也是在百年来的学术潮流中诞生的学术组织，她将研究视野聚焦于"民间社会"，以民间文献为线索，在"整体"的关怀之下，从纵向和横向上打破时段限定，打通学科壁垒，在深耕民间实现学术突破的同时，又把理论与实践相结合，更好地服务民间社会。而"田野作业"几乎贯穿了这一学术理念践行的整个过程。从文献的收集、阅读到文献背后的故事挖掘，从民间历史文化脉络的梳理到文化资源的评估和利用，可以说，无论是问题的发现，还是问题的分析和解决，都离不开田野作业。正是在这一意义上，我们把田野作业视为中心的"立命之本"和学术传统。在学术之外，田野作业还是学生的视野之窗和为人之"道"。对于长期生活在象牙塔中的学生而言，田野作业无疑给他们打开了一扇认识中国社会的窗户，这种认识不是基于新闻报道或道听途说，而是自己切身的观察和体悟，相比于前者，这种认识更加具体和深刻，更能触动内心，激发好奇。田野作业的过程，即是与自然和社会打交道的过程，生存本领、生活技能、待人接物等各方面能力，都能在田野中得到锻炼。正因为如此，田野作业是一种综合素质的养成之道，并成为中心的学术传统，一年又一年地持续下来。

　　春发其华，秋收其实。眼前呈现在读者面前的文集，就是近几年来我们田野作业的部分成果，包括民间文献整理、田野调查报告、学术研究论文等多种类型，体现了我们的学术旨趣和研究理念。我们期望这一形式和相关内容可以嘉惠学林、服务桑梓。当然，更多地，是希望得到广大读者的批评指正，不断帮助我们进步提高。

　　是为序。

郝　平

2020 年 10 月

前　言

东方中国地大物博、历史文化源远流长，香火绵延，其中，雄踞北方大地的太行山魅力无限。历代帝王将相、名人志士从不同角度描写了太行山，魏武帝曹操于建安十一年（206）春在亲征高干途中于鞍马间作了《苦寒行》："北上太行山，艰哉何巍巍！羊肠坂诘屈，车轮为之摧。"唐代大诗人李白《北上行》："北上何所苦？北上缘太行。"这些都描写了行走太行之艰难，也反映出太行山地势险峻的特点。从三晋名士傅山游历太行时所作的《太行》："紫盎天井上，青幕太行郭。风雨诗何壮，冈峦气不奴。争韩来破赵，报楚去趋吴。临老河山眼，苍茫得酒壶。"我们则可以体会到太行雄壮之美。

太行山作为自然地理的标志和标识，天然地将华北地区的空间结构划分为东西两大部分，在自然地理上划分了中国板块，因此从来不缺乏对太行山的文字记载。在历史遗存的文物文献、遗迹遗址序列中，太行山的文化内容最为丰富。特殊的自然地理条件，孕育了独特的文化谱系，形成了一个非常完整的历史文化链条，有机地融入博大精深的民族文化大典中。正是这诸多的文化符号构成了太行山文化的内涵和外延，成为当下地方发展、学术研究的抓手和根基。

最近 100 年西风东渐以来，伴随着城市化的历史进程、科技和交通的时代性变革，以及现代学科的设置，太行山文化逐渐淡出了人们的视野，接近被忽视的地步。这一点，稍加学术梳理便不难发现：1.最近一个多世纪以来，虽然有一些针对太行山文化的文论，但多囿于某一学科的具体问题；2.太行山文化的文论常常受到时代政治的影响，诸如红色文化、传统村落保护、乡村贫困、乡村振兴等题材。总之，最近100多年来，鲜有针对太行山历史文化进行整体认识的学术著作诞生。新的时代，民族复兴序幕拉开，亟须对太行山予以体系性认识。

在此背景下，山西大学民间文献研究中心的老师们依托2017年教育部人文社会科学重大攻关项目"中国传统村落价值体系与扶贫搬迁中的遗产保护"（批准号：17JZD052）这一课题，充分发扬我们中心的学术传统，立足广泛、扎实、深度的田野调查，利用一手的民间文献资料、口述资料等，采用交叉融合的学术视野，对太行山展开了各个层面、各个维度的观照和思考，对太行山区域内所蕴含的物质文化遗产和非物质文化遗产的内涵不断做着事实判断和价值体系梳理，进而给出动态化、谱系化和系列化的阐释和深描，尝试构建了中国传统村落的价值体系。我们给出的中国传统村落的价值包括历史固有价值、现实评估价值和未来预期价值。尽管这样的构建多是根据太行山传统村落而得出的结论，但是对于全国众多的传统村落也同样适用。

顾名思义，太行山文化谱系，是指包括历史时期的自然地理在内的广义文化范畴，伴随着人类社会的历史进程而逐渐凝结成的智慧与特殊性。所谓谱系，不仅仅是历时性与共时性的有机统一，还包括国家与社会，政治与经济、文化的三位一体的有机统一，犹如光谱一样呈现动态的连续过程，在一定的历史时期表现出本质性的特征，或者以非物质的形态口口相传，或者以物质的形态作为遗产表现出来。太行山文化的内涵非常丰富，但高度概括则可归纳为两大方面，其一是物质文化遗产；其二是非物质文化遗产。在物质与非物质文化体系中具体地对应，也呈现谱系化、序列化的结构。立足于以上认识，顺着历史脉络，笔者摘其主要，稍加叙述:1.远古神话;2.自然地理:民族融合与民族走廊——太行八陉;3.秦汉都城文化与太行山资源;4.唐宋以来的历史遗产:历史文化名村与名镇及其宗教信仰;5.农耕文化与商贸历史:东方中国特色的经济发展道路与转型实践;6.民族脊梁——太行山抗日根据地;7.新中国成立初期的社会主义道路;8.革命老区的贫困与脱贫攻坚;9.生态文明:自然山水与美好乡村。

归根结底一句话,太行山文化价值体系的有机构成,不外乎三大部分:其一是历史文化的固有价值;其二是现实需求的认识价值;其三是未来预期的愿望价值。三大部分有机地构成太行山文化的价值体系。理所当然,其中包括政治、经济和文化,国家与社会,以及历时性与共时性的框架理论及其方法论。

在田野调查中,带着这样的思考和诉求,我们从中发现问题,并尝试给出相应的建议和对策。在黎城县,与黎城县人大、旅游发展委员会、文化局、地方志办公室、八路军研究会,以及各乡镇党政一把手等多次座谈,针对如何深入挖掘黎城县历史文化和红色抗战遗址的文化内涵,如何深度开展全域旅游等问题,深入交换了意见,并形成了初步的共识。在高平市,针对高平市传统村落集中连片、村庄庙宇和碑刻文献丰富的特点,提出构建高平市传统村落遗产区域的建议,得到了高平市委、市政府的认可和高度重视。同时,以本课题为基础,团队内部硕士研究生和博士研究生的学位论文,基本上是以传统村落为题,培养了合格的科研人才。在地方上,对旅游、文化、文物保护、地方志、民间文献等部门和机构的工作人员进行相关业务培训,提高了工作人员对传统村落的认识,推动了传统村落保护和利用的进步。

目　录

山西晋城传统村落调查报告
——传统村落保护的要素与区域差异

郝　平

晋城是传统村落分布非常集中的地区之一。本调查报告在实地调查基础之上，对传统村落保护整体性予以关注，为建构传统村落价值体系奠定调查基础。一方面，以阳城县为例关注不同区域传统村落保护的区域不平衡问题；另一方面，以水池、水井和碑刻为例关注传统村落内部各组成要素之间保护的不平衡问题。

一、引言

山西省晋城市是山西省下辖的地级市，地处南太行西麓，属于习惯上所谓晋东南上党地区，是晋豫之间交往的重要通道。晋城在唐宋以来大多数时期称泽州。晋城总面积9490平方公里，占山西省总面积的6%，地处太行山区，全境平均海拔600—700米，最高点为海拔2322米的中条山舜王坪；最低处是丹河、沁河下游河谷地，海拔接近300米。沁河的主要支流有长河、白水河、犁川河、龙湾河、范河、端氏河、濩泽河；丹河的主要支流有许河、东大河、东仓河、巴公河、石盆河等。晋城市属暖温带半湿润大陆性季风气候区，受大陆性季风影响，区内地形地貌复杂，各地区小气候差异大，四季分明，冬长夏短。春季少雨多风，干旱时有发生；夏季炎热多雨，降水量年际变化大；秋季温和凉爽，阴雨天气多；冬季寒冷，雨雪稀少。域内地狭人稠，总耕地面积为 283.38 万亩，人均耕地面积 1.42 亩。晋城市境内主要为丹河和沁河两大流域。

晋城市是传统村落分布非常集中的地区之一。截至住建部第五批传统村落名录公布，晋城市列入名录的传统村落共有 166 处，其中高平市 56 处，泽州县 52 处，陵川县 14 处，沁水县 16 处，阳城县 28 处。列入名录的传统村落是晋城地区传统村落中比较典型或受到较多关注的案例，从课题组实地调查情况来看，晋城地区传统村落的一大特点是绝大部分村落保留着大量的传统建筑，用"村村都是传统村落"来概括这一地区的特点似乎略有夸张，却也能反映部分实际情况。有相当部分村落基层干部不重视传统村落申报工作，或缺少相应人才，并未申请，以致未列入名录之中。

本调查报告主要从传统村落若干重要的组成要素和区域保护角度探讨传统村落及其保护问题。这里选取的传统村落要素是通常研究中不太引人注意的一些要素，一方面充分体现了晋城区域特征，另一方面也充分体现了从历史学角度对传统村落固有价值的重视。区域保护问题则侧重于讨论传统村落的区域差异和类型差异问题，特别是选取了阳城这一区域。这一区域是全国全域旅游发展走在前列的地区，是传统村落保护和利用的典型区域。

二、传统村落构成要素

这一部分主要讨论村落中的水池和碑刻两个构成要素。这两个要素在以往传统村落研究中较少受到注意。

（一）村落中的水池、水井

村民吃水是过去困扰村庄的最基本问题。以往学界对村落水资源问题的研究在区域上多以河流谷地地区为主，在主题上多以争水和水利治理为主①。晋城地区的水资源主要有两个特点：一是时间分布不平衡，总的来说，冬春季节很少，夏天降水量很大。现存最早的泽州地区的降水量测量数据是民国时期的，从民国十一年到民国十七年的降水量记录来看，泽州地区的降水量有两个主要特点。一是总降水量比较大，七年的平均值是543.7毫米，是山西降水量最大的地区，按照气象学的标准，这基本属于半湿润地区（400毫米为半湿润与半干旱分界线）。二是时间分布不平衡，总的来说是冬春少，夏天多，七年中11月到次年2月这四个月的平均降水量的总和是36.2毫米，仅占全年总值的6.7%。而七八月份的平均降水量总和是295.6毫米，占全年的54.4%，这两个月的降水量是冬春四个月降水量的八倍多②。二是河流流速快，水资源不容易保留。建国以后在这一区域修建大量水库就是为了解决蓄水问题。历史上，传统村落中也修建了大量的水池或水井来进行蓄水。因此，晋城地区的水资源以水井和水池为主要存在形态。

案例1：高平市沟村的水池变迁

高平市沟村位于省道331（S331）路北，现在是高平市区通往西部的野川、原村和马村的必经之地。这个村也是2011年课题组第一次来高平调查的时候给人留下深刻印象的村落。一晃，那已经是五年以前的事情了。那个时候沟村最吸引笔者的地方也恰恰是这次调查重点要去的地方。当时，我们开车路过沟村，从沟村大桥上就可以看到一座庙宇，也就是沟村关帝庙，关帝庙位于野川河边上，从庙里可以俯瞰整个野川河，而巧的是野川河在这里拐了一个小弯，正好将沟村抱在了怀里。这种奇特的地理位置是当时吸引笔者的地方，所以当时

---

① 张俊峰：《二十年来中国水利社会史研究的新进展》，收入山西大学中国社会史研究中心编：《山西水利社会史》，北京大学出版社，2012年版，第163—187页。
② 《华北雨量记载图表》，刊于《华北水利委员会水文气象测验报告》，1935年第1期，第70页。

去的那么多庙里，给笔者留下印象最深的就是沟村这个关帝庙了。虽然没有对它进行详细的调查，但实际上已经去过五六次了。因为觉得这里地势风景好，每次带人去做调查，路过的时候都会跟他们说一说，很多时候都拐进去看看。不过因为没有进行正式调查，所以对这个关帝庙没有特别清晰的认识。这次调查的主题是沟村水池问题，缘起是沟村关帝庙中有一通关于争水的碑刻。

沟村位于高平市区西南5.5公里处，是高平盆地向西部山区过渡的边缘地区，向东的梨园和瓦窑头等村，已经到了市区边缘，向西就是后山沟村，再西就进入皇王山等西部山区了。沟村位于野川河东岸，沿河向北就是路家村，向南就是康营村。据调查中村民讲，以前从原村方向过来的商人就是过野川河之后经过沟村，再到瓦窑头和梨园，再到汤王头，然后进入高平县城之中。可见，沟村一直就在从晋南和沁水到高平的重要交通路线上，只是原来路线偏北，现在的省道偏南一些。沟村是一个行政村的名字，包括许家沟、毕家沟和郭家沟三个自然村，三个村在清代全部属于十九都玉井里，三个村位于这一片丘陵地带的前中后三条山沟里，因此县志中称作南沟村、中沟村、后沟村①。许家沟关帝庙南边的西阁外面（西侧）有康熙四十七年的匾额一块，上面就写作"南沟村"，和县志中的记载一致，可知以前正式的名称就是南沟村。沟村现属野川镇，三个沟村规模都不大，方圆不足200米，现在三个沟村共计近400户，1400多人，许家沟较大，近200户，其他两村均为100户左右。许家沟和毕家沟两村距离较近，现在已经连在一起，中间有一座牌楼分割，牌楼北边就是毕家沟村，南边就是许家沟村。郭家沟现在在地理上仍然与毕许两沟村分离。

沟村共有两个关帝庙，一个在许家沟，一个在毕家沟，诉讼碑刻所在的是许家沟的关帝庙。许家沟关帝庙位于村西南角，临近西阁和南阁，坐北朝南。庙宇正殿三间，东西耳房各一间，东西配殿各三间，西配殿为奶奶殿，东配殿目前空着。西配殿的背后是一个龙王庙，也

---

① ［清］傅德宜等纂修：乾隆《高平县志》卷四《里甲》，地方志集成版，第59页。

算是关帝庙的西侧院。龙王庙正对野川河，可以俯瞰野川河谷。关帝庙山门朝东，位于庙的东南角，庙南侧就是南阁，可以直接通到南阁和西阁之上。许家沟关帝庙与龙王庙、西阁（马王阁）、南阁（慈云阁）、水池、看楼和过路搭板戏台等构成一个庞大复杂的建筑集群。关帝庙坐北朝南，南侧为西阁。西阁正对面有一过路搭板戏台，戏台坐东朝西，正对西阁。戏台为过路戏台，平时走路，形制也像一座阁门，唱戏的时候在中间搭板，就与关帝庙、西阁、南阁和看楼一起构成一个剧场。西阁南边毗连南阁，两阁呈直角，南阁东边是侧面的看楼。西阁是一个截面呈方形的阁门，朝外朝西的一侧是马王阁，朝内朝东的一侧是对面看楼，正对戏台。以上建筑围成一个广场，也是剧场，是村中看戏等公共活动举办的地方。这个建筑集群南面就是水池。关帝庙始建重修年代不详，西阁上今存康熙四十七年的南沟村匾额，西阁当创建于此时，关帝庙的始建可能也是这个时候。从今存戏台上的脊枋题记可知道光六年创修戏楼，道光六年创修舞楼当是一次增修，推测庙宇兴建当不晚于清前期。

　　沟村由三个自然村构成，许家沟是最大的一个，也是行政村所在地。沟村关帝庙位于许家沟村西。以前到关帝庙是从西面野川河滩走，现在则是从东面村中走，从东面搭板戏台下面就开始见到大量的羊粪蛋，刚下过雨，道路泥泞，雨水混杂着羊粪，别有一番滋味在心头。沟村主体街道都修得不错了，但是关帝庙建筑集群附近的路还很糟糕，看来关帝庙的香火应该不是很旺盛。关帝庙旁边有两个阁门。南阁的北面有三个砖雕字，隐约记得前两个字应该是"混涌"，最后一个字完全漫漶。不管怎样，这个砖雕匾额和水有关系。过了南阁，外面阁上有一个小神龛，上面写着"慈云亭"，按这个说法，这里应该是观音神龛庙宇，这个南阁应该是观音阁才对。再往南就是一个羊圈，打眼一看，有一通碑横在地上。说是羊圈，其实是一个很大的院子，院门大开。羊虽然不在，但是羊的味道还在。屏住呼吸，蹑手蹑脚进去看了看，原来是块墓碑。出来转向西阁外面，一转角，又遇到两通碑，不过都是碑阴朝上，摸了摸反面有字，但是翻不过来。晋城地区的村落中散落着大量各种碑刻，这些碑刻未受到很好的保护和整理。由于这一类文物存世数量巨大，目前没有足够的投入来进行保护，大量此类文物在自然状态之中。

到了西阁的西面，下面就是河滩，河滩里没有什么水，倒是有不少树。关帝庙碑文中说水池边的树归许家沟管理，想必原来水池边上也有不少树，现在恐怕没了。西阁的上面有一块匾，现在被树枝遮挡着，字迹也不太清晰。关帝庙南边、羊圈东边有一个小水池。询问村民，他们说原来这里是一个水池，后来填了，在上面又象征性地修了一个小水池。我印象中碑文里提到争水水池应该在毕许两沟村中间，所以感觉可能不是这个水池。问村民，他们说北面还有一个水池。我也不知道究竟是哪一个水池了。

好不容易找到看庙的大姐，我就跟她聊村里的吃水问题。她说她知道民国争水那通碑，那是吃水的碑。我一进庙就开始抄碑，抄好之后和她开始聊。她告诉我戏台对面的阁是马王阁，这是我第一次知道，现在阁上还画了一幅骏马奔腾的画，不过没有塑像了。这个阁是一个截面呈正方形的阁，西面临河的是马王阁，东面正对戏台的确实是一个看楼，这是较为少见的正面看楼。看庙大姐说以前就在这个上面看戏，但是没有文字证据。马王阁上面南沟村的匾额是康熙四十七年的，应该就是建立此阁的时间，可能也是建立关帝庙的时间。戏台建于道光年间，阁在戏台创建之前就已经存在了，那么看楼不大可能是康熙时期就建好的，它有可能是在后来经过改造才成为正面看楼的。这个改造时间可能还要晚于南边看楼修建的时间。改造方式要么就是把马王阁拓宽成为方形截面的阁，要么就是原来是双向阁，后来将里面的阁改为看楼。后一种情况可能性不大，可以从建筑上进行判断。所以，这个正面看楼创建之初是不是就是作为正面看楼设计的，这本身是有点问题的，但是它曾经作为正面看楼使用则没有问题。

看庙大姐又带我们到阁下面看一块石头上刻着的字，上面写着

"三十三年二月"的字样，前面有一个字看不太清楚，也许是个国字，如果是民国三十三年，那就是 1944 年，不过也可能是民国十三年，那就是 1924 年。难道 1924 年或者 1944 年曾经对这个阁做过改修？这个不得而知，但是这个石头上的字应该是当时修建的时候留下的时间记录，这种习惯很多工匠都有。看庙大姐说，这个阁下面的路垫高了很多，原来比现在低得多。原来有一种铁轱辘小车就是从这条路上经过，还留下了车辙。这话引起了我的兴趣，我问她："从哪里来？到哪里去？"她说从原村那边来，经过沟村以后，到瓦窑头、梨园，再到汤王头，然后进高平城。这就为我们理清了从晋南、沁水一线一直到高平县城的路。我前段时间刚刚去过梨园，知道梨园的阁和明代的桥。汤王头也去过多次，知道是进出县城的门户。这次就全都连了起来。我以前都是从村庄布局的角度来思考阁门的，可以说是在村庄聚落尺度上来思考阁门，这次视野一下打开了，可以在更大尺度上思考阁门。阁门其实不仅标志着村庄的边缘，同时标志着村庄的道路，阁门的方向也就是穿过村庄的道路的方向。行路的人看到阁门就知道又到了一个聚落，可以歇歇脚了。将阁门连接起来就是商路，这样商路研究又有了一个新的视角，一下子豁然开朗。关帝庙的西面还有一个小侧院，侧院里面是一个龙王庙，这个龙王庙位置很好，正好可以俯瞰整个野川河谷。这个龙王庙估计既是河神庙又是水池神庙。

南边这个阁就直接和本次调查的主题有关系了。看庙大姐说原来那个水池就在南阁外面，出了南阁就是向下的台阶。水池的西面，也就是临河的地方，也有一个阁门，野川河的水就是从这个阁门流进水池中的。也就是说，关帝庙之南原来其实有两个阁门，一个走人走车，留下了车辙，就是现在的马王阁。另一个走水，野川河的水通过这个阁门流进了水池之中，水池起到了蓄积河水的作用。看庙大姐又说以前的西阁外面比现在更加壮观，垂直高度落差更大。村民要打水，都是从西面的水阁或者南阁，沿着台阶下去，到了水池边上才能打水，所以水池地势很低。水池是要蓄积河水的，它应该在水位高的时候比河水要低才行；水位低的时候，水池的水再和河水分开。这可以说是一个精巧而简单的水利工程了。看庙大姐的话解开了我很多的谜团。她还说，原来村民吃水就是在这个水池里，争水也是在这个水池，后来才又在村子北面，毕许两沟村之间修了一个大水池，那个水池就是蓄积雨水，早期自来水没有接入家庭的时候，水池也用来放自来水。

沟村关帝庙建筑群非常复杂，我想可以用一副对联对它进行描述：上联是：一台四庙两看楼；下联道：一池四阁连五村。

由"一台（戏台）、一池（水池）、两看楼（南面侧面看楼和西面正面看楼）、四阁（南阁、西阁、西水阁和戏台阁）、四庙（关帝庙、龙王庙、马王庙和奶奶庙）"共同构成了一个建筑集群，连通着原村、沟村、瓦窑头、汤王头、梨园几个村庄。仔细想想，真的是蔚为壮观。西阁隐含着商路的重要问题，还连带着汤王头的问题。南阁和水阁隐含着水池的问题，直接和本次调查主题有关。过路搭板戏台模式和康营有对应。正面看楼又是极具特色的看楼样式。可以说每一个建筑都有故事，单是这个建筑群就可以生发出众多的问题出来。不过，这个建筑群的整体面貌已经被破坏了至少三分之一。周边环境被破坏了，水池被破坏了，重要的碑被破坏了。

随后，我们又去了毕家沟调查，也就是争水的另一方。毕家沟村的老大爷说毕许两沟村中间的那个大水池是 20 世纪 70 年代修的，当时为了解决吃水问题，从野川的南杨村引水过来，南杨村距离毕家沟有十几里地，用铸铁管道引水过来，这就是毕许两沟村最早吃到的自来水。后来南杨村的管道也不能用了，又从其他地方接了自来水，原来的水池也不用了。他说水池旁边原来有一个奶奶庙，其实是一个阁，几年以前许家沟有人在池边重修了一个小的奶奶庙，就是我们昨天看到的奶奶庙，可以算是原址重建了。

沟村关帝庙争水碑刻附记如下：

高平县知事陈

为公布□案

据毕、许两沟村因水池纠葛，屡次□讼。本知事为息讼起见，委令该里村长高登瀛前往两村会同妥议办法，呈县核夺^①。去后□□该村长呈称：奉令前往毕、许两村，会同村副、闾长□□两村教员□同妥议办法数条，请核前来。查所拟办法各条，虽属平允，尚欠周妥。本知事业将各□□□□改，合亟开列于后公布，两村人民一体遵照勿违。切切此布。

计开办法四条：

一、池属共有。公掏公汲，岸上修筑、植树均归许家沟村管理。

二、毕家沟村□水走路仍照旧规，许家沟村不得拦阻。

三、向来挖池按两村人口拨工，永远遵守。

四、拨河工价一项，许家沟村担负十分之七，毕家沟村担负十分之三，不得变更。

民国十五年七月十七日

许家沟村乡公所抄刊

案例 2：梨园村的水池

梨园村距离市中心 3.5 公里，东面为靠近市区的唐庄和上下玉井等村，此处既是以前的南北官道，也是今铁路与一级路（省道 227）通过之处，交通非常便利。西面即本案例涉及的瓦窑头村，再西即进入野川附近的丘陵地带，北面经南韩庄和琚庄遥望市区西面的头颅山与金峰山，南面沿官道到达北陈、南陈等村。梨园村旧村原来规模不大，高平通往沁水的省道 331 经过村南，现在村庄向南扩展不少。梨园村与本案例诉讼另一方瓦窑头村位于高平市区西南边缘，正好位于高平

---

① 核夺，审核决定之意。

盆地向西部山区过渡的中间丘陵地带，这是其在高平整体地形地势中的位置特点。这个小区域的地形特点与本案例中的争水事件有密切关系，后文考释中详述。梨园村在清代属于十九都玉井里①，今属南城街道，现有人口 150 余户，600 多人②，规模不大。紧邻梨园村的瓦窑头村地理位置和地形与梨园村近似，在清代与梨园村同属玉井里，今也属南城街道，现有人口近 200 户，900 多人，规模比梨园略大。本案例争讼两村均为市区边缘交通便利的中等规模村庄。

　　梨园村有一个非常重要的水池，这个水池很有特点，2005 年村里对水池进行了修缮，成为村中重要的一处景观。村里还给水池起了一个很好听的名字，叫作碧云池。名字很有些来历。梨园村最有名的古迹是一桥（崇正桥）、一阁（慈云阁）、一庙（碧云霄），再加上这一池。碧云池这个名字是从庙和阁的名字中各取一个字，碧云池像是这一庙一阁生出来的孩子一样。实际上，碧云池倒是更像梨园村的母亲，几百年来，正是这泓池水哺育着村民。我到了池边的时候正好看到一个中年大哥在钓鱼。我对钓鱼很感兴趣，就上去和他攀谈，问他钓鱼的事情，他跟我说水池是死水，里面的鱼都是他们放进去的，现在还很小，他就是钓着玩。接着我就问他村里以前吃水的事情，他说梨园村一直是一个缺水的村子，从他记事开始，村里主要就是靠碧云池里面的水生活。村里的碑文中说村民在水池边挖了水道引水，我一直以为是将水池里的水引出去使用。听他解释说水道实际上是从西边的小山上引水下来，碧云池的水实际上就是山上的雨水，下雨之后就沿着挖好的水道流到水池里。水池在村中地势比较低，原来就是一个天然的大水坑。2000 年左右村里才通了自来水，解决了几百年吃水的难题，2005 年，村里花钱对碧云池进行了整修。现在村里人已经不再需要吃水池里的雨水了，碧云池成了大家休息观赏的地方了。说实话，只有亲自到中国基层社会去看看，你才会知道建国以来中国基层社会

---

① ［清］傅德宜等纂修：乾隆《高平县志》卷四《里甲》，地方志集成版，第 59 页。
② 数据来自田野调查中询问村民。

取得了多么大的进步，这些进步是实实在在的。上千年的时间里，村民们为了吃水打架斗殴、打官司、买地凿井，想尽一切办法，最后还是只能喝浑浊的雨水，需要澄清好久才能喝。就是这样的雨水有时候都不够喝。可是自来水通了以后，这些问题就解决了。所以，这个时代真的比以前好太多了。

跟大哥聊完以后，我的疑问就大部分解决了，下面就是要落实几个具体的地点。碑文中提到了梨园村的四口井以及水道的走向，我都想要一一落实一下。玉皇庙门口坐着一个老大爷，我就问他村里的井的位置，他告诉我西面水道那里有两口井，东面阁门那里有一口井。我在玉皇庙里看到有个井，问他是不是，他说不是，那是一个下水道。以前玉皇庙的水是排到西面水池里的，后来凿了这个排水井，排到了东面。我又问了几个人，他们都只知道三口井，并不知道第四口井在哪里。我围着玉皇庙转了一圈，也没有再发现什么，就先去了东面阁门旁边。我在阁外面看了看，也没看到有井。就找了个阿姨问了问，阿姨说那个井就在阁北边，早就填了。调查完阁门旁边东面的井，我就又去西面找另外两口井和水道。水道就在碧云池的西面，令人兴奋的是，水道还在，大概因为二十年前这个水池还是村民主要的饮用水来源，水道后来被重新加固过，用石头水泥垒起来，两边大概有几十厘米高、有几十米长，再上去就分辨不出来了。水道旁边有老夫妻俩正在干活，我上去问了问，他们给我大概说了说，我沿着水道往上爬，上面都是田地，两百米外地势越来越高。沿着碧云池旁边的水池往北走，没想到这条路直接到不了瓦窑头，绕了一大圈，先到了南韩庄，又到了琚庄，然后才绕到瓦窑头。我也将错就错，刻意绕一圈，看看地形。这次我对于碑文最大的疑惑就是通过看地形解决的。从北面到了瓦窑头就直接进入大庙，大庙我以前已经看过，前面有个水池，水池附近是瓦窑头的老村子，周围人很少。瓦窑头的水池和梨园水池给人感觉很不一样，梨园水池周围人很多，一大堆人在广场上玩，老人小孩都不少。水池也被修得很漂亮，令人赏心悦目。瓦窑头水池周围没什么人，静悄悄的，周围建筑都废弃了，有一种沧桑感。水池没有经过整修，形状也不规则，周围的树木很多，倒影在水里，水面泛着绿色，水里还有类似芦苇的植物。池边有条小路延伸到水池里面，这是村民洗衣服的地方。北面是大庙，南边是水池，中间是一堵影壁墙。水池东边有一口井，井边上架辘轳的那个石头还挺完整的。旁边有一堵墙，一看就知道是井泉龙王庙，上面盖着很多秸秆，拨开一看，果然是，有井泉龙王尊神碑一通。再绕到南边有一个倒塌的小院子，门口挂着灯笼，推测是个庙，八九不离十。院墙都塌了，里面全是一人多高的草。梨园碑文记载，瓦窑头有七口井，其实我也没有信心把七口井全部找到，后来一共找到四口能够确认的，还有两个不好确认。

我又回到碧云池边上，这回沿着水道向上走。路上碰到一个在干活的大爷，又问了问，他知道古井，说都已经填埋了，我就估摸着方向走。好在路上看到一些蓄水池，我想这些应该就是以前引水的水道，我就沿着这些蓄水池一直往上爬。这个时候我是朝着西北方向走的，走着走着就已经越过了瓦窑头，到了瓦窑头的北面，接近琚庄的位置了。此时我终于搞清楚了碑文上一直不懂的那个问题。梨园村和瓦窑头为什么要争挖水道，因为两个村的水都是从北面山上流下来的雨水，梨园挖了水道，水就流到梨园了，瓦窑头就没有了。这确实是争挖水道啊。这么简单的道理，只有看了地形你才知道。重新返回瓦窑头村，天色已经有点暗了，也该回去了。我又到瓦窑头水池边上转了转，想看看瓦窑头水池的水是从什么地方引过来的。在东面转了半天也没什么发现，就准备走了，走到半路上想起来可能是从北面过来的，因为大庙北面就是村边，不再有人家了。

梨园村争水碑刻附记如下：

钦加运同衔赏戴花翎即补直隶州知州特授高平县正堂加五级纪录十次杨

为晓谕事

照得水火两项，为日用所必需之物，水之所关，尤其紧要。今县属一带，地势高下不等，梨园村庄水势难得，非藉天雨之水蓄积池中，不克以备食用。前瓦窑头、梨园两村争水道兴讼。瓦窑头村袁聚财等呈控梨园村高凌云等争挖水道一案，当饬书差，协同乡地，并委六村社首，逐细查明。瓦窑头村地势虽高，现有水井七眼，食用不缺，其所设池，为洗衣服、饮牲畜之用；而梨园村虽有水井四眼，三眼无水，其一眼水仅二尺，日用不足，不能不藉池水以养民生。公禀前来，当经堂讯查确。民非水火不生活，食用为先，杂用为次。断令：梨园村水池之西，瓦窑头村青龙石碑之后，自北斜东南，所挑挖故水道，永远属梨园村引水正道；水永远归梨园池内，他村不得争狡。除堂谕外，合行出示晓谕。为此示仰玉井里人等知悉。示之后，再有争狡此水者，许梨园村社首指名禀究。

各宜凛遵勿违，特示遵

右仰通知

大清同治十三年六月二十四日

告示押

社首：高凌云、赵禛祥、李发聚、王老胖、阎海江、赵埈、赵丙铸、高采顺、高百喜、宋发、王来保、郭来保

敬领仝勒石

传统村落研究很少重视村落中的水池和水井，据说宋代著名词人柳永的词非常流行，水井边上打水的少女都能吟唱（凡有井水处，皆能歌柳词），水井和水池既是传统村落中人们不可缺少的水资源的来源，又是人们社会文化生活的重要场所。在新的时代，水井和水池已经失去了原来吃水的作用，大部分村落已经开挖了机井，通上了自来水。但是水池作为村落中的重要景观还在一些村中发挥作用，在更多村中则已经成为废弃之地。上述两个案例中三个村的水池代表了三种

情况，沟村的水池已经被填埋，只是象征性地修了一个景观；梨园的水池已经开发成为村民日常休闲活动的场所；瓦窑头的水池则已经废弃了。

（二）村落碑刻

当前，传统村落保护内容仍然较多侧重于不可移动的历史文化资源，包括庙宇、祠堂、民居、井池、道路、桥梁等。晋城地区传统村落现存大量碑刻、墓志铭、契约、文书、档案、建筑构件、生产工具、生活用具、民俗用品等可移动历史文化资源。这些历史文化资源可以整合起来以村史馆、民俗馆、博物馆、文化馆、文化广场、文化活动室、文化长廊等形式进行展示，可以整理成村镇志、乡土志、文化志等，可以开发成特色文创产品。这些丰富多彩的形式大多具有成本低、收效快、展示效果好等特色。特别是其中有文字记载的资源能够让凝固的村落活起来，有故事、有情节，又具有地方特色。

案例 1：柏枝庄寻碑记

柏枝庄位于高平市区西北 9.5 公里处，地处山区，位于从丹河河谷延伸到高平西部山区的一条山沟内。这片区域的地形很有特点，村庄全部位于从丹河岸边的较大村庄开始向西延伸的一条条山谷之中，很多小的山区村庄沿着山谷分布。这种山脉和山谷交错分布的格局是山区村庄的典型特点。柏枝庄是这一片村庄中比较有特色的一个，每条山谷中一般都分布着四到六个村庄，而柏枝庄所在的山沟中仅有柏枝庄一个行政村，其下辖有柏枝、西河、北山、后河、后掌和小沟等共计六个小自然村，整条山沟里全部都是柏枝庄行政村的范围，这是比较少见的。柏枝庄向东经过王报就到达丹河岸边，向西一直延伸到西珏山深处，西珏山是野川和寺庄交界的名山，山上有历史悠久的祖师庙，是泽州四大珏山之一。向北向南均为山脉，翻过北面山脉即进入从北王庄到牛家的一条山沟，翻过南面山脉就进入伯方到赵家山的一条山沟。柏枝作为自然村呈方形，东西南北约 200 米，现在新村向南面的公路方向延伸。柏枝庄在清代属于第九都寺庄西里，今属寺庄镇。现在有 140 多户，600 多人，规模不大。

柏枝庄在笔者以前调查的众多村庄中是印象比较深刻的一个，这主要是因为两点，一是作为山区村庄的柏枝庄自然村众多，共有六个小自然村，调查这一个村，实际上等于调查了六个村。第二个原因是柏枝庄的玉皇庙，虽然习惯上都称作柏枝玉皇庙，但实际上在最里面的一个村庄。玉皇庙远近闻名，地势很高，台阶很多，是一个很有特色的村外庙宇。

这次去柏枝庄的主要目的是找碑。柏枝庄西天院民国十五年《西天院碑记》最早由《三晋石刻大全·晋城市高平市卷》著录。[①]2013年 8 月 4 日课题组对柏枝庄进行田野调查，未发现此碑。这种以找碑为主要目的的调查是比较少的。我们在调查中早就发现有一些碑刻集著录的碑在实际调查中找不到，虽然数量不算多，但是确实有这种情况，柏枝这通碑就是如此。但是我很清楚找碑是很不容易的，因为碑和庙不同。庙体积大，容易找到，除非是遗址，遗址如果没有人带着去，很难找到的。另一方面，村民们大部分都知道庙址，问几个人基本上就能知道大概方向，但是村民们一般都不太在意碑，甚至经常去庙里的村民都不太知道庙里有碑。所以，问庙很容易问到，但是问碑就很难了。

我就是抱着这样一种惴惴不安的心态出门的，我知道今天很有可能要无功而返了，要找到碑难度太大，几乎不可能。出门的时候就有了失败的预案了。后来灵机一动，不如干脆把书带上吧，这样还可以指着书问人，于是就带上了《三晋石刻大全》，没想到这个临时的决定帮了大忙。我本来以为村里人不大可能去看碑，即使带着书也没什么用，当时的想法是拿着书去说这件事情容易说清楚。

到了柏枝庄很容易就找到西天院了。门没锁，我们就进去找了找，我不抱什么期望，因为上次那么多人去都没发现，这次不大可能发现。

---

① 刘泽民主编:《三晋石刻大全·晋城市高平市卷》，三晋出版社，2011 年版，第 847 页。

在庙里仔细找了一圈，又到外面找，我拿着碑文四至的记载，围着庙转了好几圈，还是看不懂。传统中国的四至记载总是用一些地标，但是地理环境会变化，很多四至隔了几十年就看不懂了，就有因为这个打官司的。因为看不懂，连断句都断不了，主要是碑找不到。于是，我们就继续在周围找人问，看到人就问有没有见过那通碑刻，但是没有人知道。问了好多人，都没有结果，这也在我意料之中。很失望，但也没有办法。

就在我准备放弃的时候，事情却迎来转机。一个满头白发的大爷说他知道庙里有两块碑，就在正殿前面的檐柱和金柱之间。然后，他还很热情地要跟我们去庙里找，我觉得找也没用，但是人家既然这么热情，说不定能提供点线索。果然，白发大爷去庙里找了半天，也没找到。他又带我们去了一户人家，说那人原来是庙里的保管，很多庙以前都做过大队的仓库，所以就有保管，想必西天院也是如此，不巧的是那个人不在。这时候开始下雨，白发大爷没有放弃，还是继续找人问。我也就一直跟着他，看他见人就问，然后我适时地递上书，让对方看看，很多人都不知道。走了一段，看到一个大爷在家门口扎扫帚。情况说明之后，大爷说他知道那个碑，令我惊讶的是他居然背了一段碑文，就是最后的"山神庙，山场一架，四至不列"，我一听，这个靠谱。大爷不仅看了碑文，而且居然能记下来，我还真是小瞧村民了，人家不仅看碑，还认真看了，知道碑文内容是什么。村里一个大爷随口就说一段文言文的碑文出来。"山场"这个词连我都不清楚究竟是什么意思，四至恐怕也是现在很多普通人都不大知道的。这就是历史底蕴，放到其他地方，哪有这种老大爷呢？村里面到处都是古物，都是古人的记载。老大爷又说了很多打官司的事情，不过，仔细一问，并不是碑上记载的民国时期的诉讼，而是20世纪50年代的另外一次诉讼，他们都是亲身经历者，大概当时还是参考过碑文上的记载的，所以，他们才会知道碑文上写了什么，具体情况我听不太明白，也就不关心了。但是，碑还是没找到，我们在村里到处问人，吸引了越来越多的村民过来看热闹，一会儿就聚集了十几个村民。

　　大家七嘴八舌讨论，这个时候我又燃起了希望，就算找不到碑，也能知道碑究竟去了哪里，这么多人总有人知道。这个时候，其中一位大哥说与其在这里说，还不如到庙里去找找看。于是十几个人浩浩荡荡去庙里找碑。当然也是找不到的，但是人却越聚越多，我看村里喜欢看热闹的都出来了。这么多人聚集就是有效果，终于刚才找的那个保管大爷也过来了，他曾经在庙里住过很长时间，对庙里的情况最为熟悉。他也能够背诵碑文内容，而且背得更多。保管大爷说西天院原来共有三通碑，东边有两通，西边有一通，西边这一通就是我们要找的民国时期的诉讼碑。这通碑后来有人垒猪圈的时候用了，猪圈就在戏台的东边。后来猪圈被拆除，拆除之后，这通碑去了哪里就不知道了。他说当时拆猪圈的时候用了铲车，可能铲车把碑铲走了。这个保管大爷的话是完全可信的，如此说来，碑应该是找不到了。不过，至少我们已经弄清楚了这通碑丢失的来龙去脉。今天的任务算是完成了。

　　就在我打算离开的时候，村民们围在戏台东面的一个土堆那里，叫我过去。我过去一看，原来他们在土堆里面找到了一通碑。即便到这时候，我也不抱太大希望，因为晋城这个地方，村里散落的碑很多，可以说到处都是碑。刚才，就在戏台周围，我们就找到了三四通碑，全部都是墓碑，发现一通碑是很常见的事情，是我们要找的碑的可能性很小。他们慢慢把碑刨了出来，碑阴无字的一面朝上。由于书上记录了碑刻的尺寸，我拿卷尺量了一下，发现基本和书上的记载一致。这时候我开始相信这通碑就是我们要找的碑了。村里面从来不缺少干活的人，一堆人一起动手，很快就把碑刨了出来，碑是背面朝上的，大家很快又把它翻了过来，果然就是我们要找的碑。此前，聚集在庙前帮我们找碑的基本上都是男人，刨碑的时候有一些女人也围了过来，在那里打听是什么事情，这时候不需要我张嘴了，周围很多人七嘴八舌地解释。刨碑和翻碑的时候都是男人在忙活，碑翻过来之后，女人们马上来擦碑。看来这男女分工就是有点意思，人们自动会干自己适合干的事情。需要干力气活的时候，男人们自然就上去了，女人自动退开；需要干这种清洁工作的时候，女人又立刻上去了，男人就不管了。所以，人类社会有时候确实很有意思。等村里的男人和女人都忙完了，碑也翻过来了，也擦干净了，这个时候就该我们干活了，天已经基本黑了，我以比较快的速度将碑文核对了一遍，只有个别错误，大体上还不错。

无论如何，今天对柏枝庄的调查还是颇有收获的。收获并不在于找到一通碑，即便找到了也不过就是修正了几个错字，主要在于这是调查的一次全新体验，如果最终没有找到碑，挫败感就比较强，我以后可能对于找碑会更加没有信心，不大会再花时间精力去做这种尝试。今天的整个过程和结果都是令人满意的。

案例 2：寨上村碑刻的破坏与保护

寨上村是一个很小的山区村庄，位于高平市区东南方向约 17 公里处。西侧隔四明山与兴洞村相望，村东为高庙山（也称凤山），山上有二仙庙。丹水村位于寨上村东北方向约 800 米，丹水村现有 1000 多人，300 多户，村民以李姓居多。寨上旧村基本呈东西带状分布，东西长 100 米，南北长 40 米，即便现在，也不足 100 户，300 余人[1]。现存各种《高平县志》中都没有提到寨上这个村子，《高平县地名志》中说寨上"原名丹水寨，又因村子临沟靠河，曾用名'寨河'，后演变为'寨上'"[2]。因此，按照当地的习惯推断：寨上可能一直是依附于丹水而存在的小村。也就是现在所说的与"行政村"相对应的"自然村"。寨上和丹水位于四明山山麓，是高平东部的一片山区，这个位置再向东南方向就进入高平东南丘陵区域了，寨上和丹水基本就位于这两个区域的交界处。高平东南部的丘陵地带是高平最缺水的地区，

---

① 数据根据田野调查中向村民的询问。

② 山西省高平县地名办公室编：《高平县地名志》，内部资料，1988 年，第 175 页。寨上这类村名在高平地区非常常见，现在大多是自然村，例如下马游寨上、唐西寨上等，此类村庄原多为堡寨类聚落。

发生了众多争水案例，本案例虽然与水井有关，但并不是因为争水而诉讼，而是争夺社产。

寨上村的关帝庙位于村东的山谷之中，距离村中心直线距离 150 米左右，其朝向并不是传统的坐北朝南，而是因地势坐西北朝东南方向。庙南原有小河，如今大部分时间干涸，河床犹在。关帝庙东南角山门南侧有文昌阁一所，小河从阁下流过。在高平现存 200 多座关帝庙中，寨上关帝庙的地理位置是一个特例，绝大部分关帝庙均位于村中，仅有此庙是位于山谷之中的。正如原村乡常庄关帝魁星阁光绪二年《建修春秋阁碑记》中所说："若夫庙宇妥神各有其位，如炎帝位南方，大王镇河务。关圣帝君，福神也。凡有血气者莫不尊亲，位宜街市丰隆处。"[1] 当时的人们也注意到了关帝庙多位于村中的现象，寨上关帝庙的特殊地理位置可以从其修建历史中看出一些线索。

此次调查主要目的是核对一下寨上村的碑，这已经是调查组第三次去寨上这个关帝庙了。2013 年我们在寨上关帝庙中发现了三通完整的碑和一小块残碑。2015 年第二次去的时候庙宇正殿已经坍塌，原来在正殿前面的康熙和道光年间的碑都被掩埋在废墟之中，不能再核对，还好我当时关注的是道光二十七年的那通碑。这是第三次去，我们进了山沟，从一片已经收割过的玉米地里穿过去，这几天一直在下雨，地里很不好走，深一脚浅一脚的。旁边进庙的小门又矮了一截，淤泥又盖上了一层，快变成一个洞了，好不容易进了庙里，看到正殿上次已经坍塌的地方长了很高的草，完全看不到原貌了，绕到另一个门口，我惊讶地发现道光二十七年的碑也不见了。因为我上次一个人来抄碑，对其位置印象特别深刻，我一定不会记错，但是原来放碑的地方空无一物，在旁边找了半天也没有找到。我们只好往回返，到了上面找了一个老人问了问，老人说碑被搬到大队院子里面了。我们一看果然如此，而且另有惊喜的是不仅有道光二十七年的碑，还有另外一通碑，

---

[1] 光绪二年《建修春秋阁碑记》，现存高平市原村乡常庄村关帝魁星阁中，笏首壁碑，高 152 厘米，宽 50 厘米。

这通碑断作三截，其中一截就是我们第一次来的时候看到的那块小残碑，另外一截比较大的我其实在第二次来的时候已经发现了，当时埋在淤泥里面，仅仅露出来一点点。这次三截能够拼成一个完整的碑了。

其实庙宇的兴废也是常事，自民国以来就开始毁庙，建国以后更甚。这只是程度问题，历史上庙宇一直会因为各种原因被毁坏，其中也存在类似寨上这种做法，就是将毁坏而无力修建的庙宇的碑刻搬到其他地方保存。因此，我们现在也能看到一些本来不属于这个庙的碑存在这个庙中，这是值得注意的一个现象。最近几年，村民对于历史文化遗存的保护意识其实大有提高，前几天去郭家沟关帝庙的时候，庙中有壁画，村民也提到要保护壁画，不会粉刷。

三、传统村落的区域保护

阳城县是目前发展全域旅游比较成功的典型区域。域内的皇城相府是著名的 5A 级旅游景区。最近几年来，在皇城相府的带动作用下，各个乡镇的旅游发展都取得了长足的进步，全域旅游的发展态势已经初步形成，可以说在晋城乃至整个山西都走在了前列。这一部分以阳城县为主讨论传统村落区域保护问题。阳城县的旅游发展在相当程度上与传统村落保护有密切关系，因为这一地区主要就是传统村落旅游。

从流域角度来说，阳城大致可以分为四个大的区域：西北的芦苇河流域、东北的沁河干流流域、中部的濩泽河流域和南部的南流诸河流域。阳城的南部都是太行山南麓的南流河流，中部和北部都是沁潞高原向东流的河流（汇入沁河），南部的南流河流主要包括次滩河（西阳河支流），盘亭河、南门河（东阳河支流），杨柏河、石圈河、蟒河等；包括现在的董封乡、横河镇、河北镇、蟒河镇、东冶镇（自西向东排列）等乡镇的南部区域。这片区域由于人口密度低，几个乡镇都是横跨了太行山，乡镇政府所在地还在北部，这和地理上的区域划分不符，这几个乡镇面积也相应较大。这一片区域除了析城山汤王庙之外（析城山实际上应该视作分水岭，还不是这个区域），历来不受重视，其实这片区域也有重要的历史文化遗存，如这次在文庙中看到的盘亭千峰寺的碑就很重要。大体上来说就是盘亭山和析城山这样的山上有历史悠久的寺庙，是文化上需要重视的，而分水岭以南就不是那么重要了。总的来说，南流诸河流域中最重要的旅游景区代表是蟒河景区，主要是自然生态景观，与传统村落关系不太大，这里暂时不加讨论。其余三个区域与传统村落都有密切关系。下面结合调查情况分别说说这三个区域的观感。

（一）温暖芹池

芦苇河流域包括芹池、寺头和町店三个乡镇，这里只有町店镇的刘腰崦山白龙庙受到关注较多。崦山是沁水和阳城的界山，其上的白龙信仰影响范围更大，而阳陵寿圣寺和刘村灵泉寺就在芦苇河边，是芦苇河流域的区域性中心。

据庙里老人讲寿圣寺以前曾经出土过雕满人像的碑刻，这种一般称为"千佛碑"的碑刻盛行于南北朝时期，至迟到唐代，宋以后几乎见不到了，故寿圣寺的始建年代一定很早。从其地理位置的选择来看，寿圣寺位于村东北的小岗上，这也是典型的宋金时期的选址方式。所以通常所说的创建于五代后唐时期的说法还是比较可信的，这个时间距离宋代也不远，宋碑的说法应该可信。

寿圣寺最引人注意的是后院中间的琉璃塔，这种琉璃塔表明阳城发达的琉璃烧造工艺，阳城东关的后则腰是代表。可以进一步考察琉璃工匠的来源。琉璃塔同样也可以证明这一区域信仰的兴盛。同样可以说明芹池地区经济状况的是寿圣寺门口的烤烟房，这种烤烟房在其他地区也常见，不过不知道烤烟在这里有多久的历史。这里距离山西烟业中心曲沃并不算远，或许很早就有类似产业存在。琉璃烧造业和烤烟业都是当地很有特色的传统手工业。

我们去的时候正值芹池镇在举行"温暖芹池"的活动，庙门口正在进行文艺演出。虽然这活动是为了发展旅游而新举办的，并没有太多历史传承，但是说不定多年以后就成为传统了。重要的还是要有民间基础，但是这类活动的民间基础究竟落实到什么地方则不好说。走的时候碰到几个妇女，她们穿得花花绿绿的准备在活动现场跳舞。跟她们聊了几句，她们说就是本村的村民。发展旅游的过程中，如果既增加了村民收入，又带动大家参与一些文艺活动，倒确实是一件好事，这或许也是类似活动的民间基础之一吧。

灵泉寺位于刘村对面，过了芦苇河的山上，这种选址就是唐代以前的风格了。此庙早已塌毁，现在的庙宇完全是新修的，规模也比以前小了很多。所幸有四通碑刻留存下来，最早的是万历时期的碑刻，碑阴有大量的捐款记录，有捐银，更多是捐谷，有一定的价值。其余均为清代的捐资碑，有不少商号。不过碑刻字迹太小，很难辨认。灵泉寺的历史恐怕要早于阳陵寿圣寺。从碑刻来看整个明清时期灵泉寺都是附近相当大的区域内的信仰中心，碑刻上有多达几十个村社的名字。寺院内的僧人数量也很多，募化也一直由僧人自己进行。这个寺院一直没有被纳入社庙系统，维持着佛寺的性质，也没有去僧侣化。据相关文献记载，灵泉寺的碑刻数量是相当多的，相关考证工作能做很多。这个寺院是可以重点给予关注的。

芦苇河流域目前是除沁河干流的北留、润城地区之外阳城旅游发展较好的地区。这一方面得益于其相对较为便利的交通条件，同时也得益于其与沁河干流地区毗邻的地理位置。从调查情况来看，这里是一条重要商路通过的地区。由于明清时期，晋南地区的临汾绛州一带是重要的商人中心，习惯上称作平阳商人，这些商人东出南下经商都要经过泽州地区。平阳商人穿过泽州有多条通道，芦苇河流域就是重要的一个通道，沿线有很多重要的传统村落遗存。从晋城与翼城交界处的张马和上阁，到沁水西部重要市镇中村，再到柳氏民居所在的西文兴村，然后就进入了芦苇河流域，一直从周村进入今泽州县，再穿过太行山到达河南博爱。这条商道是线路文化遗产的重要代表，依托这一条商道可以建立旅游线路，带动沿线传统村落的保护和发展。

（二）濩泽之源

濩泽河（含其支流固隆河）流域面积最大，包括固隆、次营、演礼、西河、董封、驾岭、凤城、白桑等乡镇。西冶河和涧河虽然不是濩泽河的支流，但也可以归入濩泽河流域范围之内。阳城古称濩泽，当时确实有一个大泽。泽在先秦文化中占有极其重要的地位，后世讲得少多了。八卦对应的八种物象中就有泽，还有著名的云梦泽、大陆泽等。这种文化现象是和当时的地理特点有关系的。秦汉时期的泽州县治都在地势比较高的地区，隋唐以后才迁移到地势低的地方。阳城原县城在固隆乡的泽城村，也是在地势相对较高的地区。阳城县城现存开福寺和文庙，还算留存古建较多的。县城规模不大，也可能是受其地理条件限制。和高平与晋城相比，阳城县城的地理条件并不是很好。现在的阳城县有一个雄心勃勃地复建县城的计划。古建的毁坏与重建其实在历史上是很常见的现象。现代的区别是它的功能性变弱，观赏性变强。阳城文庙现在被改为博物馆，收集了部分碑刻，数量很少，只有二三十件。县级博物馆大体如此，沁水和陵川情况相似，高平博物馆算是县级博物馆里面相当好的了。

阳城县城周边有一些重要的传统村落。南安阳村因为评得早一点，建设得好一些。洪上村是第五批刚评上的，基本上没有建设，建筑破坏较为严重，不过村落文化遗产的基础还是有的。晋城地区的传统村落基础条件都很好，不会差到哪里去。随便一个村落的民居其实并不比润城中庄那一类已经建设得很好的景区差。但是看了现在的状况，改造起来确实不容易。联合国教科文组织对修复的要求是"可识别原则"，应该让游客看出来哪些是现代修补的，哪些是原来的，估计这个很难做到。目前大家也不太重视这个原则。具体来说，南安阳修缮完成了潘家十三院，已经开发为景区，以泽商为主要的宣传方式。潘家十三院展示的主要是小花园，总体感觉改造痕迹较重。潘家十三院的外面建起了一条韩国风情街，奇怪的是很多店面卖的好像是中国的东西，那为什么叫韩国风情街呢？仔细想想似乎也不能说完全没有道理。对于这种与文化遗产在空间上分割开来的创意原则是可行的。但是这种改造不应该以破坏村落原有的建筑景观为代价。

总的来说，濩泽河流域地域广大，大部分地区是海拔较高的山区，地理条件不够理想，只有阳城县城周边地区情况较好，也是整个濩泽河流域目前发展最好的地区。这一区域是阳城地区发展的源头，也是历史上县城所在位置，历史文化深厚。虽然在明清时期已经落后于东部的沁河干流地区了，但从历史文化发展角度来说仍有可挖掘之处。

（三）文盛东乡

沁河干流流域主要就是润城和北留两个镇，就是文献中所说的"东乡"，是阳城历史文化最繁荣的地方，也是受到关注最多的地方。沁河在进入晋城之前大体上是在沁潞高原上自北向南流的，两边山脉众多，像一片树叶的叶脉一样左右展开。进入晋城之后被沁水和阳城之间的界山所阻挡而有一段东流，过端氏以后再改为南流。端氏以下呈现出一幅"六龙捧珠"的地形格局。第一条龙就是沁水与阳城之间的界山；第二条龙是芦苇河与濩泽河之间的界山；第三条龙是盘亭山—析城山一线太行山沁河以西段；第四条龙是晋城与阳城的界山；第五条龙是长河流域与晋城市区之间的界山；第六条龙就是太行山沁河以东段（狭义的太行山）。这个"六龙捧珠"的核心区域就是润城、北留这个地方。这里也是整个晋城文脉最盛的地方，至少在明末清初是如此（金代晋城地区文脉最盛的反而是僻处东北的陵川）。

这一区域以官商宅院和古堡为主要特点。阳城开发比较成功的旅游景区全部都位于这一地区，这一地区也是传统村落比较集中的地区。皇城相府是沁河古堡中发展最为成功的案例，也是整个晋城乃至山西发展最成功的案例。目前，在皇城相府的带动下，阳城和沁水已经形成了古堡旅游的一个集群，著名的有郭峪古堡、砥洎城、湘峪古堡等。

润城砥洎城是极具特色的一个城堡。旅游景区非常成熟，导览图非常丰富和完善，走几步就能看到自己所在的位置。扫码自助导游服务也不错。砥洎城最有特色之处是它依水而建，城和水结合起来很有味道。凡近水则当拜龙王，砥洎城的黑龙庙是制高点。砥洎城是以文昌阁为中心的，文昌阁前面是关帝庙，这一文一武大概是砥洎城的核心建筑，类似皇城里的宫城。砥洎城的图也是刻在文昌阁上的，这足以证明文昌阁的重要性。文昌阁通常都在聚落的东南角，但砥洎城的却在中心。湘峪古堡也是非常成熟的旅游景区，景区对其中大院的开发比砥洎城更加成熟。在不同大院中设置了不同的主题，开发成简单的博物馆，包括科举、军事、建筑、工商业、抗日等。不过问题是这些博物馆主题大部分比较简单，且与其他同类型景区内容存在重复，缺少创意。这些简单的博物馆均不如皇城相府的字典博物馆有创意。博物馆与大院的结合是非常好的一种方式，但具体的创意仍要注意创新性，避免单调重复。

中庄与上庄两处旅游景区都以官员府邸的名字来命名，分别称作布政李府和天官王府。中庄和上庄都是传统村落。近些年，有些历史文化节目和景区喜欢宣传当地曾经做过大官的家族。这种做法并不是很明智，还是以古村落为核心好一点。传统村落的主体是生活在村落中的老百姓，历史上的士绅阶层也是老百姓的一部分，不应过分强调。我们今天保护古代文化遗产，主要是因为它们是老百姓智慧的结晶。从这个角度来说，中庄民居的旅游景区范围有点小了。从民居角度来说它甚至比不上旁边的上庄民居。如果把周围的白巷里、戏台、汤王庙都纳入景区之中，是不是会更好一些呢？中庄和上伏两个村庄的大庙都是汤王庙。阳城宋金时期民间信仰发展的基础就是汤王，大庙里面体现得很明显。这两个庙的布局很像，有明显的小区域特征，这种"对台"格局比较罕见。两个庙里面碑刻数量都很多，其中有相当多的碑刻与国家和社会管理有关系，有些碑还是被人引用比较多的。这个地方经济、社会和人文的繁盛确实值得注意。这和它位于主要商路上有关系，沁河和商路的带动作用很大。

传统村落的保护目前尚存在严重不平衡现象，就在从润城出来的路边有一座庙宇，这座庙宇属于第五批列入传统村落名录的北音村。庙宇里面的建筑屋顶坍塌，杂草丛生。北音村中其他的传统建筑都是类似的情况。人们总是把目光投向那些被人关注很多的地方，而忽略那些没人关注的地方。难道不是那些没人关注的地方更值得关注吗？同样地，当中庄将某个官僚的宅院作为景区划出来的时候，旁边的汤王庙就受到冷落了，其实汤王庙的价值一点不比那个宅院差。聚落应该得到整体保护、整体宣传、整体看待。

四、结语

无论是讨论传统村落中一些不受重视的构成要素，还是传统村落保护的区域差异问题，都是试图讨论传统村落保护的整体性。有相当数量的传统村落保护研究建立在一些典型案例基础之上。一方面从传统村落价值体系构建的理论视角出发，另一方面基于太行山地区数量较大的实地调查。本课题组力图探讨传统村落保护的整体性问题。根据本报告的研究，我们可以得出初步的结论：发展不平衡是目前传统村落保护的主要问题。这种不平衡主要体现在两个方面，一是区域之间的不平衡性。就阳城而言，沁河干流地区显然是发展最好的地区，其他区域则发展相对滞后。阳城又是整个晋城地区发展较好的区域。在沁河干流地区，也存在很大差异，类似皇城村、郭峪村、中庄和上庄等村发展已经非常成熟（不是说没有问题，只是相对而言），但是类似北音、下庄等村则发展滞后。二是构成村落的不同要素方面的不平衡，有些要素得到重视，如庙宇和民居；另一些村落构成要素则不太受到重视，例如本报告所讨论的水池和水井、碑刻等对象。

区域之间发展的不平衡性一方面有赖于调动所有地方的积极性，另一方面也有赖于各级政府从整体上全盘考虑，制定更为完善的整体规划，以先进区域的发展带动落后区域。经过多年发展，阳城地区已经形成了比较好的发展趋势。传统村落保护是一个综合性的系统工程，需要多种专业领域的合作。目前这方面工作因为专业壁垒等问题解决得不够好，很多专业各自为政。由于客观条件限制，传统村落的保护规划常常由少数专业主导，很多同样重要的专业研究者无法参与。这就导致有些重要的村落构成要素被忽视，甚至在保护开发工作中被破坏。同样地，改变这种现状的办法一方面是各个相关专业领域都应该重视对传统村落价值的研究，另一方面则是要加强各专业领域之间的交流合作。

作者简介：郝平，历史学博士，山西大学副校长，历史文化学院教授、博士生导师，研究方向为中国近现代史、区域社会史、明清社会经济史、灾害史等。

高平市历史文化调查报告

孟　伟

高平地处晋东南地区的核心地带，面积不足 1000 平方公里，历史文化遗存密度很高。各种历史文化遗存以宋代以来的建筑和碑刻为主。这些历史文化遗存反映了民间社会的丰富内容，其中信仰、村社和商人分别反映了区域社会的文化、社会和经济的一个侧面，既具有鲜明的地方特色，又反映了中国宋代以后民间文化发展的一般特征。对高平地区的历史文化遗存的田野作业同样具有重要的方法论意义。

一、调查对象的类别和情况

2013 年以来，课题组在以高平为代表的晋城地区进行大量实地田野作业。经过实地考察，我们清晰地发现，高平市的庙宇问题并不单纯是"静态的""个性化"的，事实上，还隐含着"动态的""普遍性"的问题。也即，微观和宏观相结合的考察，才是深刻认识高平历史文化，真正提升高平文化地位的根本性方法论。

就"具体的庙宇"而言，必然地遗存在村庄里和村落之间，与特定人群、特定时代的生活方式密切关联，不同属性、不同规制的庙宇中的现存碑刻，非常清楚地表明这一切。然而，稍加"历时性和共时性"地考察，高平历史文化的区域性和阶段性的动态变迁情况则清晰可见。

虽然,针对高平市的考察仅仅进行了五分之二,但有关庙宇建筑遗存以及民间化信仰的大体"子区域格局"和"类型化情况"已经开始呈现出来,提前做一些总结和预测,也是可能的(较为科学严谨的数理统计,尚需日后进行,在最终报告中予以解决)。本报告仅将一些已经考察、业已凸显出来、带有普遍性和特殊性的问题,择其主要,稍加分类和分析,以期抛砖引玉,供参考。

(一)静态、微观的历史遗存

1. 村村有庙宇

即便到了现在,高平市的每一个村庄都有古庙宇。抑或说,截至现在,我们所考察的204所村庄,没有庙宇的村庄尚未发现,纵然几十户人家的"自然村",也同样有庙宇留存。

2. 高平市村庄现存古庙宇平均数有四五座

目前发现,现存10座以上庙宇的村庄为数甚多,甚至有多达24座庙宇的村庄。诸如康营、良户、伯方、大周等,现存庙宇数量都在10座以上。

3. 村庄、庙宇与戏台的比例关系

目前已经可以给出的数量关系为"村庄∶庙宇∶戏台=1∶4.8∶1.8"。

4. 村庄集群性公共庙宇

在高平市辖区的某一相对位置较高的山坡、高地上有几个村庄,甚至几十个村庄共同拥有和兴建的庙宇,我们初步估计当在50—100座之间。

5. 村庄阁门与庙宇关系

高平市的村庄,绝大多数依然留存"阁门+庙宇"的格局,很多保存完好。有足够的理由指出"阁门+庙宇"的情况,是高平庙宇较为重要的一部分,有着丰富的内涵。

6.高平庙宇中所祭祀的神明

就高平庙宇中祭祀的神明或对祭祀神明的称谓，目前，初步的类型化统计显示，已经有200位（尊）之多，可以肯定，随后还会增加。高平庙宇中的神灵谱系，尚待进一步完善。

7.最近几年，高平市正在兴起新一轮的庙宇修葺浪潮

我们已经发现，现存古庙宇中，有121座（所）在最近的十几年里得到了修葺。考察中接触到不下10个施工队伍和单位。新修缮庙宇占现存古庙宇的15%以上。

（二）动态、宏观的文化现象

动态、宏观的文化现象，是建立在静态、微观的实地考察基础之上的相关性联系，带有了方法论的思考。然而，也仅仅是突出地理空间的初步认识——以高平市域内的情形而论，带有明显的"局域"性。简要给出初步的线索性联系，供参考。

1.关于高平市庙宇空间地理分布的子区域问题

以羊头山为中心的炎帝庙和炎帝信仰，在高平市呈现"丁"字形向东、南、西方向延伸、收敛（向北也大致相同，属于潞州地区，这里暂略），现存庙宇30多座。

沿西羊头山南北展开的仓颉庙有5座，与永禄乡明清时期的造纸业密切相关。

在过去高平至潞州（长治）的西官道沿线，关帝庙的数量格外突出，几十座关帝庙一字排开，几乎村村都有关帝庙，有的村庄竟然有三四座关帝庙（寺庄村，包括商人会馆）。

沿着泽州—高平—沁水的西向官道沿线村庄，大量地出现"四大王庙"，则清晰地表明，这里是明清时期平阳商人（临汾、襄汾、曲沃、翼城等）东出太行的必经之路。

在高平现存庙宇中，业已发现不下20座"蚕姑庙"，近百座庙

宇中有"蚕姑殿"做陪祀的情况，更多的"禁桑羊"碑，业已湮没的、明清时期兴盛一时的"潞绸文化"得以充分体现。

在高平市东北以及东南的太行山西麓，更多的是与冶炼相关的"老君庙"，充分表明了明清时期高平冶炼、制铁业的发达。

类似情况，不一而足，进而表明围绕某一文化信仰而凸显出来的"子区域性"的政治、经济、生活方式问题。

2. 关于庙宇建筑与村庄布局结构的问题

本次调查中，非常突出的问题是"阁门＋庙宇"和"主庙（大庙）＋小庙（东西南北方位）"的庙宇与村庄的结构布局，几乎是"模式化"的情形。即便因地势形成的村庄结构、走向等，也与庙宇的方位密切相关。庙宇中的碑刻，对此均有充分说明，至少"表象的文字"记录如此。

3. 关于庙宇建筑与戏台以及"村庄公共空间"的问题

高平市 500 多个村庄，至少有 800 多座古戏台，这是极其重要的问题。这一问题的延伸就是"区域文化之活动类型"和"生活方式"问题，中国戏曲的民间化以及传播需要重新认识。从元杂剧到蒲剧、上党梆子，在中国戏曲史中的地位恐怕不是"简单的戏曲"能概括的，应当是一种"社会化的生活方式"问题。满足 800 多座戏台社会化需要的戏曲队伍，以及伴随着商人会馆的更大区域传播，仅仅凭借静态的分析是难以胜任和完成的。

4. 关于庙宇与高平商业字号问题

大量的商业字号出现在高平庙宇兴建和修葺的碑刻中，这是我们的预期，也是我们下决心展开本次调查的缘由之一。目前，至少有 6000 多家商业字号已经从高平市现存碑刻中浮现出来。需要特别强调的是，至少有 60% 的字号活跃在康熙、乾隆、嘉庆、道光年间，而这些字号的存在阶段，又与遍布河南、河北、山东、湖北（北部）、苏北、皖北的"山西会馆"（包括山陕会馆）的兴建相关联。为分布在以上地区的300多座会馆找到了源头，无论是分析他们祖籍所在的"商业类别"，还是兴建庙宇的结构等，乃至进一步揭示高平历史上的商业问题，都是不可多得的"历史依据"。

现在可以充分肯定，晚明前清时期的高平商人，是500年晋商群体中的阶段性"劲旅"，至少在"康熙后期到道光年间"这100多年的历史阶段中是不容小觑和忽视的。当然，有关高平商人的特征，尚需进一步研究。

5. 高平地区村庄庙会情况

考察中发现，高平地区每年每村平均一个庙会。行政村基本都有庙会，绝大多数的自然村没有庙会，依附行政村或者相近区域的"山坡庙会"。整个高平地区的庙会，均依各村情况确定。庙会期间，肯定要唱戏。庙会的规模，也有较大的不同（这一问题非常重要，涉及高平地区商品需求的自我满足问题和循环交流，有待进一步研究）。

二、学术视野下的问题发现和提出

如何科学地理解高平的历史文化，是本次调查组织和实际操作过程中颇费周折的事情。原因很简单，伴随着学科细化的潮流，学科鸿沟愈来愈深，不同的领域、不同的层面、不同的视角、不同的方法论，以及所关注对象的内涵和外延的对应关系不同，其结论也不尽相同。

然而，考察的最终目的还在于为研究提供依据。因此，仅将现已露出端倪的情况，择其主要，依照现在相关学科划分的范畴，结合实际考察中现存碑刻的内容和类型特点，以问题发现和提出的方式，大体地、粗线条地给出初步的认识，以期抛砖引玉，让更多的学界同仁关注和进一步辨伪、实证、深化。

（一）宗教·信仰·价值观·伦理与生活方式

（1）如何看待高平市现存庙宇及其民间信仰？如何给高平地区的"历史文化现象"定位？

（2）严格意义上的宗教和高平现存庙宇之间到底是什么关系？倘若有关系，那么这些关系又是在怎样的历史背景下建立的？其演变轨迹又如何？

（3）可以肯定，高平现存庙宇实际上是该地区历史社会中不可或缺的"生活方式"，然而，这一特别的"生活方式"，给予社会结构以及区域社会的特征以怎样的影响和作用？

（4）多元化的神灵庙宇与宗教信仰的关系如何共存和协调？

（5）高平地区存在许多的"二庙合一、多神共存"情况，那么，这一世俗化的进程和轨迹是如何发展的？

（6）国家信仰和民间社会化习俗之间的距离和界限？

（7）多元信仰下，生活在庙宇林立的村庄中，其价值观如何确立及和谐共存？

（8）高平地区到底有多少类型的"庙宇和神灵的祭祀"活动和形式？

（9）如何看待村庄庙宇在伦理道德等方面的教育功能和作用？

（10）从庙宇碑刻看主体性宗教庙宇与村庄式庙宇的差别？

（二）国家政治与民间社会·乡村治理·公共秩序

（1）北宋后期到明代前期100多年里的改朝换代对高平区域社会结构的影响？

（2）历史上国家政治针对乡村的治理模式与庙宇兴建之间的关系？

（3）村庄庙宇与村庄的公共秩序之关系？

（4）如何在"国家政治与民间社会"的框架下考察高平庙宇？

（5）历史上的"社"和"会"在高平农村到底有多少种类型和

形式？

（6）不同性质的"社"和"会"都具有怎样的社会化功能？在政治、经济和文化三个方面都是如何体现和起作用的？

（7）对不同属性的"社"与"会"在乡村治理方面的多态性和独特性如何认识？

（8）晋商祖籍地的"会"与晋商在全国各地的"会"之间到底有怎样的关系？

（9）民国以来，乡村政府成立之后，有多少庙宇成为"村公所"和"村委会"？

（10）直到现在，许多村庄的"公共空间"依然与"庙宇广场"密切相关。那么，历史上的不同时期，村庄中的"公共空间"到底有多大的作用？

（三）明清经济·区域经济·晋商文化·泽潞商人·商路

（1）明清时期高平商人的群体性特点有哪些？与泽潞区域社会的关系怎样？

（2）高平及其泽潞商人在明清时期的兴衰轨迹如何？

（3）明清时期的高平商人行商区域和轨迹怎样？从宏观地理出发，俯视高平、泽潞商人的足迹和分布（会馆碑刻和村庄庙宇碑刻均有记载）？

（4）明清时期的高平商人在晋商整体中的地位和作用？

（5）明清时期高平地区用于消费的商品来源都有哪些？

（6）高平庙宇碑刻给出的"物价谱系"与相关区域之间的关系？与全国物价又有怎样的关系？

（7）沿着古代商路，如何看待高平所处的地理交通位置？古商路对高平商业有怎样的影响？

（8）如何认识和看待出现在高平乡镇的商人会馆？

（四）中华戏曲·戏台与庙会·文化交流

（1）中国现存最早的古戏台发现于高平，其意义如何？

（2）如何看待高平市曾经有过至少800座以上古戏台的历史文化现象？

（3）戏台在村庄中的不同位置关系到底意味着什么？

（4）什么背景下戏台才成为庙宇建筑的一部分？

（5）戏台与庙宇分置兴建及其与庙宇的位置关系到底有多少种类型？为什么？

（6）与高平庙宇戏台兴建的不同历史时期相对应，其演出情况的历史变迁如何？

（7）到底如何看待庙会与戏曲的关系？

（8）高平地区的戏台戏曲与山西会馆的戏台戏曲有怎样的关系？

（9）到底有多少个戏班才能满足高平戏台演出的需求？在特定的区域内戏班与戏台的一般化比例关系如何？

（10）上党梆子的传播和覆盖区域如何？演变情况如何？

（11）明清时期的戏班作为一个经济主体，其基本的"运营模式"如何？

（12）明清移民及明清晋商与"蒲剧和上党梆子"的关系如何？

（五）村庄布局·建筑营造·院落民居与民俗

（1）依照村庄格局规定庙宇的情况和依照庙宇规定村庄布局的情况有怎样的区别？

（2）高平地区民居院落的主要特征和类型？

（3）民居院落营造及其布局的主要民俗规范有哪些？

（4）民居营造的核心技术规制有哪些？

（5）村庄庙宇地基和地亩所有权的获得形式有哪些？

（6）村庄庙宇公有地基与居民私有权的关系？

（7）村庄布局改变的主要原因以及表现和标志都是怎样的？

（8）如何看待村庄中的"家庙"和"祠堂"？

（9）如何看待村庄中的"小庙"和"阁门庙"以及"神龛"？

（10）村庄建筑的边界与"阁门＋庙宇"的关系到底还有怎样的意义？

（11）村庄规模与人口容量及其居住情况，乃至人口总量增长之间的关系？

（六）资源开发和利用·环境保护·可持续发展

（1）为什么高平会有大量的"禁约碑"出现在庙宇中？

（2）如何看待明清以来高平市大量存在的"禁约碑刻"？

（3）官方禁约碑与民间性约定碑有何不同？背后的意义何在？

（4）"植树碑"和"山界碑"对于植被保护的实质意义何在？

（5）"树神碑"和"砍伐树木"的"村社规则"等，又意味着什么？

（6）高平市桑树种植的历史阶段和区域，对于高平历史上的生态环境有怎样的意义？

（7）高平市不同历史阶段和不同区域的"禁止开窑"的碑刻，意味着什么？

（七）传统儒学·民间教育·科举制度

（1）北宋时期，程颢在泽州地区大量兴建书院对该地区到底有多大的影响？

（2）从现存碑刻中考察民间书院与庙宇合一的情况？

（3）对民国以降在村庄庙宇中办学的情况考察？

（4）对新中国成立后村庄庙宇成为近代学校的考察和统计？

（5）高平地区儒学风尚与大量庙宇的存在有怎样的关系？

（6）将庙宇碑刻和地方志记载相结合看高平地区科举兴盛？

（八）慈善捐资·公益事业·精英与群体

（1）村庄庙宇是否是高平地区历史时期的主要"公益事业"？

（2）村庄精英与群体在庙宇兴建过程中的体现和作用？

（3）从庙宇碑刻看历史上的慈善行为之类型？

（4）高平地区庙宇兴建过程中到底有几种组织方式？

（5）在抵抗自然灾害的进程中，地方精英所扮演的角色是什么？如何表现？

（6）在村庄的公共事务中，地方精英承担什么责任？

（7）不同区域和不同村庄的精英之间有怎样的差异？

（8）村庄庙宇的日常运营和管理情况如何？

（九）庙宇匠作·雕刻·绘画艺术

（1）从河南、河北等地的山西会馆看高平的村庄（泽潞地区）庙宇，反之亦然，结果如何？

（2）大量的村庄建筑和庙宇的石料到底从哪里来？其生产环节如何？大量的青石碑又从哪里来？

（3）碑刻上的"石工""玉匠"在高平地区的历史传承如何？

（4）该地区规模宏大、富丽堂皇的庙宇建筑如何施工建设？技术传承又当如何？

（5）本地区庙宇和居民建筑中的木雕、砖雕、石雕技艺有何特征？如何传承？

（6）匠作技艺在该地区的行业情况怎样？

（7）高平地区现存庙宇壁画的情况一览表。

（8）不同建筑构建的专门化考察一览表。

（9）不同庙宇建筑规制的类型化考察。

（十）社会规范·行为准则·法律纠纷

（1）如何从高平现存庙宇碑刻中的乡规民约，重新看待高平庙宇文化的功能？乡规民约碑刻为什么会在庙宇中？

（2）"进墓地悲，入庙宇肃"，庙宇包围和林立的村庄，人们的行为规范有哪些明显的特征？

（3）村庄与村庄之间的纠纷解决和诉讼判决为何要立碑于庙宇中？

（4）村庄"禁约碑"刻立庙宇中，对于人们的行为规范以及村庄秩序来说，意味着什么？

（5）对于村民的日常生活来说，"神灵约束"与"司法规定"之间到底有多大的距离？哪一方面更能规范行为？

（十一）土地出产·饮食结构·因地制宜的资源利用

（1）考察历史和回答历史文化问题，离开了当地的物产是寸步难行的，那么，明清时期，抑或更早的历史时期，其土地物产到底有哪些？如何才能够较为充足地满足相应人口的生活需求？土地利用和物产支撑与人口数量之间的比例关系如何？

（2）土地物产与气候、山川、地理密切相关，那么，高平地区的一系列与农业相关的问题到底如何？

（3）土地物产基本决定生活方式和生活习俗，那么，100多年前、200多年前、300多年前，乃至更早的时候，高平地区的饮食结构又是怎样演变的？其营养保障都有哪些阶段性的变革？

（4）生活需求的来源保障与庙宇兴建之间的关系到底如何？物质保障与精神寄托之间的关系又当如何？

（5）衣食足而精神悦，舞台戏曲与农耕文化的周而复始的季节性，以及丰歉悲喜的心态，都呈现怎样的关系？进而，又与庙宇祭祀之间呈现怎样的关系？

（6）因地制宜的辅助性产业给予土地物产不足的补充和调剂，对于以农业为主的高平地区来说，占据饮食结构的比重又是如何变化的？

（7）历史时期，高平地区农产品加工行业，副食品加工制作、生产的特点如何？

（8）高平地区历史时期遗存的土地买卖契约与其他地区相比非常稀少，隐隐约约告诉我们：历史上，高平地区的土地交易情况并不频繁，社会结构的稳定性也体现出来，那么，有关土地转移和遗产继承的情况如何？

（十二）区域性灾荒·移民·人口流动

（1）以高平为例，该地区不同历史时期的主要灾害都呈现怎样的特征和规律？

（2）不同程度的灾害降临，该区域的人们都采用怎样的方式方法予以应对？为此，演绎和总结出了哪些对策与预案？

（3）北宋南渡以至金元时期，该区域的人口流动情形如何？

（4）有明初期，大槐树移民与泽潞地区以及高平的移民有怎样的关系？

（5）明清时期的移民与祖籍地庙宇以及移入地庙宇的关系如何？

（6）明清移民与晋商遍布河南、河北、山东、湖北等地的县镇，它们之间又有何种关系？

（7）高平地区内部的移民迁徙情况怎样？

（8）一般情况下，不同职业的民众地理活动半径如何？

（十三）其他领域和学科视野

（1）以高平为例，晋商在全国各地的会馆与祖籍地的庙宇呈现怎样的关系？

（2）以高平为例，山西商人祖籍地的神灵和庙宇有哪些是山西商人从异地引入？为什么？

（3）以高平为例，明清时期的泽潞商人和徽商、平阳商人有极其明显的相似性和可比性，那么，其特点如何？需要注意的是泽潞商人、徽商与晋中商人却没有更多的可比性，这一点如何理解？

（4）如何认识乡村庙会？多大地理半径内的商品交流是依托庙会完成的？

（5）历史上，高平地区的战乱到底对该地区有怎样的影响？

（6）就一个村庄而言，或者就一个区域而言，入庙祭祀、烧香的群体有怎样的约定？

（7）不同庙宇的祭祀活动如何进行？都有怎样的禁忌？

（8）现在的高平地区的历史遗存，为什么会是这样的情况？如何评价此现状？

（9）高平地区的民间性的历史文物遗存情况和特点如何？

（10）高平地区民间性历史文献资料的情况到底如何？

以上的问题十分混乱，难成体系。或许有些问题还很幼稚和可笑，甚至就是伪命题。然而，却实实在在需要思考，并做出相应的回答。唯有将诸多的问题搞清楚，才有可能较为准确地给出"历时性和共时性"的"历史图画"。

三、高平历史庙宇文化的现实性延伸

对高平地区的历史文化遗存予以现代性的定位是当前的现实性问题。可以肯定，曾几何时，将庙宇文化归类于"封建迷信"的范畴，带有片面性。而如今，文化多元的时代，客观地、科学地予以定位，涉及现存庙宇"现实与未来"的方向。更直接地说，甚至决定着"消亡或发展"，也包含着"庙宇文化的继承和发展"。

回顾民间性庙宇的发展历史，应当说，当前是民间性庙宇发展历史中的平缓时代，相比于政治强制的历史时期，环境更为宽松。

倘若将现存庙宇定位于"传统文化"的范畴，当前的力度又显得不那么令人欣慰。更何况飞速发展的时代里，除了人为拆毁之外，更可怕的是不可抗拒的"自然淘汰"。

自古以来，文化总是与政治相伴而行，政治较之经济方面的作用力更为明显、更为直接，以高平庙宇为重点的历史文化，也不例外。历史存留的庙宇及其建筑本身并不带有"意识"，古代建筑文化遗存，应当加以保护和传承。

本次调查中发现，把庙宇作为当地旅游文化资源予以保护和发展的主张最为普遍，这一点，自不待言。我们还发现有不少并不具备旅游资源条件，却予以重新修葺的村庄庙宇，作为该村的"老人活动中心""文化活动中心"等被充分利用。如此做法，不失为"历史性与现代性"的有机结合。

（一）高平市庙宇保护与维修新建

在已经完成的考察中，我们发现并初步统计有大约十分之一的村庄庙宇，得到了修葺，庙貌为之一新；而90%的庙宇却无人问津，殿宇倾颓、杂草丛生，即便一些看上去尚且完整的庙宇，也正在接受着风雨侵蚀的考验。

现就部分已经修葺或者正在修缮的庙宇（考察中至少遇到过十多个古建筑修建公司正在不同的村庄施工，建筑施工队伍多为湖北、河南、河北、运城等地的）当前存在的一些问题，予以报告。

第一，业已修缮和正在修缮的庙宇，多半与该村的经济环境有关，也与该村的村委会和党支部的组织有关，新立的碑刻中有明确的刻勒。

第二，从新修碑刻中可知，修葺庙宇的资金来源基本是"捐施"，可以认为是"公益慈善行为"。

第三，村民对修葺旧庙宇给予了更多的赞赏和支持，交谈言语中无不表露出欣慰和满意；相反，面对没有人关心的庙宇，则表现出无奈和沮丧，以及期盼有人能将之恢复旧貌。

第四，不无遗憾的是，由于施工建筑公司缺乏必要的专业指导，重新修葺的古庙显得"不伦不类"。很显然，这一问题，对于一些具有历史建筑价值的庙宇来说，称之为"破坏"也不为过。

总之，针对高平现存古庙宇的"重修高潮"，高平市政府的相关部门，诸如文化宣传、文物管理部门，应当起到相关的作用，予以战略规划性和专业化技术的指导。

（二）高平市古戏台与地方戏曲文化

曾几何时，高平地区至少有800—1000座戏台同时存在。实地调查发现，每个村庄平均有1.8座（目前平均值），即便到了现在，明清时期的古戏台数量,也不会少于400座。(本次考察到7月25日为止,已经测量、拍照的古戏台为197座,看楼42座。)因此,我们有足够的理由认为:高平地区的戏曲,毫无疑问是一种"技术性的职业"——有一大批人以唱戏为生。唯有与戏台数量相对应的"戏班子",才能充分满足听戏的需求。

我们为之惊诧,高平地区的地方戏曲如此之兴盛,到底为什么?并且其兴建戏楼和舞楼的时间,基本集中在乾隆以后,一直到民国初年。

一个不争的事实是高平地区的庙宇和戏台的兴建多半不同步,大多戏台是增修的。由此,我们不难得出一个简单结论:在庙宇中修建戏台是普遍的,但并非仅为神灵献戏。村庄中的戏台兴建和戏曲兴盛与高平商人兴盛的历史时段基本相同。乾隆之后,高平地区的社会结构发生了较大变化,生活方式也随之发生了较大的变革。

种种迹象表明,戏曲曾经是高平地区民众生活方式的一个重要组成部分。然而,到了现在,传统戏曲舞台几乎99%荒废,这其中固然有与庙宇一同荒废的情况,但是,不可否认的是现代传媒方式的变革,人们的娱乐方式与以往也不可同日而语。

那么,需要强调的是:上党梆子作为高平地区的"文化标识",是如何在实践中延伸的呢?这是一个非常值得探讨的问题,现如今人们对"上党梆子"的情怀到底还保留多少?

对此,我们还将重点关注,以期给出更为科学的报告。

(三)传统文化与城镇化特色

历史上的高平地区,村庄和村庄之间有其共性,同时,由于地理和人文的关系,又各有其特殊性,我们在考察中,非常明确地感受到这一点。伴随着城镇化的脚步,这些原本存在的"村庄个性"正在急速地淡化,沦为"千村一面"。现在难以用一个价值标准来衡量其好坏,但祖祖辈辈日积月累才形成的传统,必然有其合理性。一味地追求"现代性",无疑是片面的。在一些历史悠久的村庄,也藐视历史传统恐怕是得不偿失的。

国家确立"历史文化名村（名镇）"，有其科学道理，包含着丰富的内涵，不仅限于开发旅游。在我们的考察中，暴露出来的最大问题是历史文化名村的保护与村庄的现代化建设关系不很协调，缺乏科学的整体布局和规划。

鉴于目前高平地区乃至晋东南地区的整体情况，大力发展旅游业的条件和环境还待进一步提升，因此，就"星罗棋布"的个体性古村庄开发而言，当前工作，恐怕还是"保护"为首，暂缓开发。个性化的古村庄建设，应当纳入整个地区的统一规划中，才能使得"散落的夜明珠"串联起来，大放异彩。

就政府而言，做中长期的战略性整体规划是当务之急，势在必行。区域性的、以厚重历史文化为标识的产业布局，绝非一蹴而就，更不容急功近利，需要几代人坚持不懈的努力。

（四）民间性组织与乡村振兴

从高平地区现存庙宇碑刻的碑阴，我们看到的更多是"民间性组织与乡村建设"的关联性问题，各种称谓不一的组织决定着庙宇的兴建，不同的组织结构也左右着庙宇修葺的事项，以及村庄里更多的公共事务。

明清时期的村庄治理与如今的乡村建设，出现了较大的变化，最直接和最突出的是"村委会和党支部"与"社和会"在村庄事务中承担组织和领导使命的时代性差别。比较不同历史时期的村庄治理模式，无论对学术性探讨还是现实借鉴，都是有意义的事情。当今新农村建设的浪潮中，科学地总结前人积累的经验与教训，也是当前相关学科的重要课题。

就细节部分而言，在现在每个村庄的"账务公示栏"里，仿佛又看到了庙宇碑刻上"费用收支"勒石的"原始方式"。如此说来，现代乡村治理的诸多方面，的确有深入考察的必要。

四、文化产业背景下的方向性初步建议

鉴于目前"文化"概念的不统一，每个人对"文化产业"的界定和理解也就不尽相同。任何一个民族和国家，在物质生产高度发展之后，精神的追求就会相对滞后，或者说，物质需求与精神需求出现不协调。改革开放四十多年，我们在物质生产方面，取得了西方国家近百年的成就，很显然，文化和精神方面则相对滞后，因此，中央确立了未来几十年的发展纲要，大力发展文化产业。很显然，这一战略性规划，必然是中国未来一定时期的总趋势。

就高平市而言，目前可以清晰寻找到的文化产业，恐怕还离不开历史文化的范畴。因此，唯一的出路是从深厚的历史底蕴中，梳理出属于高平自己的文化产业线索和发展道路。

近年来，高平市政府为此做出了努力，也在艰难地探索模式和道路，取得了一些成绩，然而，作为地方性的产业，却一直未有太大起色。个中原委在于不能科学地整理出自身发展的历史，未能寻找到错综复杂的"文化脉络"。文化产业，也犹如自然科学一样，有"专利性和科学性"的本质属性和特点，并不是任何人都可以随随便便开拓出一个崭新的天地、引领一个方向的。

有一点必须清楚：真正的、可持续性的文化产业，必然是能够满足需求的——遵循经济学基本原则的。最近几年的实践证明，违背经济学基本思想和原则，单纯凭借政治手段造就的文化产业多半是昙花一现的。

结合高平历史文化实际，就现阶段考察发现和认识，提出不完善的初步意见，供参考。

（一）关于祭祖文化与祈福文化（庙宇文化）

高平地区现存古庙宇，无论其称谓如何，尊奉何方神圣，稍加高度概括，无外乎三种类型。

1. 祭祖为主的庙宇

这一类型庙宇的最大特征就是对上古先贤的怀念和敬仰，对地方圣贤泽被后世功德的颂扬、感恩，为此，供奉神像激励后人前赴后继。正是这类型庙宇的大量存在，才使得中华民族的香火代代相继、万世传承，高平地区的深厚文化底蕴也得以彰显。

2. 实用性的庙宇

这一类型庙宇，以立足现实为出发点，多半因应当时的社会状况，高平地区"阁门＋庙宇"的建筑模式，就是以自我保护为目的，带有鲜明的军事特征。当然，也不排除和平时期，作为标识的"装饰性""消灾性""预防性"目的。

3. 祈福为主的庙宇

这一类庙宇关注的是未来的幸福和平安。地处太行山谷的高平地区，自然地理条件严重局限，科学水平相对落后，在涉及生活需求的方方面面，人们都予以期盼，祈求消灾、祈求平安、祈求风调雨顺，等等。获得收益之后报答和酬谢也要兴建庙宇，加以祭祀。应当说，这是一种积极求生存、祈求保佑的朴素观念。该区域民众坚韧的品格与这一文化传承密切相关。

总之，就兴建时的朴素动机和愿望来说，将古庙宇定性为"封建迷信"，有失偏颇。很显然，高平地区的庙宇林立是特定时代的产物，属于历史的范畴，理应正视。当然，在实际生活中，由于社会的复杂性，也不排除一些消极的因素杂糅其中。高平地区庙宇林立，适合定位在"祭祖和祈福"的层面加以发扬光大。

高平地区的"古庙宇"，应当以"整体"看待，将"庙宇文化"放置在整个"泽潞地区"、放置在整个山西、放置在全国、放置在全球化视野下来看待。不同的层面和范畴，其文化产业的模式和道路不尽相同，甚至有本质的区别。

截至目前，我们有理由说：高平地区的古庙宇集群，其地理广度和分布密度，应当是当今世界绝无仅有的。

（二）关于农耕文化与炎帝信仰

千百年来，华夏民族以炎黄子孙自称，高平地区有大量炎帝文化的历史遗存，有大量的神话传说和庙宇，因此而自豪，并且着力打造炎帝文化，原本无可非议，也在情理之中。

然而，十多年来实践所取得的实际成就，难以令人兴奋。简单总结其经验教训，不外乎以下几点：

1. 政治方面

违背科学的急功近利的思想意识突出。出发点、过程、目的、动机、手段等混为一谈。到底要实现什么目的，如何科学地实现其阶段性目的和最终目的并不十分清楚。

2. 经济方面

违背经济学原则的投机行为时有发生，参与其中的组织和个人，鱼龙混杂，利益冲突阻碍其目的的实现。

3. 文化方面

首先是不尊重历史科学，"臆造"历史；其次是缺乏科学论证；第三是对广义的"炎帝文化"和狭义的"炎帝文化"的内涵和外延，以及一系列对高平地区炎帝信仰核心概念的错误理解。这三方面原因，使得在当前的宣传标语上造成了概念混乱的现象。

4. 政治、经济和文化"三位一体"的有机交融方面

政治上方向和目的不明，利益上界线和结果不清，进程中炎帝文化的内涵和外延不时被更换，所以，尽管愿望是美好的，但其结果却差强人意。

鉴于对高平地区的初步考察，提出如下不成熟、尚待进一步完善

的建议，供参考。

第一，高平市地方政府将炎帝文化作为未来地方文化产业支柱的战略性规划是正确的，既符合历史，也确实适应地方未来发展方向。

第二，必须充分认识到炎帝文化和文化产业两者之间的关系，充分认识到从炎帝文化到文化产业过程的艰辛和持久。

炎帝文化的内涵极其丰富。一方面，非常有必要对炎帝文化体系加以梳理；另一方面，缺少学术支撑的文化产业难以持续发展、保持活力。

第三，有必要对高平地区的农耕文化、炎帝文化、民间传说等一系列概念予以梳理、澄清，乃至界定。将此作为战略规划不可或缺的一部分。

第四，战略规划一定是整体的，是以炎帝文化为中心的文化产业园区，绝对不能再走"唯炎帝而炎帝"的老路了。

第五，基于现状，地方政府有必要组织动员全国各地相关领域的专家学者，对高平地区的历史文化展开更为深入的、体系化的科学研究，帮助地方政府制订切实可行、因地制宜的发展纲要。

（三）关于上古神话与长平之战

许多上古神话传说以及战国时期的长平之战，与高平和泽州、上党地区有极其密切的关系，作为高平的历史文化展示其现代性无可非议。然而，由于历史久远，可依据的资料缺乏，难以确证。但是，并不意味着这些宝贵的历史资源，对高平未来的文化产业价值不大。相反，我们需要做到以下几点：

第一，作为地域性文化标识，应当大力宣传，借助现代科技手段予以宣传。

第二，以神话传说和历史遗存为线索，进一步延伸其历史脉络。

第三，不妨用文学和艺术的表达形式彰显其历史价值。

（四）关于潞绸文化与潞绸的产业未来

按照"文化产业"的一般定义来看，明清时期，甚至更早历史时期高平地区的潞绸，未必是距离文化核心较近的产业。然而，潞绸的历史文化内涵却极其丰富，作为现代产品的"历史文化附加值"是极其突出的。

我们清晰地发现，高平丝绸与高平地区的农耕文化密切关联，归入高平地区的炎帝文化和农耕文化的范畴，无疑是科学合理的。

汉唐时期的丝绸之路是众所周知的，然而，截至目前，丝绸之路上大量的丝绸到底是哪一地区生产的，却不甚了了。我们从更多的文献以及现存考古文物、碑刻中，逐渐发现丝绸之路上的丝绸，与泽潞地区密切相关。

有大量的证据表明，潞绸至迟在晚明前清时期依然盛极一时。在考察中已经发现100多通散布在各村庄的关于潞绸的碑刻。这一方面的情况，这里不再赘述，有专题报告给出。

（五）关于历史文化名村（名镇）与旅游业

截至目前，我们对高平市已经被确立为"国家历史文化名村"的良户、苏庄等，以及"省级历史文化名村"的侯庄、下马游、伯方等村庄进行了考察，还对几十个准备申报的村庄也予以重点关注。实际考察中，我们为这些历史名村获得国家和省级相关部门的认同，表示由衷的欣喜。然而，我们更为这些历史名村的未来担忧。担忧较之欣慰更甚，原因如下：

第一，获得"历史文化名村"的殊荣不易，表明了这些村庄的历史遗存是有相当文化价值的。但如何借助这一契机，进一步朝着旅游业的方向迈进，绝非简单的事情，外部环境严重制约着目的的实现。

第二，较之外部环境来说，更为束缚其发展的内部问题——村民们缺乏基本的"历史文化名村"的维护和发展意识。一方面，历史上形成的现存格局不能轻易维修；另一方面是新批土地的限制难以满足一些生活需求，村民们怨声载道。

第三，旅游业得不到发展，其所依托的维修经费有限，恶性循环开始出现。

第四，作为"历史文化名村"，需要有最为基础的历史文化宣传和基础知识的普及。这一点，也是摆在当前这些村庄面前的实际问题。

（六）关于明清时期的高平商人传统与现代商业品牌打造

分布全国各地的 600 多座山西会馆内的碑刻和高平市业已考察过的村庄庙宇碑刻，充分证明了一个淹没在历史长河中、志书不曾载入、鲜为世人所知但确凿无疑的历史事实是：明清时期的高平商人是 500 年晋商辉煌群体中的一支"劲旅"。

截至目前，已经有不少于 6000 家商业字号浮现出来，这是本次考察中，收获较大的一个领域。我们大胆地估计，刻勒在高平市村庄碑刻上的商业字号不会少于 1.5 万家。与此同时，明清时期高平商人的行业性特征以及在全国各地的分布情况，也愈来愈明朗。因此，初步给出高平商人的区域性特征，已经成为可能。

第一，在高平，商业字号大量地刻勒在村庄庙宇的碑石上，主要的历史阶段为康熙后期至道光年间，约占总数的 60%；庙宇碑刻中出现商业字号的年代情况，很可能关乎高平地区商人地位的真正确立阶段。

第二，商业字号在高平地区的分布，南部较北部为多。

第三，这些商业字号主要分布于京师、河北、天津、山东、河南、湖北、江苏、安徽、陕西、广东等省市。西北、西南、东北地区则相对少见。

第四，他们所从事的行业主要有：丝绸业、铁制品、纸张业、农产品加工制造业、饮食酿造业、建筑匠作业、药材业等。总之，加工制造、集市化零售是特色。

第五，目前所知，高平商人的规模并不很大，是前店后院的坐贾模式，主要采用"东伙雇佣制"，会计账法基本为"传统四柱账法"。属于典型的传统商业。

第六，目前所知，高平商人留下的民居数量庞大，分散在整个高平区域的村庄中，其建筑格局都十分精美，然而，遗憾的是规模并不很大，与晋中大院无法相比。

非常值得注意的是，他们高度兴盛的历史时期，恰好是晋中商人尚未崛起的时期，较之平阳商人、陕西商人又稍晚，而且有并行的历史时期。恰好与以上区域山西会馆的兴建处于同一历史阶段。

（七）关于高平历史文化与现代传媒及其科技手段

高平地区拥有如此丰富的历史文化遗存和资源，却鲜为世人所知。为什么直到最近几年才开始受到社会各界的高度重视？

唯一合理的回答是：地处深山，缺少更为科学的传媒手段。因此，在着力打造文化产业的时代潮流中，如何强化对外宣传，便提到了当地政府的议事日程上，有必要予以关注。

然而，宣传不能是"信口开河"，必须"言之有物"，而"言之有物"的前提基础，又必须是对遗存的历史文化有清晰和正确的认识，以科学的方法论做支撑。恰恰是这一点，是地方学者和部门工作者难以胜任的。

也就是说，在讨论"高平历史文化与现代传媒及其科技手段"这一问题的时候，现代传媒仅仅是手段，属于技术范畴，而其核心的内容才是至关重要的。当然，两者的有机交融、相得益彰，也是不容忽视的。纵有一日，更多的专家学者进行研究，也必须将研究成果巧妙地转化为大众化的文化知识。否则，学者的研究依然高高在上，不能为地方性文化产业发挥应有的作用。

因此，地方政府组建一个专门的机构承担对外与专家学者联络，对内展开基础普查并深化的任务，未尝不是一件值得尝试的事。

五、阶段性简单结论

鉴于考察正在进行中，本报告只能给出阶段性的简单结论，有些甚至是感性的，仅供参考。

1. 方法论问题

科学的方法论问题是对高平历史文化做科学定位的首要问题。高平地区现存有大量的历史文化资源是确凿无疑的，关键在于如何认识。

可以肯定地说，高平地区村庄里现存大量的庙宇，不单纯是"一村一庙"的"个性化"问题，更多是地域性的"普遍性"问题。因此，必须整体考察，予以整体性地联系看待。非常有必要将高平地区的历史文化，放置于全球化的视野下，进行共时性和历时性地综合考察。

2. 学科性问题

"学有专长，业有专攻"的学科性考察是非常必要的，不同视角、不同层面、不同领域对高平地区文化予以有重点、有边界的考察也是应当的。然而，我们不主张仅凭单一的专业手段和学科视野，就给出"以偏概全"的结论。相反，我们更希望开放的、联合的、交叉的、互动的学术争鸣和广泛交流。也就是说，将高平地区的文化研究，作为一个多学科资源共享、协同创新的研究范例也是现实的、可能的。

3. 现实性和未来性问题

我们不敢断言高平地区一定是未来几年诸多学科应当关注的学术重心之一，至少可以说高平地区现存的历史文化资源，对于解决诸多问题具有基础性的学术价值。对于提升地方文化以及文化产业转型与发展，具有无法估量的现实意义。

六、预期评估和建议性展望

（一）就当地政府而言

首先，当地政府必须对本行政区域内固有的历史文化资源予以高度重视，科学地保护和整理、发掘。鉴于现在的时代潮流和体制，我们非常希望当地政府能够深刻而充分地认识到该地区历史文化的丰富性，以及这些宝贵的文化资源对于该地区未来产业方向的意义和价值，进而启动相应的历史文化资源整理工程，哪怕仅仅作为地方政府制定战略性规划的依据和基础，也是会泽被后世的。

其次，也是当务之急，当地政府应当针对该地区历史文化的传承和发展，科学地制订出区域性的中长期规划，进而阶段性地对古村落的历史遗存予以指导性和监管性的保护。

第三，有计划地组织、动员、邀请全国相关学科的专家学者，指导并帮助本地区展开文化资源的整理和开发。较为理想和现实的做法是成立和组建一个专门化的机构，承担这一阶段性使命。投入不大，却一举多得，功在当代、利在千秋。

（二）就全国学界而言

二十年前，学界针对徽州地区的历史文化进行的学术研究，造就了一代引领学术方向的学者，而其阶段性的学术意义，自不待言。地处山西的泽潞地区，各方面都滞后长江流域十几年。现如今，愈来愈多的学术界仁人志士，开始关注泽潞地区的历史文化，学术潮流的周期性和阶段性，再一次得到充分体现。

因此，我们衷心希望举凡有学术见识的相关学科的学术领袖，走出校门，深入泽潞地区的村庄中，亲身感受历史文化的魅力。在这里隐藏着极其丰富的学术宝藏，亟待挖掘。更希望学术同仁，相互交流、相互补充，为揭开泽潞地区的历史文化面纱携手共勉。新一轮的学术阶段即将拉开序幕。崭新的学术舞台，等待着学界新秀尽情地展示才智。

（三）就高平社会各界而言

"生于斯，长于斯"的社会各界有识之士，在壮美的土地上，有我们先祖的足迹，也将有我们子孙的未来，每一位都有责任和义务，对祖宗有所交代、对子孙有所交代。高平地区之所以有如此深厚的历史文化底蕴，正是一代又一代的人们，前赴后继奉献的结果。数以万计的历史文化遗存，都倾注着祖辈的心血和汗水，而现存的碑刻，无不是"永垂不朽"和"万古流芳"的题额和勒石。

因此，较为彻底和清晰地搞清楚我们祖先在这片土地上的历史，不完全是政府的事，也不应当由学界承担全部的责任。碑刻上，数以千万计的祖辈姓氏，告诉我们"人人有责"——有钱出钱，有力出力。时代精英们，更应当主动接过先辈的班，担负起历史传承的重任。

我们呼吁社会各界的精英们，就像100年前、200年前，甚至更早的历史时期的先人兴建庙宇、兴建会馆、建设家乡那样，联合起来，把我们祖先的"历史文化庙宇"构建起来，让这一"精神的庙宇"，庇护和保佑我们的子孙安康。

作者简介：孟伟，历史学博士，山西大学历史文化学院特聘教授、河北大学宋史研究中心特聘教授、河南大学经济学院特聘教授、北京晋商博物馆原馆长，主要从事民间文献、社会经济史、区域社会史研究。

祁县传统村落调查报告

周　亚　邵雅丽　彭云飞

　　近几十年来，随着城市化和现代生活方式的冲击，二元结构带来的城乡断裂愈发明显：在城市迅猛发展的同时，乡村的空间和地位逐渐被压缩、边缘化，人们的观念也大有以成为"城里人"为骄傲的倾向。据全国农业普查结果，2000 年我国的自然村总数为 363 万个，但到 2017 年，这一数字已锐减至 261.7 万个，平均每年减少 5.96 万个，实在让人触目惊心。值得思考的是，在中国的政治、经济、文化板块中，乡村到底扮演着怎样的角色？乡村的不断减少对中国将会产生怎样的影响？城镇化是不是一定意味着乡村的消失？这一过程是否一定是不可逆的？这些问题，在近年来党和国家的政治和文化实践中，已经给出了答案。

　　党中央和国务院历来重视"三农"问题，且在 2018 年更加鲜明地提出了"乡村振兴战略"，明确了乡村的重要性、发展目标和发展方向。住建部等部门也很早开展了"中国传统村落""中国历史文化名村、名镇"等各类名录的申报和保护工作，有重点地保护乡村文化。对传统村落的保护已经在越来越广泛的社会群体中取得共识，但在观念和实践层面又不乏矛盾之处，一是传统村落破坏严重，保护难度大，保护资金投入并不充分；二是传统村落主要位于经济相对落后的区域，向往乡村田园生活的人却往往长期生活在城市中；三是传统村落保护与现代化发展之间的矛盾难以协调。

与此同时，相当一部分传统村落位于深山沟谷之中，水源、交通、通信等条件较差，人民生活不便，以致"老龄化""空心化"问题严重，一方水土不足以养一方人。这种情况下，如何既能实现传统村落的脱贫攻坚和全面振兴，又能最大限度地保护文化遗产，留住乡愁，就成为重大的学术命题和现实任务。

山西是我国传统村落较为集中的省份。在已经评出的五批传统村落名录中，山西共有 550 个入选，占到总数的 8.06%，位列全国第五位。此外，还有相当一部分具有传统村落的遗产价值，但并未列入名录的村庄，在实践过程中也应引起足够的重视。这些村落所在区域环境各异，贫困程度亦不尽相同，因地制宜地进行合理规划、有所侧重是应有之意。选择具有代表性的区域和传统村落就成为本次调查的起点。

祁县隶属于山西省晋中市，位于山西省中部，古称"昭馀"。东与太谷区相邻，西与平遥县接壤，南与武乡县交界，北与清徐县毗连，东南与榆社县峰峦相依，西北与文水县隔河相望。从地形地貌来看，祁县平面轮廓呈东南至西北长条状分布，地势由东南逐渐向西北倾斜，从山地、丘陵逐渐过渡到平原。祁县山地峰峦重叠、沟壑交错，表层为土石结构，大部分为灌木覆盖，宜林适牧。丘陵地区表层为厚层黄土覆盖，粮丰林茂。平川地区地势平坦、土壤肥沃、水源充足，为主要产粮区。多样化的地形地貌孕育了多种类型的传统村落，可为我们研究复杂地带传统村落的形成和发展提供了良好的样本。祁县历史悠久，孕育了丰富灿烂的地域文化，祁太秧歌、戴氏形意拳等被列为国家级非物质文化遗产。同时祁县也是票商的发源地之一，清代祁县作为票号的主要聚集地之一，富庶繁华一时，留下许多价值非凡的传统村落。这些村落是进行传统村落价值考察和易地搬迁保护调研的极佳样本。

2019 年 7 月 9—16 日，教育部哲学社会科学研究重大课题攻关项目"中国传统村落的价值体系与易地扶贫搬迁中的传统村落保护"

课题组"祁县传统村落调查小组"对祁县境内具有典型意义的 21 个村庄进行了专题调研。调查小组一行 6 人，由山西大学历史文化学院周亚教授带队，队员包括张艳鑫、张茹、邵雅丽 3 名研究生和彭云飞、杨佳强 2 名本科生。本次田野调查活动旨在通过对具有代表性的传统村落以及部分实行易地扶贫搬迁的村庄现状的考察，去发现传统村落保护的现状和面临的问题，揭示易地扶贫搬迁与传统村落的复杂关系，并以出现的困境和问题为切入点，为相关保护政策或法律法规的制定提供切合实际的借鉴，为传统村落的保护提供实践依据。

一、调研的对象、目标、方法

本次调研的对象是山西省祁县的传统村落。那么，到底什么是传统村落？2012 年底，住建部、文化部、国家文物局、财政局印发的《传统村落评价认定体系（试行）》中将传统村落定义为："村落形成较早，拥有较丰富的传统资源，具有一定历史、文化、科学、艺术、经济、社会价值，应予以保护的村落。"根据这一指标体系，传统村落的评选主要从传统建筑、村落选址和格局以及村落承载的非物质文化遗产等三大方面，依据其久远度、稀缺度、完整性和丰富度等多个方面进行定量和定性评估，这就意味着传统村落兼具物质与非物质文化遗产的特性，它不单单指一些乡土建筑和历史景观，而且包括各类非物质文化遗产、乡村独特的历史记忆、宗族传承、俚语方言、乡约村规、生产生活方式等方面，甚至于村落的选址、格局、规划，周边的自然环境都可以包括在内。① 它是历史的、动态的民众生产生活的基地，是农村的社区，承载着村落的传统文化与内在价值。

但是，由于近几十年来我国"疾风暴雨般地推进城镇化"，导致了大量古村落消亡，传统村落评选的标准远不如中国历史文化名村那

---

① 冯骥才：《传统村落的困境与出路——兼谈传统村落是另一类文化遗产》，《传统村落》2013 年第 1 期。

么严格，其着眼点在于能保多保。[①] 同时，传统村落实行申报制度，各地之于传统村落的重视程度不同，会极大地影响到传统村落能否进入各级名录之中。换句话说，本文所论传统村落既包括那些已经列入住建部等部门公布的传统村落名录的村庄，也包括那些本身就有着重要的文化遗产价值，但并未列入名录的村落。

围绕这一对象，本次调研试图实现如下目标：（1）通过对大量不同类型传统村落的调查，为中国传统村落价值体系的理论构建提供个案素材；（2）通过田野调查，实现历史与现实的结合、理论和实践的结合，并尝试多学科方法的实践和研究；（3）通过调研，与地方政府和相关机构加强合作，为推进祁县的传统村落保护提出建设性意见。

本调研运用的方法主要有三种。一是信息收集和文献研究。通过和政府部门合作，获得了相当多的关于祁县传统村落的文献资料。二是口述访谈。通过对乡镇负责人、村委会成员、地方文化名人以及村中老人的口述访谈，了解各村的基本情况和传统村落保护以及易地扶贫搬迁的基本政策。三是实地考察。此次调研，我们有针对性地选择了祁县的一些传统村落，它们分别是古城镇的荣仁堡、闫名村，城赵镇的修善村，古县镇的王贤村、梁村、子洪村、孙家河村，贾令镇的贾令村、东阳羽村、谷恋村，峪口乡的上庄、杜家庄，来远镇的盘陀村、来远村、下坪村，东观镇的涧村、加乐村、东观村。这些村落的选择，既考虑了地域上的多样性，也考虑到各村实际情况的差异性，可全面反映祁县传统村落的历史变迁与现实面貌。

二、祁县传统村落的保护现状

（一）祁县传统村落保护概况

祁县目前共有 160 个行政村，289 个自然村。其传统村落申报与

[①]《中国传统村落保护的喜与忧》，《中国文化报》2013 年 10 月 31 日，第 2 版。

保护工作已开展多年，随着不断地挖掘与保护，已累计向上级住建部门申报国家级传统村落 45 次计 26 个村，已申报成功 9 个国家级传统村落、2 个省级传统村落。在此背景下，祁县国家级传统村落中的一些重要的传统建筑已经得到及时的保护和修复，其中，谷恋村已完成真武庙（现为金刚寺，相关问题详见后文）、高锡禹故居（三处宅院）等建筑的修复工程；贾令村已完成狐神庙的修复工程，镇河楼的修复于 2018 年开工，目前正在进行施工。[①]

　　根据住建部等四部局《关于切实加强中国传统村落保护的指导意见》和山西省住建厅《关于进一步加强传统村落保护工作的通知》等文件精神，祁县政府制定并印发了《祁县传统村落保护实施方案》，明确了部门职责和分工，同时成立了县级传统村落保护领导组，加强对传统村落保护工作的指导。在此基础上建立了祁县传统村落县级专家组，专家组成员由祁县发改、住建、国土、规划、文旅、财政等部门专业人员组成，专门负责对祁县传统村落的申报和项目建设的指导。此外，祁县建立了传统村落村级联络员制度。在各传统村落中优选一名热心文化遗产保护且能够熟练使用计算机、网络、数码相机等设备的人员，对下负责宣讲传统村落保护政策，对上反映项目实施进展情况。最后，根据县委对传统村落保护的指导意见，在全县筛选出了30 个传统建筑保护较好、传统文化底蕴深厚且村两委积极主动性较强的传统村落，建立了祁县县级传统村落名录，并对其分类进行保护。可以说祁县对传统村落的保护取得了一定成效和一些可喜的成果，但是仍有相当多的困难没有克服，包括传统村落的"自然性损毁"、"老龄化、空巢化"、保护资金不足、拆旧建新等难题。

　　除 9 个列入中国传统村落名录的村落获得了中央财政支持外，祁县传统建筑能够得到保护和修缮的只有少数省保、市保单位，其余历史遗址、传统建筑虽也得到县级政府挂牌、公示，但对其保护和修缮工作却是心有余而力不足。而且，由于各村经济发展水平、对传统村

---

① 《祁县传统村落保护工作情况汇报》，第 3 页，内部资料。

落的重视程度与投入、传统建筑的遗留等情况不尽相同，所以对传统村落的保护工作难免显得参差不齐。本次在祁县我们相继实地考察了荣仁堡、梁村、贾令、上庄、盘陀、洞村等 21 个村庄，涉及祁县 8 个乡镇中的 6 个乡镇。对这些村庄的基本情况，特别是传统建筑、历史遗存等情况进行了重点探访，得到了大量图片、文字等资料，其内容涉及建筑、碑刻、族谱、账目、民俗、村志等许多方面，是传统村落中重要的文化遗产。（见表 1）

表1 祁县传统村落重要文化遗产统计表

镇名	村名	考察庙宇数/碑刻数	考察民居数	其他建筑、文字等资料	地貌类型	搬迁形式	传统村落名录
古县镇	荣仁堡村	0/2		堡墙保存基本完整	盆地平原	不搬迁	无
	闫名村			祁奚陵园	盆地平原	不搬迁	无
	王贤村	1/4	4		丘陵	不搬迁	无
	梁村	1/1	3	仰韶文化晚期的梁村遗址	丘陵	不搬迁	无
	子洪村	2/6	2	古渠、村门、茶马古道遗址、摩崖石窟	丘陵	不搬迁	无
	孙家河村	1/3	5	戏台、家谱、账本一册	丘陵	不搬迁	国家级
城赵镇	修善村	1/2	1	家谱七册、账本一册、王允文化园、九龙口	盆地平原	不搬迁	国家级
贾令镇	贾令村	1/4	6	镇河楼、家谱二册	盆地平原	不搬迁	国家级省级
	东阳羽村		1	家谱一册	盆地平原	不搬迁	无
	谷恋村	1/5	16	村西门、《民俗杂记》《谷恋村志》《银谷恋》	盆地平原	不搬迁	国家级省级
峪口乡	上庄村	1/8	7	戏台	山地	不搬迁	国家级
	砖八洞村	1/0			山地	不搬迁	无
	杜家庄村	0/1		戏台	山地	不搬迁	无

续表

镇名	村名	考察庙宇数/碑刻数	考察民居数	其他建筑、文字等资料	地貌类型	搬迁形式	传统村落名录
东观镇	白圭村			敬孝牌坊	盆地平原	不搬迁	无
	涧村	2/2	3	文峰塔	丘陵	不搬迁	无
	加乐村	3/2	1	村门	盆地平原	不搬迁	无
	东观村	1/0			盆地平原	不搬迁	无
来远镇	盘陀村	1/1	5	戏台、窑洞	丘陵	就近搬迁	国家级
	来远村	3/0			山地	不搬迁	无
	下坪村	1/2	4	家谱二册、账本若干	山地	易地搬迁	无

通过调研可以发现，"传统村落"作为一种荣誉仅在主管干部和极少数村民中具有影响力，绝大多数村民对此没有认识，甚至一无所知。而对于没有"传统村落"头衔但有重要遗产价值的村落，村民对所谓"传统"的事物更是多持不屑之态度，"没什么用"大概是最为普遍的认知。对于那些对传统村落有一定了解的民众来说，也绝大多数限于建筑这种可见的、有较大彰显度的物质文化遗产，至于碑刻、家谱、账簿、契约等重要文字记载的"记忆遗产"以及大量非物质文化遗产，远远没有进入他们的视野中。这也反映出，传统村落申报时在表格中所填写的包含上述完整遗产类型的内容，在实践中呈现出鲜明的"差别待遇"。

（二）易地搬迁中的传统村落保护

易地扶贫搬迁，是指"以减贫为目的而进行的将居住于生态环境恶劣、自然灾害频发地区贫困人口迁向自然条件较好地区以及与此联系的社会经济系统重建活动"。[①] 目前有"异地扶贫搬迁"和"易地扶贫搬迁"两种说法，二者之间存在略微差异，但其内涵基本一致。在与住建局相关扶贫部门人员交流之后，我们了解到祁县绝大多数村

----

① 郑瑞强等：《扶贫移民适应期生计风险、扶持资源承接与政策优化》，《华中农业大学学报（社会科学版）》2015年第4期。

庄不存在扶贫情况，只是搬迁的问题，从生态环境恶劣、自然灾害频发地区、部分传统历史古建筑处将群众迁至别处。这种搬迁大多是村民自发行为，少数是由当地政府引领。试举两例说明。

图 1　盘陀村牌楼

盘陀村属祁县来远镇，位于祁县东南部山区，背靠太行支脉麓台山之余脉，面对祁县广阔平川，是典型的平川与丘陵起伏接壤地带。①该村文化底蕴深厚，村内的传统古建筑是一大特色，古建宅院连线成群，公共建筑主要是迎祥门、古戏台、财神庙、吕祖庙。二级台地多为明清时期砖瓦土木结构传统四合院，东南侧三级台地多为土窑洞，目前仍有保存较为完整的传统砖瓦结构四合院 18 处，其中典型院落有 3 处，古窑 30 余处。据了解，村庄以前只有南门和北门，南北门所在的街道曾是茶马古道，同时也是古驿站、官道的所在地。作为构成传统村落的历史环境要素，盘陀村现有 7 处石碾石磨、3 处特色墙、3 棵古树以及 3 口古井。非物质文化遗产主要有祁太秧歌、剪纸、特色面食以及革命故事传说等。

---

① 盘陀村为第五批中国传统村落，全村共有 200 多户，在册人口 584 人，但是常住人口只有 355 人。

图2　盘陀"老村"的街巷

　　盘陀村的搬迁属于本村内搬迁安置,其旧村坐落于南崖、上长坡、钟楼崖、独峦坪等黄土坡台之上,由于地势较高,取水、出行、耕作等极不方便。20世纪80年代以后,村民逐渐往地势平坦的一级台地迁移。这种搬迁方式既解决了搬迁前困扰村民的问题,又使村民在生活空间上与"老村"连成一片,维持原来的宗族纽带,保留原来的生产生活方式和风俗习惯,同时历史建筑也能发挥一定的功用,不至于无人看管而日渐荒芜。

图3　从盘陀老村眺望新村

下坪村，是来远镇的一个自然村，位于该镇东部山区，地势高亢，崎岖险峻。进村的土石小路狭窄弯曲。该村原有数十户人家，因所处地理位置正好是山崖之下，雨季常有泥石流和洪水威胁。尽管如此，村落也有几百年的历史，村中的几株古树，以及古庙、民居就是最好的见证。历史时期，当地为了解决山上的洪水问题，专门修建了用石头垒砌的排水渠道，并且形成了排水涵洞与村庄大门同为一体的格局，彰显了古人的智慧。近年来，在易地搬迁的大背景下，该村因泥石流等自然灾害频发带来的"生活环境恶劣"问题，被政府列入整体搬迁村落行列。据了解，下坪村搬迁的政策与方式是由政府给每户 10 万元搬迁款，作为搬迁后购房或另修房的补贴，并且要求村民离开本村居住。在此过程中，有的民居被拆毁，有的则用砖石封住门窗。在我们考察时，荒草丛生、野蛮生长代替了人间烟火、秩序井然。可是，搬迁后一系列问题接踵而至：一是农民离家不离地，新居所与耕地相距甚远，导致生产不便；二是放弃农业生产的村民由于新的劳动技能不足，就业困难；三是新的生活方式导致成本增加；四是离开原来村庄，总有"离乡背井"之感，对新社区缺乏认同感，难以融入当地生活，心理压力增大。在我们进入村庄之前，向导本以为该村已是搬迁完毕的无人村，进入村中才发现仍有几户人家"潜伏"在村中居住。按照他们的说法，生活在村中比较自在，且种植方便，能够保证基本的经济收入。唯一不便的就是离镇上较远，对子女上学和生活方面有一定影响。但二者相较，他们选择了前者。

可以看出，不同类型的易地搬迁对传统村落保护有着巨大的差异。对于交通条件较好的传统村落，在老村之外就近开发新村的模式，为古村落的保护腾出了充分的空间，减少了人为的干扰和破坏，也阻止了过多现代化元素的注入，较好地保留了传统村落的原始风貌和完整性。与此同时，村民仍有老宅的产权，可住可用，对保护具有积极作用。对于生存环境较差，交通条件不利的传统村落，长距离的易地搬迁一经完成，古村落将变得极度空心化，整个村落只是一个空有建筑的外壳，没了烟火气息，人文的历史因素也不复存在，导致古村落失去活力和延续性。而且在这种情况下，古建筑的自然损毁概率加大，如果没有人为介入，传统村落的消亡也只是时间问题。

图 4　调查小组在下坪村和留守老人交谈

三、祁县传统村落保护中的现象观察

（一）手段与目标的混淆

为促进传统村落的保护和发展，住房和城乡建设部、文化部、财政部于 2012 年组织开展了全国第一次传统村落摸底调查，在各地初步评价推荐的基础上，经传统村落保护和发展专家委员会评审认定并公示，确定了第一批共 646 个具有重要保护价值的村落列入中国传统村落名录。此后，2013 年、2014 年、2016 年和 2018 年分别公布了第二批、第三批、第四批和第五批中国传统村落名录。五批共公布了6799 个传统村落，虽然仅占全国行政村总数的百分之一不到，但其认定标准其实并不严格，而是"能保多保"。"能保多保"是为了遏制传统村落消亡的迅猛势头,可是这一政策落实到地方就"变形走样","能保多保"成了"能报多报"。申报传统村落保护名录本来是为了选出一批具有重要遗产价值的村落进行保护,并予以 300 万元中央财政支持。[1] 但在地方上,很多村落将着眼点放到了获取中央的财政支持上,传统村落保护被异化成了项目申报。很多村落借着国家有意放宽政策之机,纷纷投身于传统村落项目的申报中,更有甚者,为了能申报成功,把别村的历史景观拍下来当作本村的申报材料。当然,国家传统村落申报的审核不严,只看申报资料而且没有严格的复核措施,在一定程度上助长了这种歪风邪气。地方政府为了当地村落能申请成功也是睁一只眼闭一只眼,颇有申报成功就可万事大吉之意。这样的结果和国家保护传统村落的初衷背道而驰,不得不说是一种悲哀。

（二）传统村落保护与地方经济发展和居民住房条件改善之间的关系不能得到有效解决

就全国而言,传统村落主要集中在山地丘陵地区;经济发展越快,交通区位越好,城镇化率越高的区域,传统村落的数量越少,保护状况也越差。即便是在被视为"反例"的广东省(传统村落数量达 263 个),大多数传统村落也位于粤北等不发达地区。祁县的经济并不发达,2019 年全县一般公共财政预算收入仅有 5 亿多元,在"蛋糕"体量极为有限的情况下,无论是 9 个列入国家保护名录的传统村落,还是"省保""市保"传统村落,县财政都难以投入大量资金加以保护,很多保护计划往往因此流于形式。与此同时,居民对于自己出钱修缮住房,而不得进行现代化建筑改造也颇有微词,因为对传统建筑的维修资金远甚于一般民房。加之此类保存较好的民居常常受到各类"外来者"的参观、探访,在一定程度上确实对其日常生活形成了干扰,居民之不满情绪自然不言而喻。

---

[1] 《住房和城乡建设部、文化部、国家文物局、财政部关于切实加强中国传统村落保护的指导意见》建村〔2014〕61 号。

图5 调查小组在东阳羽村"慈禧路过歇脚地"对户主访谈

（三）居民很少参与传统村落保护

村民是传统村落的主体，但从调研的情况来看，一般村民和传统村落的申报、保护、利用几乎没有任何关系，甚至一无所知，热情不高亦在情理之中。传统村落的一系列工作主要是村委会和地方社会中的一些文化名人在具体操办，他们的努力也往往更集中于对传统村落的申报，等到国家财政资金用完之后，就陷入了无事可做的状态。在这个过程中，村民几乎是没有参与度的。这并不能简单地归结为村民觉悟低下，而应从其所处的空间地域，及其背后深刻的历史文化环境中寻找原因。作为土生土长的村民，他们世代生活在这样一个不能再熟悉的村落空间，一砖一瓦、一草一木，都熟然于心，他们感受着村庄的发展变迁、楼宇的兴修塌毁、人事的更迭动荡，一切都在眼前，一切都是日常，没有大惊小怪可言，所以，当我们要求村民保护传统村落，他们往往会不知所措，不知道保护什么，不知道为什么保护，不知道怎么保护。

图 6　在上庄村和庞祥新（左三）等村民合影

以上庄为例，该村被列入中国传统村落名录，基本上是庞祥新老人的个人努力，村民对此都反应冷淡，觉得这是不切实际的事情，即便可以获得国家财政支持。申报成功后，因为该村位于山区，多数村民还保持着原来的生产生活方式，对村庄的重要价值并不了解，保护愿望自然不强，他们更愿意一门心思将目光放在发家致富上。即便经过多次宣传教育，效果并不理想。

（四）佛教团体"扩张"

此次调研中还发现一个较为普遍的现象，就是佛教团体向佛教寺院之外的各类庙宇广泛进驻。这些庙宇原来大都没有道士等在场，在被佛教团体进驻后，有的连名字也改为寺庙。在中国历史上，儒释道之间的此消彼长并不鲜见，其背后都有着深刻的社会历史背景，其中，与国家力量的结合是一个重要方面。佛教团体对祁县境内道教道场和民间庙宇的进驻始于数年之前，其兴起虽晚，但"扩张"速度极快，进驻之后还会对原有的建筑格局进行改变。例如，王贤村的"万圣宫"原本是一座道观，近年来佛教进驻之后被改成了"万圣寺"；子洪村的"汤王庙"原本供奉商汤，近年来被改为"汤王寺"，商汤的塑像也被移至偏殿；谷恋村的"真武庙"也被改成"金刚寺"，庙宇布局和功能完全按照佛教规制进行呈现。

图7　谷恋村金刚寺

毫无疑问，庙宇改名后会对原有的宗教因素和建筑风貌产生影响。当然，也应看到，由佛教团体维持庙宇的日常运转，可以有效减轻地方政府在传统建筑保护上的财政压力。对于村民，尤其是村中老人、弱势群体，以及部分信众来说，村里有一个香火不断的寺庙也是好事，寺庙成了他们日常交流的公共空间和精神信仰的神圣空间。考察中发现，谷恋村的金刚寺山门和山门殿内，有很多老人聚在一起聊天，还有几位村里的老人出家于此。对此，人们显得跟往常一样平和。

（五）传统村落保护中的"浮夸风"

文化是传统村落的灵魂，也是传统村落的软实力，在传统村落的保护和开发中有着举足轻重的地位。在品牌竞争尤其激烈的今天，讲好传统村落故事，成为提高村庄知名度，进一步推动乡村社会经济发展的一个有效途径。基于此，很多传统村落对本村故事的挖掘过度，很多牵强附会之作。若仅从打造传统村落知名度的角度来看，这种做法确实能够起到在短时间内吸引视听的功效，给村庄带来一定的知名度。但从长远来看，或者从更为广阔的空间视角来看，这种牵强的名片打造显然站不住脚，它与村庄自身的历史文化资源不相匹配，也会引来更多的质疑之声，很难进入更高的传统村落保护和利用阶段。换句话说，在一定程度上会影响到这些传统村落的可持续、高质量发展。

四、祁县传统村落保护中的问题分析

（一）传统村落的破坏是多阶段历史层累的结果

传统村落的文化遗产主要分为两类，一类是传统建筑和传统民居等物质文化遗产；一类是乡村历史记忆、宗族传承、俚语方言、乡约民规、生产生活方式和民风民俗等非物质文化遗产。现代化和城镇化进程对传统村落的破坏主要体现在传统民居的拆建、俚语方言的流失、生产生活方式和民风民俗的转变上。显而易见，现代化使得传统村落大量的劳动力涌入城市，村民原有的生产生活方式发生重大转变。由此带来的直接影响是大量传统民居因无人居住而荒废，一些传统的手工业也因无人继承而濒临消亡。此外，普通话的推广导致俚语方言的受众变少；城市生活方式冲击了村民的思想观念，对民风民俗的传承形成严重挑战。

图 8 荣仁堡残存的堡墙

回顾历史，传统建筑的破坏甚至毁灭、村规民约的废弃以及宗族传承的断裂，是 20 世纪以来的产物。其中，"文化大革命"时期"破四旧"造成了大量庙宇和宗祠等传统建筑的毁坏，这在修善村和涧村体现得尤为明显。碑刻、家谱、契约等传统村落中重要的记忆遗产，也有相当一部分在这一时期遭到不测，碑刻被用来修建水库，家谱、契约被当作旧社会的象征被查收焚毁。具有乡村自治性质的村规民约也随着国家权力下沉至村一级和法律体系的推广而退出历史舞台。所以，不能简单地把传统村落的破坏归结于现代化进程，而应该从长时段、多角度来进行考察和总结。

图 9　在杜家庄发现残碑

（二）传统村落保护中的产权和职责不清

对于传统民居来说，它们既是传统村落中需要保护的核心要素，又是村民的居所，有着多重身份，在传统村落保护实践中面临的一个非常现实的问题就是："谁的房子？""谁出钱来修缮？"宅院的主人更希望政府出钱维修，并且同时继续保留房屋的所有权与使用权。政府则主张：谁有产权，谁就来维修。二者之间因此产生矛盾，后续的维修保护环节常常陷入僵局。如果这一问题处理不好，传统民居势必渐渐自然损毁。我们在考察过程中看到很多破败不堪、杂草丛生的院落，大概就是这一问题的反映。

图 10　来远镇政府院内的戏台

　　与此同时，传统村落保护中的职责不清或"多龙治水"问题较为严重。传统村落保护的权力职责有纵、横两条线。纵向上，地方政府与中央政府在传统村落保护的利益追求上并非完全一致。"二元财政"的结构之下，地方政府对预算外财政愈加重视。[①] 地方政府往往更加重视经济增长和政绩，愿意将有限的资源投入到更容易取得经济效益和政绩的方面。对于传统村落保护而言，中央财政拨付的专项保护资金犹如杯水车薪，尽管如此，这些资金到了地方上仍不免遭遇分散使用的问题，难以发挥应有作用。横向上，传统村落保护涉及多个部门。国家层面由住房和城乡建设部牵头，文物保护、财政、国土资源、农业、文化和旅游等部门参与。在地方上，除上述职能部门外，还有规划、环保和民族宗教事务等部门也参与其中。各部门之于传统村落保

----

① 周飞舟：《分税制十年：制度及其影响》，《中国社会科学》2006 年第 6 期。

护目标有别,权力配置"块块分割"。① 比如,文物部门重点保护文物,文化部门重点保护非物质文化遗产,住房和城乡建设部门着力于改善人居环境和危房改造,旅游部门重点关注旅游开发,这种各自为政、"多龙治水"的制度安排自然会造成人人都插手传统村落保护,但人人都不负责的互相推诿情况。因此,无论是资金统筹还是行政职权划分,名义上有牵头部门以及多部门协调配合,实质上在地方却难以协调和统筹,这或许是传统村落保护不力在制度层面上的一个主要原因。

（三）缺乏对传统村落的专门管理

传统村落保护涉及方方面面,从传统建筑、传统村落的布局到非物质文化遗产,都在保护的范围内。而参与传统村落保护的政府部门也很多,仅在中央一级就牵涉到住房和城乡建设部、文化部、国家文物局、财政部;下行到地方涉及的政府部门则更多,而在具体操作时还得包括村两委。加之国家政策模糊、宽泛,对传统村落的保护发展

图 11   坍塌破败的加乐村茶壶庙

① 张淑君:《生态行政模式下环境政策制定和执行的创新》,《南京师范大学学报（社会科学版）》2010 年第 4 期。

思路不清晰，保护措施过于原则化、针对性不强；所以地方在实施时往往无法明确自己的责任和义务，造成各部门相互扯皮、推诿。而传统村落保护的复杂性也很难专门设置一个部门来管理，祁县财政也很难支持这样一个部门的运作。这种传统村落保护的复杂性由于各种主客观条件的限制很快就流于形式化。^①

（四）缺乏对传统村落整体、全面的研究

传统村落的基础研究不足、认识不足是当前传统村落保护面临的一个非常严峻的问题。从调查的情况来看，主要涉及三个层面。

一是政府层面：缺乏明确的保护观念和切实可行的方案，很少对传统村落保护进行全面的研究，体现在两方面：一方面，倾向于保护一些著名的历史景观（尤其是建筑物），人力、物力也向其倾斜，忽视了传统村落的整体保护；另一方面，没有认识到各个村落的差异性，保护措施缺乏针对性，甚至止步于申报项目。

图 12　涧村文峰塔——"塔坚强"

---

① 高翔，李建军：《传统村落保护：实践困境与制度缺陷》，《华南农业大学学报（社会科学版）》2019年第5期。

图 13　修缮后的"塔坚强"

二是科研机构层面：在政府政策的影响下，相关研究得不到扩展，甚至于其中一部分人一味迎合地方政策，丧失了学者的独立思考；而一些具有学术价值、可行性强的建议却并没有得到采纳或者没能力实施。显示出科研机构的研究成果和政府决策之间的对接存在一定问题。如果学术研究成果长期得不到应用，必然会对相关研究产生不利影响；政府的决策也会由于缺乏科学根据，在实施过程中出现偏差。

图 14　下坪村的古树、民居和留守老人

三是地方文化团体层面：他们对传统村落的现状相比于政府和科研机构更为了解，但缺乏相应的理论构建，也拿不出切实可行的方案。而且他们往往缺乏足够的资源，对传统村落的保护有心无力，即便是有所举措，也往往是零散的，很难产生大的影响。比如祁县图书馆的馆长曾带领工作人员拍摄了一些手工艺人的视频，期待对传统工艺的传承保护尽一份力。可惜，由于缺乏后续资金，最后也就不了了之。

当然，还有一个领域是三者都忽略的，那就是传统村落保护过程中的村民。目前而言，对传统村落的保护很大程度上只是一群掌握了社会话语权的精英们的"自嗨"。无论是政府机关、科研院所，还是地方文化团体都是城镇化过程的受益者，他们享受着城镇化带来的好处，绝大部分时间也生活在城市里；而乡村在城镇化过程中获得的利益有限，甚至在某些方面还遭受了损失。城市精英和农村居民对传统村落保护的立场和需求并不相同。遗憾的是，话语权往往在城市精英手中，他们掌握了政策的执行和信息的传播；而农民却缺乏对决策的参与能力，也无法表达自己的诉求。由此之故，传统村落保护中就不免出现各种"乱象"和问题。如果不正视村民的诉求，而是一味高喊增强村民对传统村落的保护意识的口号，不仅不利于传统村落的长远发展，而且损坏了传统村落的生命根基。

五、结语

近年来，随着国家传统村落名录评选和申报工作的陆续开展，乡村兴起了一股挖掘地域文化的热潮。在保护与开发这对关系中，人们往往将目光放在后者，即千方百计对传统村落大加开发利用，发展旅游业，保护成了陪衬，甚至"开发即破坏"的情况亦不鲜见。对于那些已经开发的村落来说，也存在同质化程度高、特色不明显等问题，开发效果难以显现。另一个极端，则是僵化地施行"静态保护"政策，只注重传统村落建筑样式的保存，与传统村落关系密切的自然环境以及当地居民的风俗习惯、精神信仰等方面并未重视，极大削弱了传统村落的价值。

因此，传统村落的保护和利用，必须有顶层设计，无论在国家层面，还是在地方各级政府层面，都必须建立并认真贯彻这一机制。针对目前贯彻落实不到位的情况，一方面要"自上而下"地加强对地方政府的督查，确保政策执行不走样；另一方面，应该引入第三方评估，从学术和专业角度对传统村落的保护和利用进行科学测评。对于地方政府自身而言，有必要建立专门的组织机构，由政府主要领导担任传统村落保护和利用工作组负责人，以方便协调各部门之间的利益关系。此外，还应主动加强与高等院校、地方学者以及商业组织之间的互动交流，做好传统村落的基础研究和文化内涵的挖掘，真正做到保护第一、开发第二。与此同时，还要加强对区域传统村落的普查，做好传统村落的分级、分层，不搞一刀切，即有针对性地开展传统村落的开发利用，使不同特色的传统村落在区域社会体现出有差别的文化价值，一起组成区域传统村落多样性的文化生态。

特别重要的是，传统村落保护中尤其应该关注村落的主体——村民，这是传统村落能否确实有效保护、长久留存和实现乡村振兴的核心和根本。从本质上讲，传统村落的可持续发展，必须要有产业的带动。总体而言，基于村落的自然环境和资源禀赋，村庄的产业应当遵循宜农则农、宜牧则牧、宜工则工的原则，形成有差别和彰显特色的产业生态。对于一些技术门槛较低的手工业，可加强对农民的培训，实现家门口就业。同时，应该加强对村民的文化教育，特别是乡土历史文化的教育，使其充分认识"本文化"的重要价值，形成文化自觉，进而在逐步实现振兴发展中凸显文化自信。

作者简介：周亚，历史学博士，山西大学历史文化学院教授、博士生导师、民间文献整理与研究中心执行主任，研究方向为社会经济史、民间文献、历史地理。

邵雅丽，山西大学历史文化学院硕士研究生，研究方向为社会经济史。

彭云飞，山西大学初民学院本科生，研究旨趣为中国近现代史。

太行山传统村落价值体系研究

——以黎城县南委泉为例

魏晓锴

    南委泉位于山西省黎城县北部,属于太行山地区典型的传统村落。尽管没有入选住建部的传统村落名录,但其具备了形成较早、传统资源丰富、文化价值较高的特征。旧阁和古庙是太行山古村落较为普遍的存在,也是南委泉现存遗迹中最有年代感的东西。城隍庙作为重要遗迹,成为集文物古庙、黎北县府驻地、群英会址三位一体的传统村落文化价值载体。太行群英会不仅在南委泉历史上留下了浓墨重彩的一笔,而且从南委泉走出来的英雄,引领和开创了一个时代,"南委泉开创的时代"及其引领下的表彰机制和英模精神,成为南委泉传统村落价值体系中最有特质的部分。

一、黎城县南委泉村——太行山传统村落的典型

    在太行山中部的黎城县有一个非常普通的村庄,叫南委泉村,隶属于该县西井镇,位于县城北27公里,该村位于东西两山之间的平川地带,西靠太行山,东临黎城南北主动脉207国道,可谓交通便利。该村东至茶棚滩1公里,南至曹家沟1.5公里,西至下黄堂2公里,北至东港2公里。现今村中人口约3400人,以农业为主,兼营山林,

盛产花椒、核桃、柿子、党参，企业有石板加工厂、煤球厂等。说他普通，是因为和黎城县大多数的村庄一样，都处于太行中部腹地，属温带大陆性气候，四季分明，"十年九旱"是其基本特征。村庄历史悠久，古村落特征较为明显，在革命战争年代，都曾作为八路军的根据地，改革开放以后，经历了短暂的辉煌后陷入了相对贫困的状态，"空心村"的问题日益体现出来。

　　除这些太行山村落的基本特征外，南委泉在"古村落"和"传统村落"方面的优势似乎并不明显。由住建部、文化部等七部局联合公布的中国传统村落名录，从 2012 年 12 月到 2019 年 6 月，业已公布了五批，南委泉村均榜上无名。由建设部和国家文物局共同组织评选的中国历史文化名村，南委泉更是无缘登榜。事实上，黎城县近年来在中国传统村落申报方面力度颇大，成效亦较显著。尤其是停河铺乡的霞庄村，成为最大的赢家，不仅成功入选第三批中国传统村落名录，而且登榜第七批中国历史文化名村，一度成为政府和民间关注的焦点。① 除霞庄村外，上遥镇的河南村，东阳关镇的枣镇、长宁村，西井镇的东骆驼村，洪井乡的孔家峧村，均在中国传统村落名录中榜上有名，与南委泉紧邻的西井镇新庄、仟仵村也于最近成功入选第五批中国传统村落名录。在黎城县拟重点申报的下一批传统村落对象中，南委泉也未列其中。② 南委泉未能入选中国传统村落名录，原因或许有很多，既有自身资源禀赋因素，也有人为因素，如基层负责人不够重视等，但是，可以肯定的是，南委泉具备了进入传统村落的基本条件，从某种意义上说，南委泉就是太行山地区典型的传统村落。

　　2002 年 9 月，建设部发布《关于全国历史文化名镇（名村）申报评选工作的通知》，其中附有《全国历史文化名镇（名村）评价标准》，

---

① 目前霞庄村除中国传统村落和中国历史文化名村外，还被评为中国民族优秀建筑魅力名村、山西省文明村、山西省特色文化建设村、山西省乡村旅游示范村、山西省文明村等，到 2019 年 11 月，该村已主办过三届大型的民间艺术文化盛会。
② 据笔者到黎城县相关文保部门的调研，目前重点申报传统村落对象有：赵店、石板、正社、石壁底、下桂花等。

规定评价标准由原貌保存度、现状规模、价值特色认证等评价指标组成。2004 年 11 月,山西省人民政府发布了《关于加强历史文化名镇(名村)保护工作的意见》,其中对历史文化名镇(村)有较为明确的界定:历史文化名镇(名村),是一定历史时期各种文化的载体,是当时政治、经济、文化的综合体现,是非常宝贵的不可再生资源。2012 年 4 月 16 日,住房和城乡建设部、文化部、国家文物局、财政部印发《关于开展传统村落调查的通知》,提出:"传统村落是指村落形成较早,拥有较丰富的传统资源,具有一定的历史、文化、科学、艺术、社会、经济价值,应予以保护的村落。"

南委泉村作为太行山典型的传统村落,从名称上来看,有其特殊性。纵观整个黎城县的村庄地名,"峧""岭""山""峪""洼"几乎成为地理地形特质的明显反映。从村庄地名来看,"泉"字出现不多。南委泉村的历史悠久,明代县志载,该村原名"委泉",所以得名"委泉",与村中的泉水众多有关,到现在为止,村庄中仍保留有重要的遗迹——井泉。井泉位于村中,东西 10.7 米,南北 13.4 米,占地面积 143.3 平方米,创建年代不详,为清代遗构,由泉井、洗池、拱桥组成,为圆形沙石井口,方形井壁四周为木板砌筑,内为天然泉眼,泉水长流不断,与南侧洗池相连。洗池为石筑方形池,东西两池相连,池岸设栏杆、栏板。东为漂洗池,西为初洗池,池东侧为小拱桥一座。该池设计科学合理、精巧自然,保存较为完好。

南委泉以泉得名,此处井泉保存完好,不仅经历了历史的沧桑完整保留下来,而且,泉的利用率还比较高。据村里人讲,泉水常年恒温,不会结冰,笔者数度调查,每次都能遇到在泉边水池淘米洗菜、洗衣捶布者,男女老少,成为村子中央靓丽的一道风景。事实上,在整个黎城县,村子里有水的情况并不少见,有的以河,有的以泉,更多的是以水池的形式呈现。① 井泉的存在,虽说不是特例,但也构成传统

---

① 据笔者调查,村子里的蓄水池几乎成为太行山腹地黎城县村庄的"标配",这些蓄水池大部分为"文物古迹",在传统社会即已形成,是生产、生活用水的重要设施,与这一地区多山干旱少雨的气候有很大关系。

南委泉村井泉及周边环境　拍摄人：魏晓锴

村落的一个重要标志，具有一定年代价值。除井泉外，能够证明南委泉是古村落或者传统村落的要素还有很多，古庙和旧阁保存至今，成为更有力的证据。更为重要的是，抗战时期，作为中国共产党的根据地，这里曾是129师生产部的旧址、黎北县政府所在地，而且还召开过太行区第一届群英大会，尤其是群英会，是村里人最看重的，也是最值得光荣和骄傲的，所有这些，通过该村村口树立的门楼题字可以真切地感受出来。红色文化，也是太行山传统村落典型的特质。笔者看来，南委泉业已具备了形成较早、传统资源丰富、文化价值较高的特征，属于太行山地区典型的传统村落。

207 国道旁南委泉村口门楼　拍摄人：魏晓锴

二、历史文化价值：太行山传统村落的"硬实力"

　　旧阁和古庙是太行山古村落较为普遍的存在，也是南委泉现存遗迹中最有年代感的东西。南委泉为东西走向的村落，从 207 国道下来，穿过村口门楼，一条东西主干道直通村中，主干道两侧，已为现代建筑覆盖，工厂、商店、学校、村委会可谓错落有致，但村子北面，几乎与主干道平行，一条东西用石子铺的路依稀可见，路两侧旧的建筑已然不多，但在路的尽头，东、西阁门岿然屹立，成为南委泉传统村落特征的最有力见证。从现存的县志和碑刻来看，南委泉村的建村历史应该可以追溯到明代以前。① 关于该村的历史，笔者翻阅相关资料，找到南委泉村与武乡交界的龙洞山万历三十三年（1605）"岁次乙巳孟春"碑铭一通，题曰"修路碑记"，原文如下：

---

① 现存的《黎城县志》，版本最早的是清康熙年间的，其中"沿革"载南委泉属玉泉乡；现存的南委泉碑刻，时间最早的是康熙五十五年（1716）东阁的重修碑，其中提到该阁创建于明万历七年（1579）。

洪维赫赫洋洋，龙天在上。所以建修桥路，设为阴德之大端。为佑四方黎民经商，何者安详，晨昏成便。盖人施衣食兴财者，其德不远，修桥铺路，万年不朽则乃无量之阴德也。是以郑大夫公孙曾以乘兴济人，今有龙洞山壑头山一路区，东接河南，西连晋界，此路崎岖险恶，遥狭林稠。行人为贼所伤曼不矢几言于兹者。议欲舍旧图新，趋祥避恶，改路于山南佛则岭，自土河遥岩山岩，经过台平、千物、黄塘庄，通至委泉，林疏岗浅，烟相连，逮近于前数十余里。期于二月初六日兴工，十月二十日完备，工程浩大，但虑削高补下，凿石平林，用度颇多。幸有大同府大同县善友李朝阳、韩虎纳承募缘之事，出纳谨慎，此工难诚。众议恭启武乡县仁牧张老爷，有走山羊登毁官路，拿维首送官问罪，修补署学事。高老爷若有乐善好施，输资数两者，给赐门匾。三二两者，花红扬而不拘多募亦必刻石纪名，使人感念于百代福德乎。是为叙也。

此碑记载的是黎城县龙洞山壑修路的事情。从碑文来看，万历三十三年（1605）对于南委泉村来讲是一个关键点，因为在这之前，作为一个小山村，南委泉通往外界（武乡）的道路并不十分畅通，原路"崎岖险恶，遥狭林稠"，且"行人为贼所伤曼不矢几言于兹者"，因此邑人动议修路。然而修路"工程浩大，用度颇多"，经多方纳承募缘，终于完成，立碑铭记。修成以后的道路，不仅"林疏岗浅，烟相连"，而且"逮近于前数十余里"，大大便利了南委泉与外界的交往，尤其是商业方面的交往。根据碑文中提到的地名，基本可以勾勒出南委泉出村以后走山路到武乡的路线。新中国成立后，尤其是改革开放以来，随着大量公路的修建，这条山路成为历史，但不能遮盖它在历史时期的作用。笔者曾到南委泉大山西面武乡县土河村调研，发现直到民国时期，该村的人们翻过山去南委泉贩柿子是经常的事。可以推断，正是明万历年间这条路的修筑，使得南委泉由一个名不见经传的小村变为商业重镇。正如碑文所称"东接河南（今河北），西连晋界"，成为连接武乡、河北涉县的通道上的重要节点。现今南委泉村东阁与西阁之间这条依稀可见的石头街，成为古村落明清以降商业文化的历史见证。据村里人讲，这条古街之前一直是村里的主干道，一直到 20 世纪 60 年代以前，这条街都是一条重要的商业街，这条街上棉花店、轧花店、染坊、绸缎店、瓷器店、药店、烧饼店、粮店、饭店、牲口店、当铺、酱油铺、胰子（肥皂）铺星罗棋布，每逢赶集，周围十里八村的人都会过来贩卖。

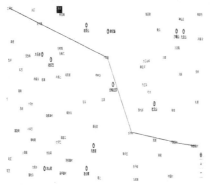

南委泉村古商业街　拍摄人：魏晓锴

东、西旧阁门也是南委泉古村落历史文化的重要见证。西阁是古村的西大门，村立不久即建。该阁坐西朝东，东西 5.5 米，南北 7.5 米，占地面积 41 平方米。创建年代不详，现存建筑为清代遗构。该阁由上下两部分组成，下层为石砌拱券过道，上层形制已改，面宽三间，进深五椽，单檐硬山顶，板瓦屋面；梁架结构为六檩前廊式，前檐下增砌土坯墙，斗拱7攒，封堵于墙内，柱头科4攒，平身科3攒，均为一斗二升。西阁有碣一方，记述了本村魏鼎臣先生为黎城县的望族做出了很大贡献，但其没有祠堂，墓田也无人祭扫。原广东盐运使司王发越见此情形，十分同情，急忙将魏姓用于贷款的十亩地赎回，交给魏姓族人魏辛酉、魏鲁锁兄弟耕种。每年所获除完粮外，用于修墓种树及春秋祭奠。此地报官批示立案，不准买卖。

东阁位于村东，坐东朝西，东西8.65米，南北12.2米，占地面积105.5平方米。据碑文载：创建于明万历七年（1579），清代屡有修葺，现存为清代遗构。砖木结构，此阁由上下两部分组成，下层为石砌拱券过道；上建观音殿面宽三间，进深六椽，单檐硬山顶，板瓦屋面，梁架结构为七檩后出廊，柱头斗拱三踩单昂，平身科仅明间一攒，墙体青砖砌筑，辟隔扇门、窗。观音殿北侧建有三官殿三间，单檐硬山顶，筒板瓦屋面，为清代遗构。庙内存有清重修碑两通，保存较好。阁内碑文记载，东阁创自万历年间，年代久远，风雨侵蚀，急待修整。康熙五十五年（1716），朝廷免除赋税，百姓生活安乐。于是村人商量重修东阁，募化四方，众志成城，经三个多月而修葺完成，使古阁重修焕发生机。

东、西两阁是南委泉古村东西两端的标志性建筑，碑文的记载均为古村落的"善举"：不同的家族和姓氏之间，睦邻友好、团结互助、乐善好施、其乐融融。其中折射出来的历史文化，对于今天实现乡村振兴、构建和谐社会不无借鉴意义。穿过西阁继续往西，出了村外还有一座阁门叫关帝阁，当地人又称"桥上阁"。该阁坐西朝东，东西6.04米，南北6.8米，占地面积41平方米。创建年代不详，现存建筑为清代遗构。此阁由上下两部分组成，下层石砌基座，中设拱券过道；上建关帝殿，面宽三间，进深五椽，单檐硬山顶，板瓦屋面，梁架结构为六檩前后廊，前檐下设有斗拱7攒，柱头科4攒，平身科3攒，均为一斗二升，墙体青砖砌筑。随着村落的发展与扩张，现在的关帝阁已经被包在了村中间，成为又一重要古文化遗存。

除阁门外，古庙也是承载南委泉历史文化价值的又一重要载体。据笔者多次探访和调研，发现南委泉村至少在20世纪60年代以前，分布诸多古庙，有城隍庙、土地庙、吕祖庙、皮香庙、菩萨庙、观音堂、关帝庙、奶奶庙、石佛寺、龙王庙等。从庙宇的类型上看，在黎城境内的多数村庄中并不少见，但从数量上来看，一个村中拥有十个以上庙宇的，是为数不多的。笔者对这些庙宇情况做一梳理，有如下表：

表1　南委泉村古庙情况一览表

序号	庙宇名称	始建年代	坐落位置	保存状况
1	城隍庙	不详	村北	现存
2	土地庙	不详	一在村西北角，一在村东	原庙均毁，20世纪80年代后多方集资重建村东土地庙
3	吕祖庙	不详	村西北角，西土地庙北	原庙已毁，2003年重建
4	皮香庙	不详	村东坡	不存
5	菩萨庙	不详	大洼垴	不存
6	观音堂	不详	东阁西	现存
7	关帝庙	不详	村北（今医院内）	原庙旧址尚存，2005年重塑关帝坐像
8	奶奶庙	不详	村北（今医院后院），关帝庙东	原庙旧址尚存
9	石佛寺	不详	村西北角	原庙已毁，地基尚存
10	龙王庙	不详	村北	同城隍庙

庙宇情况为笔者多次实地调研而成，古庙虽多，但目前大多已毁，在这些庙宇当中，保存最好的是城隍庙。该庙坐北朝南，二进院落布局，创建年代不详，据碑文记载重修于道光年间。城隍庙中轴线上建有山门（倒座戏台）、过殿、献殿、正殿，两侧仅存二进院廊房。正殿建于石砌台基之上，面宽五间，进深六椽，单檐悬山顶，灰筒板瓦屋面；梁架结构为七檩前廊式，前檐下设有斗拱 11 攒，柱头科 6 攒，平身科 5 攒，均为三踩单昂；墙体青砖砌筑，明间设有隔扇门。2007年被黎城县人民政府公布为县级文物保护单位。城隍庙山门屡有修葺，文化内涵丰富，历史悠久，保存较好。一进山门转身便是倒座戏台，戏台坐南朝北，便于城隍老爷观看演出。城隍庙本是用来祭祀城隍神的庙宇，城隍有的地方又称城隍爷，是中国古代宗教文化中普遍崇祀的重要神祇之一。城隍庙出现在县城以上的城市中，是较为普遍的，在太行山地区，也有出现在村庄里的，一般是以"村城隍""都城隍"形式出现的。但在整个黎城县，村庄里有城隍庙的，仅有南委泉村一处。

南委泉村的城隍庙，始建年代不详，在县志里面也找不到任何的记载。关于这座庙的由来，大致有三种说法。第一种是说明朝建立以后，朱元璋在各地大分藩王，有一王子封地并不在南委泉，但后来由于某种原因辗转来到此地定居，因此才会有跟县城规格一般的城隍庙。第二种是说明朝末年，朝廷腐败，李自成起义的农民军路过此地做短暂停留，或建立过临时性组织政权，故而营建城隍庙。第三种是说清朝初年，村里魏姓家族有人在京城做官，城隍老爷曾经给他托梦，想找一处安静的地方，他就把城隍爷（牌位）带回来，在此营建城隍庙。尽管这些都是村里人或者民间学者的说法，没有相关史志记载，从庙宇的风格和规制来看，现存建筑大抵为清代遗构，基本可以判断建于明末清初。庙宇中的碑刻也是重要的文化载体，城隍庙现存碑刻如下：

表2　南委泉村城隍庙现存碑刻情况一览表

序号	碑名（题记）	年代	位置
1	南委泉禁止开垦东山碑记	嘉庆六年（1801）	庙前
2	布施碑	大清嘉庆十三年（1808）三月	庙前（漫漶不清）
3	南委泉为城隍庙施地碑	大清道光七年（1827）	庙内壁碑
4	重修城隍庙碑记	大清同治四年（1865）	庙前
5	禁示碑	不详	庙前（漫漶不清）
6	残碑	不详	庙前（漫漶不清）
7	城隍庙碑文序	公元2003年四月初一日	庙前

城隍庙现存碑刻，多数已漫漶不清，其中保存最为完好的是献亭的壁碑和同治重修碑。壁碑记载的是乾隆初年，有武乡县李、赵、张三家在南委泉开设宏盛号，大概是神灵保佑，该商号一直生意兴隆。他们感念神灵，于道光七年（1827）为城隍庙置地七亩，并捐钱五千文用于庙宇的重建。重修碑可以看出，同治四年（1865），经历风吹雨打的城隍庙亟待修葺。在维首王庶善的倡议下，村人踊跃出资，因工程浩大，又募化四方，共得钱一千余缗，历经十月而工竣，修整后的城隍庙神圣庄严，香客不断。禁示碑和残碑亦颇能说明问题，禁示碑记载了南委泉和桑鲁两村共有的樵牧之地东山常被私自租于外人开垦，但历任县太爷秉公执法，惩治不法之徒的故事。据碑文记载，黎北六十里有一座山，名为东山，该山北近桑鲁，南界委泉，自古以来就是两村樵牧之地。乾隆五十二年（1787），樊家窑的樊怀玉将东山租给本县生员李清梓开垦，村人上告。全太爷亲验，断为两村樵牧之地，不准人开垦。嘉庆三年（1798）、嘉庆六年（1801），又有茶棚滩住持心亮将此山租与外人耕种。村人劝阻，心亮反而先为控告。经徐太爷调查后，得知刁僧心亮在双龙山置有地产，现在又妄图侵占此地，于

是仍判决东山为两村樵牧之地，不许人开垦。残碑已剩半通，但通过字迹可推断是重申前禁。通过碑文，南委泉"传统村落"的特质非常明显，"古村善治"的文化韵味进一步折射出来。改革开放后，人民生活富足。此时城隍庙年久失修，墙倾脊损，急待修缮。刘冬狗、王三堂等人身体力行，村民踊跃集资捐款，于1991至1995年修缮城隍庙。现在的城隍庙，已然恢复往日庄严、肃穆气氛，成为集文物古庙、黎北县府驻地、群英会址三位一体的传统村落历史文化价值载体。

三、红色文化价值：太行山传统村落的"核力量"

走进南委泉，在村口的牌楼上，人们会被光彩夺目的"群英会"三字所吸引。黎城县南委泉村在抗战时期的重要地位，从牌楼右侧题字可体现出来：129师生产部旧址、黎北县政府旧址、1944年太行区第一届群英会旧址。这三个旧址，承载了南委泉村最重要的文化内涵——这里曾经长期是中国共产党的根据地，红色文化，才是南委泉人对外界最值得称道的"精神支柱"。抗战时期，129师生产部、黎北县政府、太行区第一届群英会，先后出现在南委泉村这块土地上。全面抗战爆发后，太行人民在党的领导下与八路军129师等部密切协作、互相配合，在血与火的斗争中创建了太行革命根据地。1941年1月，129师民运部改为生产部，下设农业、水利、推广、经贸、运输等部门，由涉县王堡进驻黎城县南委泉村。1943年10月，太行根据地以黎城县北部地区设立黎北县，领导人民群众坚持对敌斗争，一直到1945年11月，黎北县抗日民主政府驻南委泉村。在这期间，1944年11月21日至12月7日，太行区在南委泉村召开了第一届群英会。从抗战时期中国共产党领导机关驻地来看，村庄中的庙宇确实是理想的场所，在整个太行山地区，现存诸多红色文化遗址、遗迹，几乎都与庙宇相关。可以说，太行山传统村落中的古庙承载了历史文化与红色文化的双重价值。这一点，南委泉村体现得非常典型。129师生产部是在关帝庙，黎北县政府是在城隍庙，城隍庙同时也是太行区首届群英会战绩展览馆的场所，因此说群英会旧址也是恰当的。作为群英会主会场的河滩地，也在关帝庙附近，村里人将其称为"关庙滩"。

八路军 129 师生产部旧址位于村中关帝庙内，存北房五间，为张克威部长办公室。坐北朝南，东西 13.15 米，南北 6.4 米，占地面积 84 平方米。该址是抗战期间八路军在根据地开展"大生产运动"，引进推广"金皇后"的首块种植地，具有重要的历史意义。民国三十三年（1944）冬天，遵照太行区党委将"大生产运动"作为重要工作中心的指示。黎北抗日民主政府与 129 师生产部一起在南委泉村办了两期县、区干部农业生产技术培训班。培训内容为：改进落后生产方式，推广先进技术与优良品种。当时生产部部长张克威同志首次将美国良种"金皇后"、西红柿在此推广种植，改变了传统种植方式，收到良好成效。129 师生产部部长张克威成为当时的风云人物，在他的领导下，生产部建起了太行区首个农业生产技术实验场，引进培育出金皇后玉米、169 小麦、玻璃秀谷子、美国花猪、美利奴羊、来亨鸡和西红柿等优质高产粮蔬畜禽先进品种，既促进了大生产运动，又繁荣了根据地贸易，改善了边区群众生活。所有这些工作，都是在南委泉村完成的，抑或说，南委泉村在农业生产技术培育与改良方面，翻开了全新的一页。而太行区第一届群英大会的召开，使得南委泉的地位达到了历史的巅峰。

1944 年国际反法西斯战争形势好转，根据中央军委指示准备大反攻。根据地军民为做好反攻前的准备和动员，全面落实毛主席关于当前敌后的"战争、生产、教育"三大任务指示精神，激发根据地军民抗战大反攻士气。八路军总部及北方局于 1944 年 11 月 20 日至 12 月 7 日，在南委泉村召开了盛况空前的"太行第一届杀敌英雄劳动英雄暨战绩生产展览联合大会"，简称"太行第一届群英大会"。当时的会场设在南委泉村河滩地上，主席台用木杆搭成，展览馆设在民房和临时帐篷里。大会选举毛泽东、朱德、彭德怀、刘伯承、邓小平为主席团名誉主席，主席团由李达、戎伍胜等 13 人组成。会议由晋冀鲁豫边区政府副主席戎伍胜向全体英雄致欢迎词，太行军区司令员李达作总结讲话。会后中共中央北方局、八路军总部、129 师师部联合设宴招待英雄。邓小平政委、滕代远参谋长出席招待会，并作重要讲话。太行第一届群英会是抗战以来一次历史性的总结大会。这次大会为足食足兵，准备抗日大反攻，夺取抗日战争的最后胜利奠定了基础，是太行人民革命斗争史上的光辉里程碑。

作为太行山腹地一个传统的小村落，能召开这样一次高规格的会议确实是不多见的。太行区第一届群英会，是由中共北方局、晋冀鲁豫边区太行区、八路军太行区以及各分区、晋冀鲁豫边区临时参议会共同发起和组织。出席会议人员有：中共北方局代表，晋冀鲁豫边区太行区领导，八路军太行区及其分区代表，临时参议会领导代表，各根据地、敌后区特邀代表；各分区、机关杀敌和生产英雄，各行业模范工作者个人以及互助组等先进团体代表；各县、分区参会人员，及其相关工作人员；当地方圆百里的群众及其学校和文艺团体，还有自发报名的其他地区人士和群众等。17 天的时间里，曾经有近百万人陆续到达南委泉村。

正是由于这次空前的盛会，使得南委泉村的面貌焕然一新。当时的南委泉"道路铺黄土、墙壁刷白粉、彩门当街耸立，壁画巨大动人，标语鲜艳醒目，白天人山人海，摩肩接踵；夜晚灯火辉煌，通宵达旦，俨然一座新兴城市"，这次大会，南委泉获得了"太行山上的小延安"的美誉。① 现在的南委泉村，当时太行区首届群英会会场河滩地，已由村委会占用，用大红石头雕刻字体为大会会场旧址标记。村民们不仅在原会场的旧址上修建起了"英雄台"，而且还修建起了"群英会展室"，在村委会的大院内，形成了坐北朝南，东西约 200 米，南北约 150 米，占地面积约 30000 平方米的纪念场域。

---

① 王士廉，董魁生：《太行群英会》，《文史月刊》2002 年第 3 期，第 26 页。

南委泉太行群英会旧址　拍摄人：魏晓锴

太行区第一届群英会的全称是"太行第一届杀敌英雄劳动英雄暨战绩展览生产展览联合大会"。除了大会的主席台和主会场外，当时的群英会展览馆，在南委泉村亦能找到遗址。生产展览馆位于村中关帝庙中（卫生院内），战绩展览馆则在城隍庙内。群英会是太行区创建以来，广大军民响应党中央、毛主席"自己动手""组织起来""自力更生"的伟大号召，坚持"战斗和生产结合""劳力和武力结合"开展游击战，进行减租减息、灭蝗救灾、生产渡荒、拥军拥政爱民等一系列群众运动辉煌战果的总结，当时太行区各项成就，在展览中充分体现出来。战绩展览馆陈列了军队建设、人民武装建设、敌寇暴行、国内外及根据地发展形势等主题；生产展览馆则涉及抗灾渡荒、深耕细作、水利建设、棉花与西红柿、植树造林、手工业建设与矿产、五谷丰登、部队与机关生产、蔬菜与农产制造、金皇后玉米等内容。群英会历时 17 天完成各项议程，战绩展览和生产展览又延续了 7 天。

英雄和劳模的选举和表彰是群英大会的主要议程。太行区第一届群英会各类称号的英雄名单，在当时的《新华日报》有具体的报道："据大会消息：截至（十一月）二十七日止，经审查合格的英雄中，计劳动英雄一百九十二名，杀敌英雄部队的五十九名，民兵的五十六名，总计三百一十六人。"①经过各县、各分区，一直到大会严谨、庄重的各级推选和评选，最后选举英雄劳模 31 名，具体情况如下表：

表3 第一届太行区群英会军区英雄劳模投票选举情况一览表

序号	分组情况	投票	得票情况	当选
1	生产及互助组英雄	97人	李马保91、郝二蛮86、张喜贵85、郭凡子84、李顺达59、庞如林45、李杜52、岳万寿48、王海成36、史成富32、石寸金36、赵起仓25、郭永道37、王同会58、赵申年41	共15人
2	机关部队	41人	李青山19、瞿兴寿10、赵二小13、牛玉清13、郭瑾27、陈国礼9	共6人
3	工厂组	21人	甄荣典20、梁来元13、柴国栋16	共3人
4	生产渡荒	18人	孟祥英13、梁来元10、卢有仁7	共3人
5	纺织组	8人	郝二蛮5、郝何亭2	共2人
6	合作组	14人	王典11、郎凤标6	共2人

资料来源：《文武状元选出边区英雄，李仕亮李马保等六十二位当选，边区杀敌英雄提名，边区劳动英雄提名》，《新华日报（太行版）》，1944年12月9日，第1版

　　如此多的英雄模范从南委泉村诞生，走出南委泉，走向全国，确实是值得称道的大事。现在南委泉村人，对群英会的遗址保护有加，成为他们光荣的历史见证。事实上，不仅会场遗址具有重要的历史意义，更重要的是它释放出来的精神和能量。太行区首届群英会，可以说是英雄与群众的大团聚，在太行区是空前的一次。英雄们与群众欢聚一堂，总结各方面经验，互相学习，并且从战绩、生产两大展览中，看到自己战斗、生产的辉煌战绩。从南委泉走出来的英雄模范，回到各地各区传达经验，掀起了劳模们相互竞赛、群众向劳模学习、劳模带动群众的巨大热潮，为太行区的发展奠定了坚实的基础。全区军民以争做英雄为荣，以争做模范为傲，开创了一个全新的局面。继太行区第一届群英会获得极大的成功之后，1946年12月太行区又成功召

---

① 《新华日报（太行版）》，1944年12月3日，第4版。

开了第二届群英大会，其他根据地和解放区一致推崇和学习，表彰英雄、战场立功、发展生产，成为当时最时尚的社会风气。

群英会不仅在南委泉历史上留下了浓墨重彩的一笔，而且从南委泉走出来的英雄，引领和开创了一个时代，"南委泉时代"或许并不恰当，但用"南委泉开创的时代"却是恰如其分的。太行四分区平顺县的李顺达，作为"生产互助一等英雄"在这次大会中脱颖而出。他在给全县英雄父老的信中写到"比以前迎接状元还威风"，表示要制定计划"迎接反攻大胜利"。① 被称为"山药蛋派"的著名作家赵树理即是南委泉群英大会的亲历者，会后，他采访了"战斗与生产结合一等英雄"庞如林和"一等生产渡荒英雄"孟祥英（女），写成了《生产与战斗相结合——一等英雄庞如林》《孟祥英翻身》两本书，成为解放区传唱的经典剧目。继第一届群英会之后，第二届群英会上英雄劳模更上一层，一直到全国解放，新中国成立，由政治协商会议通过，将每年的"五一"劳动节，确定为"全国五一劳模大会"，由全国总工会负责。更重要的是，在新中国成立之后，甚至包括解放战争时期的解放区建设，有一个非常值得注意的社会主义改造与建设时期的模式化道路，那就是：互助组与合作社。而这一成功的经验，毫无疑问是从发生在南委泉的太行区第一届群英会脱胎而来，这一问题对新中国的建设产生了巨大的影响。所有这些，才是南委泉作为传统村落，其价值体系中最有特质的部分。

四、南委泉现状与传统村落价值传承的思考

我们之所以称南委泉为太行山典型的传统村落，是因为它尽管没有入选中国传统村落名录，但它同进入的传统村落一样，有着太行山古村落的普遍性特征。近年来国家战略性地发展文化产业，有计划地进行遗产保护，但是对于地处太行山深处历史悠久的村庄，其传统村

---

① 王玉圣：《太行英雄：太行区第一届群英大会实录》，人民日报出版社，2011年，扉页。

落价值的开发与利用、保护与传承，还有很长的路要走。实际上，无论是称之为"古村落"还是被冠以"传统村落"，抑或被定名为"历史文化名村"，更多的是一种现代形式的称谓或者"符号"和"标识"，并没有脱离环太行山地区上万个村庄之中的一个普通村庄。尤其是对于生活在当地的村民而言，他们的生活方式并没有因为有了"符号化的标识"，或者"文化的光环"而有较为重大的改变。

对于南委泉村而言，尽管早些年就已经铺了柏油路，紧邻国道，通往县城交通便利，但据笔者实地调研，目前居住在村里的人，尤其是年轻人并不多。如此情形，与身为传统村落的河南村、孔家峧村等村庄似乎没有太大的差别。抑或说，太行山的"空心村"问题，在传统村落中，是一种普遍的现象。尤其是石头街上的老旧宅院，几乎全部没有人居住，每一个大门上都是"铁将军"把门，仔细地看，有些铁锁锈迹斑斑，可以肯定一年半载不会有人光顾。甚至许多的院落围墙、山墙倒塌多时，都无人问津，纵然一个家族的人也说不知道相关情况——传统村落的家族组织，即便在河南村这样的村庄中，也早已消失了。外出打工，或者依附于城市而仅维持"户籍"，几乎就是太行山乡村的普遍情形。

南委泉村作为传统村落的一种类型，既具有典型性，更具有普遍性，在太行山地区 2000 多个村庄中，至少占到 50%，内动力严重不足。保护与发展的有机结合，以及建设"农村美、农业强、农民富"的战略目标实现的基础性设施和条件尚不到位，纵然列入中国传统村落名录，也在艰难中挣扎，有关"传统村落主体性"的合力，几乎不在一个层面和轨道上，国家战略到具体村庄的务实性操作距离较远，地方和基层组织，还有很多事情要做。南委泉村表现得格外突出，黎城县业已列入传统村落名录的村庄已有不少，与南委泉村这样没有入选的传统村落，几乎是相同的情形。

传统村落能够存在与延续至今，本身就意味着有某种优秀的历史文化曾经在传统村落的历史上起到重要的作用，而对于这样的价值的挖掘，才是传统村落保护的根本目的。传统村落的历史文化资源，尤其是它的文物古迹，固然是传统村落价值体系的一部分，但它内在的精神文化资源，才是传统村落价值体系最核心的部分，是未来村落发展内生性主体力量的动力和源泉。抗日战争时期，太行山根据地军民为了民族解放同仇敌忾、浴血奋战，炮火和硝烟散去也才短短 70 多年，灾难的记忆不应忘却。因此，铭记那些为国家献出宝贵生命的英烈，记住那些曾经为民族做出卓越贡献的英雄，为它们树碑立传理所当然。红色文化资源，尤其是它在精神层面的价值和力量，应该得到更大的保护、传承和发扬。尽管南委泉村没有入选传统村落和历史文化名村，但事实上，无论是历史文化遗迹，还是红色文化资源，南委泉均拥有较大的资源禀赋。笔者认为，在今天历史文化遗存以及红色文化资源，是否能够对传统村落的发展起到重要作用，关键在于内动力的问题。从传统村落保护来说，应当坚持以人为中心、以发展为中心的保护思路。人是传统村落中最具有活力的因素，传统村落的历史文化遗产最终只有通过在发展中起到积极作用来进行体现，要做到这一点，就必须让传统村落的历史文化资源，尤其是红色文化力量，进入现代人的日常生活之中，成为他们生活方式的一部分，而不仅仅是摆在博物馆中供人观赏的静态实物。从这个意义上讲，南委泉最值得"骄傲"和"挖掘"的，不应该是群英会在这里开过，也不是那些旧址和遗址，而是一种精神和力量。

文化的主体是人，传承的载体也是人。习近平总书记强调，要推动中华优秀传统文化创造性转化、创新性发展，把创造性转化与创新性发展落到实处，关键是要靠人。未来的南委泉村传统村落价值体系的保护与传承，应该从自身最优秀的文化中汲取营养智慧，用创意激活经典、融入时代，在潜移默化和砥砺前行中引领风尚，在润物无声中培根铸魂，让优秀传统文化从过去延伸到未来。这就需要通过市场化的方式不断发展，把文化融入经济社会发展各个方面，让文化产业成为经济转型升级的有力支撑和经济发展的重要组成部分。无论是文化产品的市场开发，还是文化服务的拓展，抑或是为经济发展注入文化韵味，都需要善于运用市场化的手段推动文化发展繁荣。优秀文化绵延不绝，始终保持着旺盛生命力，政府、社会参与必不可少，但很大程度上得益于本地人。能够坚守的本地人是推动文化发展繁荣的有生力量，发扬首创精神，激发创新活力，就能够让文化发展在每个地方找到落脚点，成为百姓生活的一部分。

作者简介：魏晓锴，历史学博士、经济学博士后，山西大学历史文化学院副教授、硕士生导师、中国史系副主任，研究方向为近代经济史、山西地方史。

大阳古镇文化遗产资源活化利用调研报告

闫爱萍　许晓亮　王　斌

　　大阳古镇是晋东南传统村落中非常典型的宋元明清古建筑村落，现存规模宏大的传统民居和保存完好的庙宇楼阁等物质文化遗产资源，以及人物历史故事、传统手工艺和民俗等非物质文化遗产资源，都是代表晋东南地区物质文化和精神文化的典型。笔者在广泛的田野调查的基础上，梳理清楚大阳古镇的各类文化遗产，进而针对不同类别给出相应的旅游活化的对策和建议，以期为晋东南地区的文化遗产开发利用提供一些借鉴作用，从而推动其旅游目的地建设和旅游可持续发展。

一、大阳古镇及文化遗产资源赋存

（一）地理位置

　　大阳古镇隶属山西晋城市泽州县，泽州县东邻陵川县，西与阳城、沁水县接壤，北与高平市毗邻，南与河南焦作、洛阳等县市交接。清代名相陈廷敬称其"丹水经其左，沁河索其右"。自古就有"晋豫之咽喉，山西南大门"之称。其在历史上为兵家必争之地，也是商贾云集之域。泽州县四季分明，属温带大陆性气候，冬季寒冷干燥，夏季干旱少雨。泽州县矿产资源丰富，以煤为主，其次有铁矿、硫铁矿、铝土矿、水晶、萤石及铅锌矿等。

大阳古镇坐落于吴神山东麓香山脚下，为泽州、高平、沁水三县市的交界处，是泽州首屈一指的大镇。周围名山环绕，羊头山、发鸠山、浮山、砥柱山、历山，每一座都充满着神秘的色彩。伏羲氏、女娲氏、神农氏、精卫鸟、舜耕历山、大禹治水等中华远古神话，都发生在周边的名山胜水间。大阳古镇距晋城市西北部约24公里，东邻巴公镇，西接马村镇，南望城西环城高速，有"三晋第一镇""九州针都""中国古城镇的活化石"之美誉。

目前大阳行政区域总面积52.58平方公里。大阳镇区包括东大阳和西大阳两个自然村，居民3214户，人口15696人。东西长约5公里，南北宽约3公里，总面积15.58平方公里。2008年被住房和城乡建设部、国家文物局授予"中国历史文化名镇"称号；2011年11月被文化部授予"中国民间文化艺术之乡"称号；2013年，东大阳和西大阳被同时列入"中国传统村落名录"；2016年被授予"中国华侨国际文化交流基地"称号。

（二）历史沿革

大阳镇古称阳阿，位于晋东南地区泽州县西北部。"阳阿"一名的由来，志书没有记载。《尔雅·释地》中说："山南水北为阳，大陵曰阿"。阳阿在吾圣山（也说吴神山）之阳的南北两条河流之间的高陵处，故称"阳阿"。

大阳的历史最早可追溯到尧舜时期，夏商时为典祀之地，春秋时属于晋国。大阳历史上行政更迭频繁，"秦皇置县，汉主封侯，魏晋设郡"[1]。《汉书·地理志》中记载："上党郡，秦置，属并州。户七万三千七百九十人，口三十三万七千七百六十六。"汉高祖刘邦（西汉七年）封周朝遗臣卞欣为阳阿侯，由此阳阿为侯国并逐渐形成南太行的重要城邑。到了明清时期，成了商业繁荣重镇。根据历史记载，大阳的历史沿革以名称可以分为两段：一是阳阿时期，二是大阳时期。

---

① 王怀中：《阳阿奏奇舞——古镇大阳史话》，山东画报出版社，2015年，第25页。

从春秋时期阳人迁徙于此，建阳人聚落到隋朝初期，为阳阿时期；从隋开皇年间到清末，为大阳时期，将阳阿改称大阳，意思是"大的阳阿城"。

表1 大阳历史沿革一览表

现在	古代				
	朝代	名称	归属	地址	备注
大阳镇	春秋	阳人聚落	先为东周后为晋	今大阳镇北一公里处	阳阿城
	战国	阳阿城	先后为魏、韩、赵、秦	同上	
	秦朝	阳阿城		同上	
	西汉	阳阿侯国	直属汉中央	同上	西汉元帝、成帝时为阳阿公主封地
	东汉	阳阿侯国	上党郡	同上	
	曹魏	阳阿侯国	上党郡	同上	
	西晋	阳阿侯国	上党郡	同上	从西汉到西晋阳阿侯国500余年
	西燕	阳阿县	建兴郡	同上	郡、县治所同为阳阿城
	北魏	阳阿县	建兴郡高都郡	今址	北魏迁徙于此
	北齐	阳阿故城	高都县	今址	
	隋朝	大阳	丹川县	今址	隋开皇年间阳阿改为大阳
	唐朝	大阳	晋城县	今址	
	宋朝	大阳	晋城县	今址	
	金朝	大阳	晋城县	今址	
	元朝	大阳	晋城县	今址	
	明朝	大阳	泽州	今址	
	清朝	大阳	凤台县	今址	

注：表中"阳阿时期"纵向跨越春秋至北齐行；"大阳时期"纵向跨越隋朝至清朝行。

大阳古镇流传一首民谣"东西两大阳，南北四寨上，沿河十八庄，三十六座庙，七十二条巷，九市八圪垱，老街五里长，早先还有个北大阳"。这首民谣世代口口相传，真实概述了大阳古镇的形成过程与发展轨迹，表明了古镇的架构形式。沿着民谣的线索，通过实地调查和查阅资料，笔者整理归纳出大阳古镇的架构信息表，如表2。

表2 明清时大阳古镇的架构

```
                        大阳古镇
            ┌──────────────┴──────────────┐
          东大阳                         西大阳
   ┌──────────────────┐         ┌──────────────────┐
   │三义巷、川地巷、明都巷、贯利│         │李家二巷、段召二巷、永和三│
   │四巷、龙王四巷、太和五巷、双│         │巷、党坡巷、车家二巷、朱家│
   │关巷、贺家巷、小庙四巷、可观│         │二巷、张家巷、庙坡巷、太尉庙│
   │巷、裴家巷、关家巷、盐店巷、│         │二巷、成家二巷、仁里巷、吴神│
   │沙石巷、孟家巷、南讹五巷、 │         │巷、金家巷、西宫巷       │
   │棉花巷、建兴巷、钱市巷、财神│         └──────────────────┘
   │巷、席市巷、菜市巷、米市巷、│
   │枣市巷、高崖底巷、御暴巷、端│
   │方巷、河下巷、醋坊巷、都家 │
   │巷、状元府巷、后洞巷     │
   └──────────────────┘
        清宁寨  岳峙寨                    金汤寨  安庆寨
   ┌──────────────────┐         ┌──────────────────┐
   │东庄、西庄、槐树庄、崔家庄、│         │霍家庄、关方庄、张家庄、常家│
   │塔河庄、魏家庄、高南庄、刘官│         │庄、王家庄、端公庄       │
   │庄、南寺庄、柳树庄、东任家 │         └──────────────────┘
   │庄、西任家庄         │
   └──────────────────┘
```

（三）文化遗产资源类型及其分布

1972年，联合国教科文组织在巴黎通过《保护世界文化和自然遗产公约》，将世界遗产划分为自然遗产、文化遗产、自然遗产与文化遗产混合体（双重遗产）、文化景观以及非物质遗产等5类。其中，文化遗产分为有形文化遗产、无形文化遗产，包括物质文化遗产和非物质文化遗产。

大阳古镇是中国历史文化名镇。大阳古镇被誉为"三晋一镇"，其最大特色是历史建筑背后承载的丰富的文化内涵，素有"阳阿侯国""飞燕故里""煤铁之乡""九州针都"之称。被专家誉为"秦汉以来，古城镇的活化石，是活着的古镇"。大阳古镇用一条老街作为串联，将数不清的明清官邸商宅，看不完的古建庙宇、亭台楼阁、碑刻古塔巧妙连接。古镇历史上的手工业文化、仕官文化、歌舞文化以及民间艺术文化等非物质文化遗产也令世人瞩目。

1. 物质文化遗产资源类型和分布

根据 2015 年修订的《中华人民共和国文物保护法》规定，中国物质文化遗产包括古文化遗址、古墓葬、古建筑、石窟寺和石刻、壁画；与重大历史事件、革命运动或者著名人物有关的以及具有重要纪念意义、教育意义或者史料价值的近代现代重要史迹、实物、代表性建筑；历史上各时代珍贵的艺术品、工艺美术品、重要文献资料以及具有历史、艺术、科学价值的手稿和图书资料；具有科学价值的古脊椎动物化石和古人类化石等[1]。

大阳古镇物质文化遗产资源主要包括：古建筑、遗址、古墓葬、名人故居、碑刻、传统产品等。因为目前没有《大阳镇志》，根据旅游开发公司粗略统计，目前现存的古建筑民居有 34 万平方米，古寺庙 36 座、古祠 4 座、古遗址 2 个、古牌坊 6 座、古桥 1 座、古塔 1 座、古树 5 棵、古戏台 4 座、古井泉 5 口、古照壁 4 块、古碑刻 57 块、古阁 26 座、古墓 11 座、古石塘 2 个。

---

① 向勇：《文化产业导论》，北京大学出版社，2015 年，111 页。

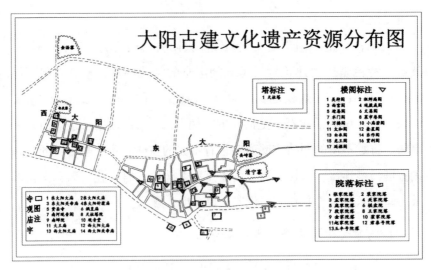

图 1　大阳古镇物质文化资源（代表性）

（1）传统民居院落

中国古民居有"南看安徽，北看山西"之说。其特点为：规模大，数量多，全国罕见；山西乔家大院现存传统建筑面积 8724 平方米；王家大院总面积约 15 万平方米；阳城皇城村陈廷敬的宅第，现存传统建筑面积 3.6 万平方米；砥洎城的传统建筑面积约 3.7 万平方米；高平良户田逢吉的宅第，现存传统建筑面积 3.7 万平方米；大阳古镇现存传统建筑面积不少于 34 万平方米，是山西省现存明清建筑中最大的古民居群[①]。

大阳现存的民居古建筑多建于明清时期，主要包括张家大院、裴家大院、王家大院等家族院落群。不同于晋商大院，大阳的古建大院时间更早，很多都是明末清初建筑，而且大都是官宦院落，更加注重布局和防御，规模也更大。

---

① 王金平，徐强，韩卫成：《山西民居》，中国建筑工业出版社，2009 年。

表3　大阳镇传统民居院落（部分）一览表

院落名称	建筑形制	规模	位置及其分布	修建年代	代表人物	保护现状
张家大院	四大八小	三进	建兴巷、财神巷、南讹巷均有分布	明万历	张养蒙	居住
裴家大院	九宫八卦	多进	裴家巷与关家巷间	明嘉靖	裴宇	旅游开发
常家大院	四大八小	三进	财神巷南段	清道光	常恒昌	居住
孟家大院	组合院	多进	小庙巷、龙王巷、可观巷		孟春	旅游开发
关家大院	组合院	三进	关家巷北段		关遐年	居住
庞家大院	组合院	两进	裴家巷北段、沙石巷中段		庞浩	居住
棋盘院	棋盘院	两进	醋坊巷南段	清雍正	阎大绶	旅游开发
段家大院	组合院	三进	西大阳老街西段	元代	段直	居住
王家大院	四大八小	三进	西宫巷中段	明万历	王国士	居住
金家大院	四大八小	两进	西大阳老街中段		金斑	旅游开发
霍家大院	八卦院	两进	吴神巷北段		霍整	居住
赵家大院	八卦院	两进	西大阳老街南	明嘉靖	赵继孟	居住
君泰号	组合院	三进	西大阳老街中段	清道光	靳炳海靳炳山	旅游开发
玉丰号	八卦院	两进	东大阳盐店巷		李氏家族	居住
牛家大院	四合院	两进	井头上		牛青云	居住
井头上院	八卦院	两进	小庙巷南段、魁星阁北			居住

注：根据文献资料归纳整理编制而成

（2）大阳古镇寺庙及古阁

崇尚儒、释、道的风气让晋东南地区留下了诸多寺、庙、祠、阁等古建筑。据统计，大阳曾有寺庙36座，连同阁、庵、观、戏台，错落有致地分布在大阳古老的街巷内。在官商庇护下，关帝庙、大王庙等寺庙，雕梁画栋、庄严肃穆、香火缭绕。

表4　大阳古庙（部分）一览表

名称	地址	建筑年代	规模	类型	现存情况	庙会活动	备注
东汤王庙	东大阳老街中段	宋	两院	祖宗庙	不存	六月初六	新建文化大院
西汤王庙	西大阳老街中段	宋	两院	祖宗庙	现存（重修）	六月初六二月十五	国保
娲皇庙	东大阳天柱塔南高岸上	明	两院	祖宗庙	现存	正月初七（唱戏、祭祀）	市保
资圣寺	东大阳老街西段	北齐	多进院	佛	现存		
南河庵	东大阳中段塔河南	北魏	两院	佛	现存		别名南河书院
西文庙	西大阳东门里北	明		儒	现存		
关帝庙	东大阳老街中段		一院	名人庙	现存	五月十五（唱戏）	
吴神庙	西大阳吴神巷北端		三院	佛道混合	现存		
观音堂	东大阳开元巷	清		佛	现存	六月十九正月十六	
玄帝庙	东大阳小庙巷北侧	明	三院		现存	三月初三	嘉靖四十三年重修
东岳庙	东大阳土地岭				现存	三月二十八（大型庙会、唱戏、故事展演）	
祖师庙	西大阳西门阁里		一院		现存		
龙王庙	小庙巷与龙王巷相交处		一院		现存		

注：根据文献资料归纳整理编制而成

古镇大阳的民谣有："七十二条巷，九十三个阁"。阁，就是类似楼的建筑物，供远眺、游憩、藏书和供佛之用[①]。所谓无阁不叫巷，大阳基本上每条街巷均以阁为界，是每个路口的地标。

表5　大阳古镇古阁一览表

名称	始建年代	题名	层数	地址	现存情况
东门阁		东为"东作"	三	东大阳	现存（重修）
西门阁	成化年间	西为"西成"	二	东大阳	现存
南门阁		南为"南讹"	二	东大阳	遗址
文昌阁	明	又名"五虎阁"	二	东大阳	现存
西大阳西门阁	明		二	西大阳	
西宫阁			二	西大阳	现存
延绿阁	清雍正八年	东为"延绿阁"西为"川地巷"	三	东大阳川地巷东口	现存
观音阁	清康熙二十七年	南为"太和巷"	二	东大阳太和巷南口	现存
白衣阁		东为"毓秀"西为"钟灵"南为"来薰"北为"觉路"	二	金汤寨	现存
白衣阁			二	东大阳小庙巷东口	现存
魁星阁			二	东大阳可观巷南口	现存
龙王阁		北为"屏翰"南为"四平"	二	东大阳龙王巷南口	现存
水门阁	元至正二十二年	西南为"古阳阿县"	二	东大阳	现存
槐荫阁		东为"双关巷"西为"槐荫坡"		东大阳后岭东口	现存
鼓楼阁	清道光	南为"万楼"		东大阳御暴巷北口	现存
贯利阁		东为贯利巷		东大阳贯利巷东口	现存

---

① 薛林平：《中国古村镇系列丛书——大阳古镇》，中国建筑工业出版社，2012年，137页。

续表

名称	始建年代	题名	层数	地址	现存情况
吴神阁		南为"天珠" 北为"来龙"		西大阳吴神巷北口	现存
盐店巷阁				东大阳	现存
祖师庙阁		东为"槐荫" 西为"来爽"		西大阳段长官院东	现存
汤帝庙东阁		南为"观厥成" 北为"永安"		西大阳	现存
汤帝庙南阁		南为"槐荫深处" 北为"迎恩门"		西大阳	现存

注：根据文献资料归纳整理编制而成

（3）碑刻历史故事多

晋东南有遍布村镇山野的寺庙、石窟、壁画、碑刻，形式多样且内涵丰富，极具特色。寺庙与人们的沟通方式更多的是通过碑刻，用碑刻来了解这个寺庙的宠辱兴衰。每个碑刻都是历史的记录，是一次与古人的对话，内容涉及政治、经济、风土人情、社会生活各个方面。如现存大阳镇西街的清乾隆年间的碑刻上记载："制针人艰辛，已经收了落地税就不要再收制针税"，大家为了纪念这个事件，特立碑。

表6　大阳古镇碑刻一览表

额题	刻立年代	现存地	摘要	备注
石法华像记	北齐河清二年	大阳镇南河庵	记录书法古朴典雅	
中书门下牒资圣寺	宋天禧四年	大阳一分街	中书门下赐晋城县古永建寺为资圣寺	保存完好
重修汤王殿宇记	宋宣和元年	大阳汤帝庙	记述重修大阳成汤殿宇经过	已残
汤王殿芝草诗序石刻	宋宣和二年	大阳汤帝庙	重修汤帝庙后，进士刘泳作七律一首和族人刘衍的和韵诗文	保存完好

额题	刻立年代	现存地	摘要	备注
大阳资圣寺记			记述晋城县历史沿革及资圣寺创建、重修经过	无碑刻
建金龙四大王行宫西行廊记	明万历四年	大阳镇二分街	记述社首王思荣等捐资修建金龙四大王行宫经过	保存完好
重修汤帝庙东廊房记	明万历七年	大阳汤帝庙	社内水官维首李朝阳等十七人捐金补修东廊房	保存完好
增修吴王庙记	明万历十年	大阳汤帝庙	乡民自正德到嘉靖四十年重修吴王庙经过	保存完好
重修资圣寺记	明万历十七年	大阳一分街	站在儒家立场，阐述佛教与儒道相辅相成，辅佐儒治世而不可毁谤的道理，及捐资情况	保存完好
重修舞楼记	明万历十九年	大阳汤帝庙	社内水官维首捐金重修舞楼经过	保存完好
西大阳针翁庙创建碑记	清顺治十年	大阳镇	西大阳制针业发展经过	保存完好
重修成汤圣帝庙	明万历二十年	大阳汤帝庙	记述水官王鹏荐等十七家捐己财，修汤帝庙及社首水官姓氏	保存完好
重修庙补修舞楼后宫并水擎翼盖袍衫小记	清康熙二年	大阳汤帝庙	记述水官补修汤帝庙舞楼后宫并水擎翼盖袍衫经过	保存完好
东庑楼白衣观音像记	明万历三十七年	大阳镇二分街	记述信徒李菁等在资圣寺东楼雕塑白衣观音圣像经过	保存完好
重修玄帝庙记	明崇祯十六年	大阳镇	记述玄帝神迹及村中善士重修玄帝庙及捐赠过程	保存完好

续表

额题	刻立年代	现存地	摘要	备注
玄帝钰山进香会重施什物记	清顺治九年	大阳汤帝庙	进香会弊端及劝人各专四民之业，各敬家之父母，远胜奢靡进香事	保存完好
重修虫王殿并大殿山墙记	清康熙十九年	大阳汤帝庙	记述康熙十八年大旱，人心惶惶，乡里老人陈说利害，重修虫王殿	保存完好
买米应枭记	清康熙六十年	大阳汤帝庙	康熙十九年大旱，本镇绅士外境购买谷米，解决贫人买米困难经过	保存完好
补葺张氏家庙碑记	清道光二十年	大阳镇二分街	张氏家祠设置、功用及族人盗卖宗祠物品被逐离庙堂，族人捐资重修经过	保存完好
阳阿西镇创建关圣帝君阁记	清道光十一年	大阳镇西街	记述关帝阁创建经过	保存完好
观音阁香灯会记	清康熙三十七年	大阳镇	记述善士捐资经过	保存完好
沐恩刘老爷中止针税碑记	清乾隆五十年	大阳镇西街	记述制针的艰难及多村制针人追思凤台县知县刘徽泰终止征收针税经过	保存完好
吴王庙绘画佛殿佛龛记	清康熙三十四年	大阳镇西街	乡里袁友明等慷慨募捐彩绘佛殿梁栋经过	保存完好
禁穿凿碑文	清乾隆元年	大阳汤帝庙	禁止在香炉山穿凿窑口告示	保存完好
换新水擎记	清乾隆元年	大阳汤帝庙	记述汤帝庙改作水箱、变置水擎一事	保存完好
州官题额	明嘉靖二十年	大阳镇二分街	匾题"南讹"二字	保存完好
重修资圣寺并增建东西耳房厨室记	清乾隆四十七年	大阳一分街	资圣寺主持募化重修东西耳房及大殿等经过	保存完好

额题	刻立年代	现存地	摘要	备注
施槐记	清乾隆五十八年	大阳镇西街	霍氏将村北古槐捐于社庙经过及施主姓氏	保存完好
备粜应粜记	清乾隆五十年	大阳汤帝庙	康熙辛丑至乾隆乙巳灾情及期间乡民买米卖米应对灾情	保存完好
社庙平粜救荒记事文	清乾隆五十七年	大阳汤帝庙	乾隆五十七年大旱，绅士于社庙集资买米并低价卖米应对灾情经过	保存完好
禁行炉碑文	清道光五年	大阳汤帝庙	记述为禁止在两河创开烧铁炉厂告示	保存完好
补修大王正殿并东西两耳楼碑记	清道光十八年	大阳镇二分街	记述张鸿文兄弟捐资补修大王正殿和耳楼经过	保存完好
西阳阿创建玉皇庙记	明万历二十年	大阳西街	记述乡人增修西门并创建与玉皇庙经过	保存完好
南园凹建神庙记	清咸丰十一年	大阳镇一分街	创建神庙经过及捐资姓氏	保存完好
买戏房碑记	清光绪七年	大阳镇一分街	记述盐当行、东当行、西当行买到孟家巷戏房及话费详情	保存完好
关帝庙重新彩画碑记	清光绪十三年	大阳镇一分街	关帝庙历代重修及粉饰装修经过	保存完好
重修关帝庙碑文	清同治八年	大阳一分街	天齐会通过采折戏价修关帝庙及捐赠经过	保存完好
补修茶棚岭神庙兼禁掘矿碑记	清乾隆四十一年	大阳镇	补修茶棚岭神庙并禁止在神庙附近采掘矿石经过	保存完好
补葺汤帝庙西厢碑记		大阳镇三分街	修葺西厢房	保存完好
东大阳西门古鬼王会置地碑记	清嘉庆十九年	大阳一分街	本镇西门口于二五日有鬼王神会来历及会上集资买地情况	保存完好

注：根据《泽州碑刻大全·大阳卷》编制而成

（4）店铺林立商号多

明清时期，大阳经济达到鼎盛，商号商铺声名远播。经营范围涉及钢针、铁器、大米、食盐、绸缎、醋、茶叶、烟草、珠宝等众多门类，现在大阳的很多街巷还以商铺命名，如钱市巷、菜市巷、米市巷、枣市巷、醋坊巷等。各种贩粮贩铁的车马，络绎不绝，大阳的商号在晋东南曾经红极一时。

表7　大阳古镇著名商号（部分）

名称	年代	概况	备注（现状）
咸义亨	清乾隆至咸丰年间	钢针、绸缎、珠宝	棋盘园（戏剧）
永盛号	清咸丰至光绪年间	铁货	铁器商铺
锦泰裕	清同治至抗战前	茶叶	居住
君泰号	清乾隆至抗战前	冶铁、铁货、钢针	旅游开发
玉丰号	清光绪至抗战前	冶铁、铁货、钢针	居住

注：根据文献资料归纳整理编制而成

2. 非物质文化遗产资源及类型

根据联合国教科文组织《保护非物质文化遗产国际公约》的定义，"非物质文化遗产"指被各群体、团体，有时为个人所视为其文化遗产的各种实践、表演、表现形式、知识体系和技能及其有关的工具、实物、工艺品和文化场所。具体包括：①传统口头文学以及作为其载体的语言；②传统美术、书法、音乐、舞蹈、戏剧、曲艺和杂技；③传统技艺、医药和历法；④传统礼仪、节庆等民俗；⑤传统体育和游艺；⑥其他非物质文化遗产[1]。

大阳古镇非物质文化遗产资源丰富、门类众多，能够体现晋东南传统村落的特点。当地民谣"有官不到大阳夸""大阳出了三斗三升芝麻官"的大阳仕官文化；被誉为"九州针都"的大阳传统手工文化；还有数量众多的人物传记、历史传说；上党民俗及传统音乐歌舞等都

---

[1] 《中华人民共和国非物质文化遗产法》，2011.2.25.

在大阳被体现得淋漓尽致。

表8　大阳古镇非物质文化遗产（代表性的）

名称	门类	发展脉络	传承情况	备注
八音会	传统音乐	八音会形成发展于元明之际，成熟兴盛于明末清初。上党八音会是一种在山西省东南部长治、晋城一带广为流传的汉族民间吹打乐	传承人：黄一宝	2006年列入第一批国家级非物质文化遗产名录
阳阿歌舞	传统歌舞	两汉魏晋时，阳阿侯国是名声远播的歌舞之乡。古籍中对其"名姝艺伎"往往冠以"阳阿"之名，有了"美姿色，善歌舞"的特殊意象	民间组织	节庆活动展演
大阳剪纸	传统手工艺	逢年过节，乔迁新居，女主人剪纸技艺反映了贤惠持家的传统	传承人：杨香俊	2010年第三批市级非物质文化遗产
面塑	传统手工艺	大阳当地居民每逢节日庆典在自家准备面点以示祝贺。面塑形象质朴，凸显节日氛围	传承人：宋老肥	省级非物质文化遗产
馔面	传统手工艺	源自汉代宫廷，现在馔面是大阳婚俗中的重要环节	传承人：范锁喜（省）崔丹太（市）	省、市级非物质文化遗产
打铁花	传统手工艺	大阳铁文化，从传统祭鬼到欢度佳节	民间传承	旅游活动展演
二鬼扳跌	节庆民俗	传统正月二十五撒饭送鬼王及由之衍生的二鬼扳跌千年传承至今	传承人：常国孩	节庆活动展演
手工制针	传统手工艺	制针业从明朝正德年间兴起，清光绪年间衰落。距今500余年，行销海内外，家家户户制针，大阳享"九州针都"美名	传承人：裴向南	2007年山西省非物质文化遗产
传统坩埚冶铁	传统手工艺	春秋战国时期"阳阿剑"，隋设立铸铁机构，宋代坩埚冶铁，明清出现铁器名品	民间传承	2009年县级非物质文化遗产

续表

名称	门类	发展脉络	传承情况	备注
老鼠娶亲	节庆民俗	生产技术低下的过去，老鼠成了矿工的保护神	民间习俗	农历十月初十给老鼠娶媳妇
卖针歌	传统口头文学	有词有曲，歌词幽默押韵，产生年代不详	传承人：李连五	村民传唱
三斗三升芝麻官	传统口头文学	大阳当地民间崇文尚学之风自古有之，历朝历代不乏居于高位的名仕。出仕之风常在家族之中盛行，一门之内数代为官	民间记载	2009年县级非物质文化遗产
大阳扛妆	节庆民俗	汤帝庙祈雨仪式演变为庙会节庆活动	民间组织	节庆展演
飞燕省亲	节庆民俗	歌舞剧	民间组织	周六日节庆日活动

注：根据文献资料归纳整理编制而成

　　大阳古镇历史文化厚重，其历史上的手工业文化、仕官文化、歌舞文化、名人故事以及民间传说文化等非物质文化遗产资源令世人瞩目。每种文化都在大阳有自己的独特表达。

　　（1）传统口头文学——有官不到大阳夸

　　自唐至清，大阳有较为详细记载的历史名人共计141人，其中唐代2人，后晋1人，宋代3人，元代9人，明代77人，清代49人[①]。明清时，大阳镇出的状元、进士、举人人数在当时的山西首屈一指。八朝为官的段家；一门七进士的孟家；茹太素、裴宇、孟春、张养蒙、孟兆祥、常恒昌等，都是尚书、侍郎、布政使级的高官大吏；总兵张大经是清乾隆时的武状元。人文璀璨、仕官如林，这些就是"三斗三升芝麻官"的大阳现象。每个人物都有故事，每个故事都是大阳特殊的旅游资源。

---

① 晋城市旅游文物局：《古堡中的中国》，新华出版社，2014年，76页。

表9　大阳古镇人物及人物故事（部分）一览表

朝代	姓名	官职	故事梗概	备注（出处）
西汉	赵飞燕	孝成赵皇后	阳阿歌舞，环肥燕瘦	《汉书》
西汉	赵合德	赵昭仪	善音辞，后宫专宠	《汉书》
北宋	段思恭	右谏议大夫	段思恭，后周之臣，随赵匡胤入宋后，委以重任	《宋史》
北宋	孔三传		北宋艺人，早年生活在大阳。《中国大百科全书·戏曲曲艺卷》中称他为曲艺大师，戏曲创始人	
元	段直	泽州长官	体恤百姓，在任二十年，政绩卓著；修孔庙，请文状元李俊民，拜为师，发展文化教育	《元史》
明	茹太素	御史	"以平允称""抗直不屈"，上万言书直陈时弊	《明史》
明	孟春	吏部侍郎	任顺天巡抚时，阉宦明目张胆索要粮食，孟春"坚持不与"后落职	《明史》
明	裴宇	工部尚书	裴宇历嘉靖、隆庆、万历三朝。裴宇一生耻于与权奸为伍，与严嵩的"青词"格格不入，不趋炎附势。关心教育，提携后学	
明	张养蒙	户部右侍郎	一针见血上书直击万历皇帝，史书说他"居言职，慷慨好建白"，奏章多，敢直言	《明史》
明	张光奎	光禄卿，山东参政	崇祯五年，大兵压大阳，组织民众保卫家乡，坚持八日，城破，战亡	《明史》
清	阎大绥	邱县知县		参与《泽州府志》编纂
清	张大经	陕西兴汉镇总兵	张大经于乾隆辛未武进士第一人及第，钦点武状元，为一等侍卫。"金钩钓鱼"夺武魁	武状元《清史稿》
清	关遐年	吏部主事	关遐年"三荐阮元"	参与《凤台县志》编纂
清	张无咎	世袭都骑尉海防都司	殉身大火，父子皆英烈	张大经子

注：根据文献资料归纳整理编制而成

（2）传统口头文学——美丽故事世代传

大阳古镇历史悠久，文化积淀深厚，也孕育了许多美丽的传说故事。古巷、寺庙、历史人物各式各样的物质载体呈现出了动人的大阳传说故事。

表10　大阳古镇神话故事（部分）一览表

名称	内容	对应物（地址）	出处
龙树	古松又称"龙树"，相传得道高僧圆寂后，与此树共生，已有800多年历史	古松	民间传说
四眼井	龙门人帮村民打井，常年饮用四眼井水，死后成仙不当鬼	大阳镇人民政府大门外坡下右侧	民间传说
小庙巷	阳阿古镇的发源地	小庙巷	民间传说
"壶中天"匾额	笨人李玉	大王庙	人物故事
天柱塔	纪念天柱娘娘，把塔取名为"天柱塔"	天柱塔	民间传说
汤帝庙	汤王"亲自砍柴，堆成柴堆，自己坐在柴堆上点火自焚"，汤王在民众危难之时，身先士卒，求圣天降雨，解救百姓	汤王	汤王祷雨神话传说有《汤王祷雨》和《盛花坪》
状元府巷	张大经"白虎下届"，"金钩钓鱼"比武夺魁	状元府巷	吴永生《寻芳》
霍家大院	霍整医术高明，揭皇榜，为娘娘治病	霍家大院	吴永生《寻芳》
南河庵	裴尚书孝母所建，遭屈斩，葬以金头银臂	南河庵遗址	民间传说
馔面	汉武帝求长生不老，黄金颜色的馔面可作为长寿面	馔面	民间传说

注：根据文献资料归纳整理编制而成

（3）传统手工艺——传统手工制针

"小小钢针做得精，卖遍八府共九州，东京卖到汴梁地，西京卖到长安城，南京卖遍应天府，北京卖遍顺天城……"

这首卖针歌，讲述的是大阳钢针销往中国大江南北的故事。有人做针，才会有人卖针，大阳古镇传统制针业，得从传统手工冶铁的兴起讲起。

《山海经》记载："虎尾山，其阴有铁。"虎尾山在大阳镇东五里处。大阳周边丰富的铁矿资源促进了当地冶炼业的发展，传统冶铁也是大阳祖辈传下来的重要的谋生手段。冶炼业的发展也为大阳的手工制针兴盛奠定了基础。从针翁庙现存碑文来看，从明崇祯年间开始，大阳制针业逐渐兴盛，到了清顺治康熙年间，大阳基本上家家有家庭制针作坊，手工制针流程烦琐，需要72道工序。三个成熟工人一天出力的话，能做出200个手工针，做好的手工针卖给批发商，再销往全国各地。大阳制针极盛时"几乎户户制针"，买卖垄断了大江南北大半个中国并远销到伊朗、伊拉克等国家。1882年，德国学者李希霍芬在《中国》一书中写道："大阳的针，供应着这个大国的每一个家庭，并且远销中亚一带"。后来随着西方国家机制针的涌入，大阳手工制针渐渐退出历史舞台。据史料记载，1881年，洋针进口量为20.1亿支，而到了1891年就达到31.2亿支[1]。

传统手工制针传承人裴向南老先生告诉我，他们制针可以往上追溯八代，他属于第八代传人。基本就是口口相传，手把手教，制作工艺没有文字资料，前面还有多少代无从考证。

随着制针业的萧条，卖针业也逐渐衰落，很多卖针的人家都已经关门，而卖针歌传承人李连五老先生却没有放弃，并坚持卖针13年。由于他的卖针坊存在，游客才能在大街上看到挑着扁担的卖针人，听到那声"卖针喽，小小钢针做得精，卖遍八府共九州……"才能从歌声中体会历史中的"九州针都"。

---

[1] 王怀中：《阳阿奏奇舞——古镇大阳史话》，山东画报出版社，2015年，42页。

二、大阳古镇文化遗产活化现状及存在问题

2015 年，北京立根集团和北京博雅方略联合大阳古镇镇政府成立山西大阳古镇旅游股份有限公司，于 2016 年开始对大阳古镇东、西大阳分别实施旅游开发的"乌镇模式"①。"乌镇模式"的核心是既要保护千年古镇的原貌和韵味，又能使古镇旅游开发成为特色而可持续发展。

截至目前，大阳古镇已经修了 8 万平方米的建筑，包括东西老街、景区入口及基础设施等，众多大院正在前期修葺规划中，需审批后进行维修。整个景区计划用 5—8 年时间，拟投资 5 亿元打造成 5A 级景区，基本建成全域旅游基地，成为人人参与、人人受益、人人有旅游形象的晋东南重要的游客集散交流中心。据景区粗略统计数据显示：从 2018 年 2 月大阳古镇试营业一年以来，接待游客近百万人次，综合性收入为 1000 余万元，取得了良好的社会效益，旅游发展态势强劲。

大阳旅游十五年的中期规划目标是 2016—2020 年是"活化的 5 年"，就是让古镇睡醒洗洗脸；2021—2025 年是"露脸的 5 年"，让古镇擦擦粉，穿戴好；2025—2030 年是"国际化的 5 年"，让古镇走上 T 台，有国际范。

（一）大阳古镇文化遗产活化现状

大阳古镇依托深厚的历史文化资源，已经初步建成以古建筑参观、传统手工艺展示、历史文化展览、民俗体验于一体的综合性旅游传统村落。目前"一塔两街四庙八院十六巷二十个阁"的旅游框架已现雏形。已开发的旅游线路：停车场—游客服务中心—贯利巷美食街—镇史馆—东作—古法制铁馆（手工艺体验）—小庙巷—玄帝庙—阳阿之源—械弹库—老街—裴家巷—文化大院（非遗展示）—开元巷—关帝

---

① 王红，邵秀英：《山西古村落旅游发展模式比较研究》，见张世满主编：《山西旅游绿皮书——2016—2017 年山西旅游发展分析与展望》，山西经济出版社，2017 年，243—244 页。

庙—古楼巷（万楼）—张都堂大院—钱市巷—张家老宅（古建展示）—建兴巷老街—资圣寺—醋坊巷—棋盘院（梨园戏曲）—状元府巷—古阳阿县门楼—返状元府巷—传统木作馆（木作工艺）—东岳庙—文昌阁—西大阳老街—文庙（汉服展示、孔学研究）—汤帝庙—吴神巷—龙树吴神庙。

大阳古镇景点开发的主要标准是打造五里老街，复原经典明清住宅，恢复古村镇生活场景，再现各类作坊工艺，实现文化的活化。其文化遗产资源利用现状主要集中于以下几个方面：

1. 参观类文化产品

目前对于老街的基础建设和公共区域的建设已经初见成效，旅游路线图、公厕、景区交通、住宿、饮食、道路及部分古建筑休憩等基础建设已经满足基本需要。

参观类主要集中在五里老街古建筑上，比如张都堂大院、裴家十八院、资圣寺、关帝庙、汤帝庙、吴神庙及每个巷口的古阁。开发商对建筑进行最大程度的修复，彰显建筑原本的样子，美丽的三雕技术，在大阳得到充分体现。在旅游开发中借助其自身的历史特色进行文化教育熏陶，比如裴家十八院，始建于明代，关于裴家特别是裴宇家规家训的故事被展示，对很多游客起到教化作用。张家院落一共是2200间屋子，纵跨了老街南北，其2200间屋子基本上都能实现从二楼过道相连，体现防卫功能和家族凝聚。因为目前没有修葺完善，一部分是当地居民的民居，一部分是危房，所以不能体验，只能简单观光和通过导游词简单了解。

大阳的古庙宇很多，保存下来的文化遗产资源很丰富，汤帝庙、娲皇庙、关帝庙、东岳庙经过保护和开发已经成为非常好的旅游景点。比如关帝庙，祈求平安并求财，是历代商人的活动中心，也是商家的会馆，是商人议事的地方，由地方委任的商会会首在庙中理事；本地商人出门经商要在庙里烧炷香，签合同要在关帝面前，买卖完成后，要来关帝庙感恩，出钱捐钱为关公唱戏，以感谢对生意达成的庇佑。

2. 体验类文化产品

随着人们物质生活的丰富和对传统文化的热爱，单纯观光类旅游产品已经无法满足游客的多元精神需求。大阳古镇悠久的历史成就了丰富的传统民俗，如祭祀、二鬼扳跌、打铁花、各式传统手工艺表演等。大阳古镇每天晚上七点准时开始的打铁花表演体验感极好，每晚不管天气如何，雷打不动进行表演。打铁花是大阳特色民俗活动，与悠久的冶铁史有关，是大阳铁文化的重要内容。二鬼扳跌是在文化大院根据节庆时间进行的活动表演，也是当地特色文化。其他文化体验类场馆，如镇史馆、民俗文化大院、传统木作馆等也陆续对游客开放。节假日，大阳也会精心安排多种类型的节事活动，舞龙、舞狮、灯会、祭火大典等民俗表演为节日带来了欢快的气氛，游客在民俗体验中加深对大阳传统文化的理解。

大阳是有名的"煤铁之乡""九州针都"，为此，大阳古镇打造了手工制铁馆，供游客参观。这些体验满足了人们探索知识、体验文化和回归传统的精神需求。在老街的东大街繁华地带建造了传统冶铁技术体验馆，游客花费 20 元可以进去参观传统冶铁技术和传统手工制针。参观的过程中，一些守护传统手工艺的老艺人进行手工制铁演示，打造铁器和兵器，游客可以体验"打铁还需自身硬"的锻造技术，可以对传统冶铁技术步骤进行了解，增加趣味性。在古法冶铁体验馆西侧厢房，展示的是大阳古镇古法制针的基本流程和古镇制针的辉煌历程。在这里，一方面游客可以欣赏传统的手工艺表演，与精通传统技艺的老人进行交流或亲身体验；另一方面游客可以在此亲手打磨钢针，体验手工制针乐趣。不过真正的传统手工制针工序烦琐，72 道工序中基本上在体验馆呈现了 5 道，体验显得较为单薄。

3. 特色文化衍生品

大阳古镇借助古村落的传统文化，多方面打造了特色文化衍生品。在大阳可以买到很多景区常见的手工产品，也可以买到铁器，各种铁器和铁制手工艺品、阳阿宝剑等。大大小小的手工钢针也让游客在卖针歌中认可它并且买来留作纪念。提到文化衍生品，必须提到大阳古镇传统名吃馔面，馔面在大阳本地有很多是以批发的形式对游客和小商小贩开放，但是没有针对游客体验的馔面制作过程和馔面成品销售，以至于每次去大阳想带一些包装好的馔面回去成为奢望。大阳古镇的传统手工生产的铁制品和铁工艺品以及手工钢针等特色衍生品是大阳古镇传统文化的传播载体，在对文化遗产进行传承和利用的同时，也给村民带来了经济收益。

节假日期间的大阳文化衍生品更多，如名目繁多的特色美食、大阳剪纸、大阳扛梢、飞燕省亲等节庆展演，以及琳琅满目的旅游产品为大阳古镇旅游增光添彩。这些民俗节庆活动，让居住在大阳古镇的村民感受到祖祖辈辈传承的民俗文化产品是大阳人民"活"起来的法宝。

4. 大阳古镇文化遗产现状的 ASEB 栅格分析

通过游客体验促使人们对传统村落文化遗产资源进行关注和保护。经过对大阳古镇进行多次实地调研，并对大阳古镇文化遗产资源利用情况进行摸底。运用 ASEB 栅格分析法，对目前大阳的文化遗产活化现状进行表格分析，归纳如下：

表11　大阳古镇文化遗产现状ASEB栅格分析

	活动	环境	体验	利益
优势	资源内涵丰富，有较好的口碑	文化环境浓厚，民风淳朴	古建庙宇文化，民俗民风体验	游客可以从中获得体验，增长知识
劣势	旅游活动种类少，以观光为主，参与性项目少	保护不够充分，特色不明显	原真性体验不充分，文化遗产利用率低	对文化探究、建筑考察、写生等收益很多，休闲度假收获不足
机遇	知名度提高，周边人群密集度高，传统村落旅游的契机	有大规模的古建庙宇群，特色的传统手工艺及民俗民风	传统节日可体验丰富民俗文化，文化底蕴深厚	文化遗产资源丰富，价值高，保存相对完整，对游客有吸引力
威胁	特色不鲜明，大院同质化问题严重	公共设施建设不足，传统文化体现不明显	特色体验印象不深，传统文化挖掘不足，商业化严重	部分游客不能获得心理满足

（二）大阳古镇文化遗产资源活化利用存在的问题

通过实地调研和调查问卷及村民访谈，可以了解到大阳虽拥有大量的文化遗产资源，但是在开发利用和保护上面临很多严峻的问题。对于旅游开发公司来说，十几年的旅游规划投资对资金的要求比较高，文化遗产资源活化需要有更多的投资人参与；对于当地居民来说，古建筑的利用要切合实际，有统一的规划和保护，不能出现古建筑要么被随意翻新，要么变成危房的情况；对于游客来说，特色的古建筑能够被修缮完好，对游客开放，传统手工艺及非物质文化遗产和民俗活动能普遍存在于大阳的大街小巷中，而不是某一位老艺人的表演或当地长者的讲述中。

大阳古镇在 2600 年的钟声里，很多历史故事被深埋，通过古建筑展示的、导游知道的大多也只是冰山一角。那么多的人物故事、神话传说、寺庙碑刻、民俗文化，没有被真正唤醒，大阳文化没有被游客真正感知。大阳古镇应该是传统村落的"活化石"，不应该是到了山西看大院的一个缩影。具体有以下几个方面的不足：

1. 物质层面——古建原真性展示不足

文化遗产资源的原真性是旅游目的地吸引游客的重要因素，其具有很大的脆弱性。原生活态要求的是对于原文化、原住民、原建筑、原风格、原习俗、原生活等一系列"原"要素进行活态保护，维持既有活力与生活原态的留存形式。

大阳古镇要保持古建原真性进行活化开发，其中很重要的问题是对文化遗产资源进行梳理和分类，对适合旅游开发的文化遗产资源进行定位：哪些文化遗产要进行维修和开发，哪些只是维持其"后台"的样子。比如传统古民居哪些是在原有基础上保护，哪些可以供游人参观，哪些只适合作为当地民居，哪些可以被开发成当地特色民宿，没有明确的分类梳理。

建筑群展示原真性不够。主要体现在以下几方面：一、民宅古建修缮任务重，民宅大院除一部分有人居住外，很大一部分处于保护和待修缮状态，没有办法参观和进一步体验。有人居住的古建筑因长期居住，进行了现代化加工和装饰；旅游开放的大多是破损需要修缮的，但是因为目前种种原因，只能做简短的参观和导游的解说，无法深入历史和感受内涵。二、古建筑活化利用不足，主要表现在当地的古民居大院有很多，很多大院面积庞大，结构完整，因为年久失修，只有少部分作为参观之用，大部分大门紧锁，大阳当地没有传统古建作为民宿，或者能让游客深入体验古建魅力的居所。三、大阳古镇目前开发的大阳老街，虽然体验参观比较接近明清时期的街道，但是街道上的古建筑大多只是空有大门，而没有院落，有徒有其表、华而不实的感受。老街上的店铺没有当地文化特色，多为满足旅游参观者需求的小吃和饮食，没有相关古建筑开发出来供人们短暂休息。

2. 文化层面——文化内涵特色性不足

游客对旅游目的地表现出来的文化的认可是旅游可持续发展的持久动力。越来越多的游客在选择一个旅游产品时，更多是被其体现的文化内涵吸引。传统村落文化多以传统古建筑、民风民俗、民间手工艺、宗教信仰、节庆活动等形式展现出来。大阳古镇在旅游开发中只是依靠简单的物质载体，或通过简单的导游讲解，没能真正让游客认识大阳古镇。如果大阳古镇只是大院文化，那么怎么跟其他的大院文化抗衡？山西大院同质化严重，大阳的大院有什么不同？可能因为大阳的文化遗产资源太多了，以至于在旅游开发中什么也想展示，什么都没有真正展示出来。文化遗产资源的内涵挖掘都非常浅显，无论是"飞燕故里""九州针都"，还是"三斗三升芝麻官"都没有真正让游客感受到当地的文化特色。很多导游对大阳历史文化知识匮乏，名人故事与古建筑有效融合度低，寺庙文化信仰历史和寺庙在大阳的作用没有提及，有关当地仕官文化和商业文化特色的讲解偏于浅显，在文化内容的挖掘上没有由点及面，也没有由点到线，没有让游客对大阳文化有由浅入深的认识。对于不同的人群，制定不同的旅游线路，比如喜欢建筑大院的，我们对大阳建筑风格进行深刻解读；想了解大阳庙宇信仰的，体验大阳民俗的，我们经过线路设计，对文化资源分类，进行深层次的旅游服务和旅游文化资源挖掘，实现大阳文化特色的打造。有人问大阳的旅游文化特色是什么，我们不能脱口而出，文化种类多不能成为没有地方文化特色的理由。

3. 市场层面——旅游产品体验多样性不足

目前景区还没有建成具有品牌影响力的体验型旅游产品体系。大阳试营业期间在很多个人或旅行社的旅游计划中属于一日游的自然、文化观光项目，很少有过夜住宿的游客。真正能让游客感到印象深刻的精品体验项目缺乏。

文化遗产资源多，但没有对各个文化遗产的特色进行分类梳理，游客都是沿着古街和固定的旅游线路进行观光型游览，旅游结束后，感觉很多东西都一知半解，没有了解大阳的文化所在。最后大多印象不深刻，旅游品牌特色无从谈起。

旅游展演民俗活动少。除了大型节假日外，大阳很多民俗活动很少与游客互动。古建的历史故事，不能简单通过文字进行表达，可以通过建筑和人的互动进行表达，加入人物故事模拟体验或者实景角色演绎，游客会对景点文化有更深的认识。像实景旅游演艺、舞台剧、歌舞表演、庙会祭祀活动、VR影像体验等都是很好的体验形式，游客的体验由静态转为动态、参与式的体验，能加深游客印象。像阳阿歌舞、传统冶铁、传统手工制针都可以开发多种体验模式，来增加游客的体验感，并起到更好的文化宣传作用。

4. 主体层面——居民参与及传承可持续性不足

古镇一般都不在大城市，晋东南的古镇都在太行山深处，没有鼓励的政策，有多少旅游专业人才愿意回到乡村旅游、乡村振兴的岗位？

有多少人愿意拾起家乡的手工艺让它世世代代发扬下去？

大阳古镇大部分居民住在新区，随着旅游开发的需要，许多老宅重新被保护和维修，但大多数因为没人住已经成为危房；大阳传统的手工冶铁和手工制针工艺，都因为市场的缺失而逐渐退出历史舞台，没有找到创新性非遗产品来进行生产并满足市场需求是目前面临的很大问题。开发公司原计划将村里所有传统技艺的传承人召集并在原始生活场景中展现，但因种种原因至今未能做到。

在市场经济环境下，只有进入市场产生经济效益，才能让更多的人加入文化遗产的活化中来。在很多村民看来，文化遗产的保护传承没有带来理想的经济效益，传统文化和习俗日渐脱离人们的日常并消失。在去大阳调研的过程中，拜访了传统手工制针传承人裴向南老先生，他给我讲述了制针的历史还有大阳针业的辉煌，但是他对手工制针的传承非常担忧，他也对旅游开发带动文化遗产传承有很多的担忧和疑虑。大阳的传统民俗活动和传统手工艺难以为继，后继无人的现象愈发明显。怎样使大量民众参与非遗生产活动，并将非遗工艺发扬，且能做出非遗特色产品，产生经济效益，是大阳古镇文化遗产活化中一个亟待解决的问题。正如卖针歌传承人李连五老先生所说：

我 8 岁跟爷爷奶奶还有爸爸学唱卖针歌，2002 年省里采访，开始意识到卖针歌文化的重要性。2002 年开始卖针，2017 年开始在老街上卖针，也唱卖针歌。因为对卖针歌的热爱，我已经传唱了 20 多年。喜欢这个文化，希望有生之年一直能传承这种大阳文化，不为钱，就为宣传出去。每次有大型活动或者古镇宣传需要，我都不遗余力为大阳传统制针和卖针历史进行宣传，经常就给大伙唱上几句，配合当地的特色表演，挑上货担，还是让人耳目一新的，但是卖针坊卖的针是机器针，因为手工针没有那么大的产量，现在会唱卖针歌的人越来越少了，以前大街小巷都会唱的歌曲渐渐失传了。你看看我这照片，都是中央台来采访的时候留下的，他们都非常喜欢听我唱的卖针歌。卖针歌的歌词，非常接地气，唱起来很押韵，不仅有歌词，还有曲子，要不要听我来两句？ [①]

三、大阳古镇文化遗产资源活化对策

通过定性与定量结合的方法，在田野作业中和访谈对象的深度访谈，同时辅之以开放式问卷的调查，目前我们对大阳古镇文化遗产资源活化的对策主要有几方面。

（一）文化层面——利用"历史"为载体，深挖资源价值

调研数据显示，随着生活水平与收入水平的提高，中高收入群体对大阳古镇文化遗产资源更感兴趣，并且更愿意为精神文化需求买单。由于大阳还处于初级开发和保护阶段，其文化价值内涵还有待挖掘，游客重游率不高。因此，将大阳古镇文化遗产资源中所包含的晋东南古建筑文化、仕官文化、宗教信仰等挖掘、表现出来，利用36种文化遗产表现形式，对其进行深度挖掘，如古民居和庙宇，通过加入历史人物和故事，使古建活起来，增加趣味性和观赏性，实现文化遗产资源的可持续发展和传承。所有成功的文化旅游吸引物都有一些共同的特征：讲述一个故事；使资产生动化；使体验具有可参与性；使体验与旅游者具有相关性；突出质量和真实性。[②]

对文化遗产以"历史"为载体的挖掘利用如图2。

（二）市场层面——借助多种活化手段，塑造旅游特色

在对文化遗产资源梳理的基础上，确认了文化遗产资源活化项目，并挖掘出其历史文化内涵，根据文化遗产特点进行"6+36"模式排列组合，多维度、个性化订制旅游路线，把每一个旅游景点串成线，打

---

① 李连五，男，大阳村人，现年68岁，2019年1月于大阳古镇老街卖针坊门口。
② Bob Mckercher, Hilary du Cros：《文化旅游与文化遗产管理》，南开大学出版社，2006年。

造出文化特色，进行文化遗产的活化。

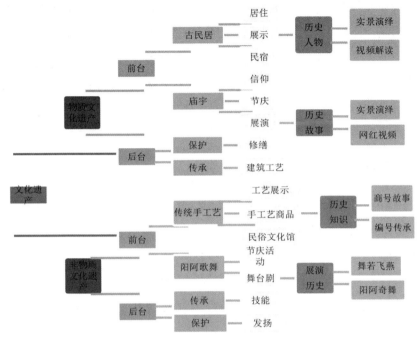

图2 文化遗产以历史为载体的挖掘利用模式

1.6个维度+（建筑）格局+人物+故事+活动模式

每个古建筑都有自己独特的文化，不管是张家大院、段家老宅，还是关帝庙、吴神庙都有自己的人物故事和历史传说。比如裴宇十八院已经挖掘的裴宇孝敬父母及家训家规的故事，上演人物历史故事，游客可以申请加入其中的角色，身临其境感受故事的发展，建筑的魅力。步行至张家大院，感受张养蒙历代忠良，抗击倭寇的英勇事迹；步行至茹太素故居，我们再次感受到这位敢于直言的忠臣，不畏权贵、忠心爱国的一片赤诚。通过历史人物演绎的手法可以充分展示景点价值和物质文化内涵。

2.6个维度+（建筑）格局+流行趋势+故事+游戏模式

目前旅游开发中比较火的当属特色民宿，大阳有庞大的古建民居建筑群，如果对现存的古建筑进行分类保护和利用，对保存完好并可居住的古建筑开发用于民宿，庞大的古建筑群与现代人亲密接触，也会成为大阳古镇的一大亮点；另一方面，用体验式游戏竞赛演绎古建筑内涵。比如看到"气壮山河"的牌楼，为了更好地解释武状元的"气壮山河"，游客可以亲自参与武状元比武这种体验式竞技比赛，感受清代武状元是怎么产生的，并把关于武状元的历史知识和古代武举的层层选拔体现得淋漓尽致，通过体验和感悟让文化和景点结合得更紧密。

3. 6个维度 + 人物 + 传说 + 活动 + 吉祥物

作为大阳古镇名片的"飞燕故里"用大型舞台剧的形式进行演绎，让更多的人参与进来，并用"飞燕吉祥物"来树立和打造品牌。飞燕歌舞的历史故事和人物传说一直被当地文化爱好者撰述，也有民间组织进行歌舞表演，不过规模和力度远远不够。无论是大型歌舞剧模式还是真实的节事活动模式，在目前大阳的旅游开发中，都没有被过多展示。

4. 6个维度 + （建筑）格局 + 宗教 + 仪式 + 运程

古庙宇历来都是游客必去的景点，大阳的古庙宇年代久远，保存完好。很多庙宇有传说和习俗，比如吴神庙龙树传说，关帝庙商人祭祀习俗，汤帝庙的求雨习俗，还有文庙、娘娘庙都有自己的节事活动习俗。围绕和结合大阳的地方文化特色，节事活动设计更需要突出主题和参与性，注重公众的宗教体验和仪式参与。现存的西汤帝庙、资圣寺、关帝庙、吴神庙在历史上每年的春祈秋报中都要唱数十场戏，而今戏曲已经不再是我们的日常了。连很多庙宇的故事也逐渐淡出人们的视野。

关帝庙是历代商人的活动中心，也是商家的会馆。关帝庙是商人议事的地方，出门要在庙里烧炷香，保佑买卖平平安安，买卖完成后，要来感恩，出钱为关公唱戏，感谢其对生意的保佑。签合同也要在关帝面前，他们希望能得到关老爷庇佑。这些都是可以在节事活动中表现和发扬出去的。汤王庙唱戏祈求风调雨顺等习俗都可以通过节事活动进行文化遗产的展现。每年春节，大阳古镇的大阳扛妆，就是汤帝庙祈雨仪式演变成的庙会节庆活动。游客既看了风景，又长了知识，还传递了文化，一举三得。

5.6个维度＋史实＋图文＋情怀＋造型

大阳古镇是有名的"九州针都"，这是大阳独一无二的文化，也是最珍贵的非物质文化遗产。一个流程讲解不能满足游客对"九州针都"的理解，需要深层次的感知。应该充分发掘晋东南传统手工艺，融合文化创意，建立传统手工业基地，炼铁、制针还是重头戏，建设传统手工艺产业园区和铁艺文创产业园区等民俗文化园，将传统手工制铁、手工制针体验馆及手工艺产品制作体验融为一体，打造手工艺博物馆群。在满足人们个性化需求的基础上融入体验，在体验的过程中，感受手工艺的美，品味自己的手工成果，达到传承学习、感知文化和消费产品的目的。

6.6个维度＋（建筑）格局＋流行趋势＋声光影像＋高技术

借助多样化的形式，以载体附着文化进行文化遗产的保护利用是吸引受众的手段之一。根据大阳古镇文化遗产的特点，可以选择多种载体展现其特色魅力。通过VR技术还原老宅和庙宇的本真面貌，游客能多角度、近距离感受古建筑的气概，并增加可触感。游客可以真实感受到张家大院2200个房间户户相通的智慧。利用公共设施宣传大阳文化，比如把历史人物按照时间顺序进行撰写，并做成系列故事，以漫画的形式或者微电影等载体让每一个历史人物可以与现代对话。还可以通过数字化手段对古建筑进行复原和场景再现，实现声文并茂的场景，增强游客的体验感并传播古建筑文化。在手机APP端实现由虚拟导游带领游客，按照量身打造的旅游路线游览，实现听觉、触觉、视觉等全方位的动感体验。

（三）主体层面——活化与传承互动共荣，实现可持续发展

在所有旅游体验的"前台"操作中，更多的是发挥旅游开发者的主观能动性，但是真正的文化遗产的活化是需要广大村民的共同参与的。也就是"前台"和"后台"的最终融合，活化与传承的互动共荣。村民对于传统村落至关重要，文化遗产的活化必须和当地村民对于文化遗产的传承紧密联系起来。在对文化遗产进行前期梳理和修葺及环境整治的过程中，一定程度上会改善村民的居住环境，解决村民的居住问题。应积极鼓励当地居民广泛参与各个阶段的决策与实施过程，发挥村民的能动性，在互利前提下，为无业或低收入村民提供就业机会，就会使文化遗产的传承和保护有主体生命力。

大阳是活着的古镇，充满着浓浓的乡音，百姓在此安居乐业，传统文化有着很好的传承，太行山人民淳朴的热情和对美好生活的向往是大阳的传统村落活化的巨大推动力。文化遗产要"活"，除了有好的理念，还必须有一批热爱当地文化，愿意为文化的发扬建言献策并付诸行动的人，就是我们的村民。在古建筑的维护和古民居的开发中，村民可以对自己的民居进行维修或开发成民宿，通过自己的讲解让游客真正体验古建筑的魅力。在旅游参与的过程中，村民以纪录片的形式进行民居开发过程跟踪，以微视频的形式宣传记录，用自己的行动和语言对文化进行活化。对于非物质文化遗产，更需要大批年轻人的加入，一代一代将大阳的文化发扬下去，不仅要学会传统技能，更要领悟技能的文化内涵，还要结合现代社会信息技术，利用当地非物质文化遗产的自身特点，宣传文化并做出特色旅游产品来真正表达自己，并从中获得经济利益。只有让村民感受到传统村落的经济价值，才能激发更多的人参与到文化遗产的保护和利用中。

大阳古镇真正的活化应该是传承和活化并存的"生态博物馆"模式，也是实现旅游可持续发展的途径。传统村落整体就是一个"生态博物馆"，在这里，村民在祖辈生存的土地上工作生活，展示真实的

不同类型的文化遗产，让游客感受传统村落的文化魅力。一方面，博物馆里保存着村落从古至今的全部资料，村民在这个过程中真正了解了自己的文化，也提升了对本地文化的自豪感和自信心，有了主动保护村落的积极性；另一方面，博物馆作为整体进行保护和开发的同时，生活在其中的村民作为重要的主体可获得更多的收入，从而促使传统村落产生内生动力，促进大阳古镇旅游的可持续发展。

四、结语

大阳古镇历经 2600 年历史，承载了不同时期的建筑风格，形成了自己独特的文化内涵，见证了大阳的发展与变迁。本文分析了旅游开发过程中文化遗产活化在物质层面、主体层面、市场层面和文化层面存在的问题，并针对这些问题，根据旅游体验"前台—后台"理论及旅游吸引物理论，提出文化遗产活化理论路径，结合"6+36"文化商业应用模式对大阳古镇实际活化中存在的活化方式进行探讨，为大阳古镇旅游开发中的文化遗产活化出谋划策。

每一个传统村落都是独特的、不可复制的。要活化传统村落的文化遗产，首先要对文化遗产资源进行梳理存档，明确文化遗产资源活化项目；对活化项目进行分类，对于保存特别完好的，不需要进行更多"加工"的，进行保护性活化；需采用实景再现和舞台化表现方式进行展示的，根据"36 种表现形式"，以"历史文化"为载体，充分挖掘资源价值；借助多种展示手段，塑造旅游品牌特色；通过资源的活化利用和村民生活相结合，促使活化与传承互动共荣，建立真正的"生态博物馆"式的传统村落可持续开发模式。

目前晋东南传统村落的旅游开发都不是很充分，有很多传统村镇文化内涵深厚，古建筑保存完整，但是旅游开发不是很理想。如晋东南良户村近几年也在做旅游开发，良户的古建筑"三雕"技艺在村里随处可见；伯方村的寺庙规模大，很多是明代建筑，保存完整，但是外界很少有人知道；泽州大周村，寺庙群及古建筑村里比比皆是，很多已被国家规划和保护，很多人前去探寻古建筑和当地文化特色，但对当地旅游毫无补益。晋东南传统村落旅游开发成熟的、名气比较大的是皇城相府景区，但是皇城相府属于观赏类，游客停留的时间很短，没有让游客真正体验到晋东南传统村落的文化和内涵。晋东南是太行山文化旅游重要的组成部分，只有把传统村落文化遗产的点串成线，线促成面，让文化遗产真正为人们熟知，并发挥自己的特色，带动整个晋东南全域旅游特色的形成，才能让文化遗产不仅是停留在传说、博物馆、书本以及人们记忆当中的简单符号。文化遗产成为一种品牌、一种动力、一种象征和一种区域发展的软实力，才是我们真正想要看到的。

作者简介： 闫爱萍，民俗学博士，山西大学历史文化学院副教授、硕士生导师、旅游管理系副主任，研究方向为区域社会史、文化旅游、关公文化。

许晓亮，旅游管理学硕士，任职于山西华澳商贸职业学院，研究方向为文化旅游。

王斌，就职于运城市文物保护中心。

附　录

调研日志

时间：2018 年 11 月 14 日　星期三

天气：晴

地点：山西省晋城市泽州县大阳古镇

调查人员：闫爱萍　许晓亮　王　斌

访谈对象：裴向南（手工制针传承人）

我：裴老师，能否跟我说说大阳制针的历史？

裴向南：大阳的制针工艺和宋时期《天工开物》里面描述的制针过程是一致的，也基本上是从那个时期开始的，也是手口相传的，没有文字记载。即便是晋城图书馆也没有关于大阳冶铁制针过程的记载，官方资料是没有的。在清朝光绪年间，有一本书叫《中国手工资料史》，里面提到了制针，也没有详细的流程。书中提到"大阳的制针供应着中国每一个家庭"。清乾隆年间的碑刻上记载："制针人艰辛，已经收了落地税就不要再收制针税"，大家为了纪念这个事件，特立碑。我在《泽州碑刻大全》上看到了这个碑刻。在针翁庙有一个小碑，现在在汤王庙墙上，说的是重修针翁庙和捐钱的记录。以前大阳有两个针翁庙。关于针翁庙，这个只有大阳有，别的地方没有，所以制针历史肯定是真实的。"九州针都"是哪个皇帝提的，也无从说起，但是代代相传下来就是这样了。

我：裴老师，能否说说关于你们家族传承制针的历史？

裴向南：这就要从裴姓说起，裴家最早都是从闻喜那边迁出的，"天下无二裴"，也就是说裴家是一个共同的祖先，后来各自到了不同地域有了不同的发展，查族谱都是可以查到的。大阳这个地方一直都有制针的历史，在裴宇时期呢，有个亲戚去京城找裴宇，让给安排个差事，裴宇就推荐他去了山东临沂，找当时的布政使。他住下后无事可干，就看到山东那边也有手工制针产业，然后经过观察和学习，发现大阳制针技术有需要改良的地方，后来回到大阳后，就取其精华，弃其糟粕，发展了裴氏制针法，之后就代代相传，也日渐兴盛起来。到了明末清初，开始大兴，基本上大阳家家有家庭制针作坊，制针流程烦琐，需要72道工序。三个成熟工人一天出力的话能做出200个手工针，做好的手工针卖给批发商，再销往全国各地。我们家族制针可以往上追溯八代，我属于第八代传人。基本就是口口相传，手把手教，没有文字资料，到底前面还有多少代无从考证。

说到制针一定要提到大阳的冶铁，没有冶铁的成熟，就没有制针发展。因为制针是冶铁的衍生物。你一定要去看一下村西面的虎尾山，从战国时期到现在，因为烧铁产出的炉渣和铁渣已经堆出了一座山。《山海经》记载："虎尾山，其阴有铁"，说的就是大阳。什么时候制针业没落了？甲午战争后，中国的门户被打开，大量的针被运往中国，民族工业消亡，到了民国出现制针厂，慢慢手工针就退出历史舞台了。小小的钢针，300年的兴盛，基本上属于全民行业了，造就了大阳的繁荣。德国的李希霍芬因为来了大阳，了解了大阳的技术，回国后对技术进行改善，成就了国外的制针产业，甲午战争后就开始用所谓的机器制针代替传统手工制针了。

时间：2018 年 11 月 15 日　星期四

天气：阴

地点：山西省晋城市泽州县大阳古镇

调查人员：闫爱萍　许晓亮　王　斌

访谈对象：李鹏鹏（旅游开发公司经理）

我：能给我们介绍一下立根集团开发大阳古镇的过程和目标吗？

李鹏鹏：2015 年北京的两家企业想做文旅项目，考察了 9 个月，无意中来到大阳，前后来了 9 次，决定开发大阳。2015 年 9 月正式签约，初期准备用 5 年时间花费 5 个亿把大阳打造成 5A 级景区。2015 年 10 月团队入驻。2016 年 1 月山西大阳开发公司成立。第一件事情就是大阳现状调研，多少个古建筑、多少个故事、多少历史传说、多少文物古迹、多少民俗演绎，等等。然后由北京博雅景观规划设计有限公司进行设计，制定了 2016—2030 年的总体发展规划。2016 年 3 月经过专家评审，5 月正式开工建设。目前已经修了 8 万平方米的建筑，包括东西街道、景区入口及基础设施等，目前大院正属于前期规划中，需审批后进行维修。5 年基本建成全域旅游基地，人人参与、人人受益、人人有旅游形象。目标是"活化的 5 年"，就是让古镇睡醒洗洗脸；"露脸的 5 年"，让古镇擦擦粉，穿戴好；"国际化的 5 年"，让古镇走上 T 台，有国际范。这是 15 年的规划目标。

我：目前大阳古镇开发存在哪些问题？

李鹏鹏：1. 思想转变的问题，文旅结合，文旅发展，政策上能解决多少实际困难；2. 同质化严重，到底你的特色是什么？你的大院文化怎么跟其他的大院文化抗衡？3. 主题公园，农家乐可能没有文化底蕴，但是火了，真正有内涵的文化产品怎么打出去？4. 深入挖掘当地文化，任重道远；5. 人才的问题，古镇一般都不在大城市，晋东南的古镇都在太行山深处，没有鼓励政策，有多少文化旅游人才愿意回家乡到乡村旅游、乡村振兴的岗位？6. 活着的古镇没有现成的东西可以借鉴，文旅结合的深度也在摸索中前进。皇城相府从每年收入3000元到现在每年收入20个亿，花了20年时间。我们做旅游产品的，一定要有耐心、有决心、有目标，这件事情肯定能成。

我：为什么要选择大阳古镇做旅游？

李鹏鹏：1.因为它有足够多的古建筑；2.有深厚的文化底蕴，基本上集合了晋东南所有的文化元素；3.太行山人民淳朴的热情和对美好生活的向往；4.文化、商业、旅游、康养平台建设。目前还处于试运营阶段，河南客源居多，也没有做大规模营销，古城也在修葺中，商家稳定，希望得到政府和投资者认可，预计2020年春节会大规模火起来。

我：大阳旅游的未来发展特色和规划是什么？

李鹏鹏：要做平台。1.传统手工业基地，炼铁、制针还是重头戏，古法手工艺产业园区和铁艺文创产业园区；2.打造山西旅游民宿产业，用明清时期的建筑打造太行人家体验；3.年轻人喜欢的餐饮、酒吧、休闲等古镇夜生活也在二期规划建设中；4.通过大型舞台剧展示大阳文化，包括大阳歌舞、民俗以及当地文人历史故事，通过表演的形式展示出来；5.成立专门的历史文化发掘组，并组建动静结合的大阳博物馆。

黎城县乡村抗战遗址调查与初步研究

刘伟国

抗战遗址是国家和民族，也是每个公民的伟大财富。太行山是八路军敌后抗战的战略依托和回旋基地，党、政、军、民、工、商、学、团等各类各级部门在太行山乡村建立、发展和壮大，并长期驻扎太行山，形成了分布广泛的乡村抗战遗址。本文即是对黎城县乡村抗战遗址的全面调查。通过田野调查，结合黎城县档案馆所藏资料，田野调查所得民间文献资料，对黎城县乡村抗战遗址进行了初步研究，结果是：黎城县乡村抗战遗址类型丰富，系列多样，历史信息连续，历史、社会和文化价值高，空间分布特征明显，但是也存在着时间关系不明确、单体文物价值不高、整体保存状况不佳的问题。基于以上特征和问题，文章提出了深入挖掘抗战遗址的历史信息、构建与自然地理特征相结合的解说系统、实施抗战遗址的区域性保护、建设以抗战遗址为主体资源的产业化道路的保护与利用策略，以期对乡村抗战遗址保护与乡村振兴发展提供一些借鉴。

一、问题的提出

（一）田野作业：实践中的发现

2015 年以来，山西大学历史文化学院以县域为范围、以村庄为单元，以"地毯式"田野作业的方式对太行山开展历史文化普查，已经调查过山西省高平市、陵川县、泽州县、长子县、黎城县、左权县、太谷县、寿阳县、灵丘县、广灵县，河北省涉县、蔚县等。调查内容包括古村落与庙宇集群、民间信仰与庙宇类别、信仰空间与村庄布局、乡村治理与村社组织、农耕文化、古村落中的文庙、商人和商业模式、古戏台与古村落、灾荒与人口迁徙、古村落的公共空间与公共事务、红色文化及其遗址遗迹等。

"农村包围城市"，这是以毛泽东同志为代表的中国共产党人创立的革命道路。太行山是八路军敌后抗战的战略依托和回旋基地，党、政、军、民、工、商、学、团等各类各级部门在太行山乡村建立、发展和壮大，并长期驻扎太行山。八路军依靠广大群众，最终打败了日本侵略者，实现了民族独立，在这个过程中形成了大量连片的抗战遗址。调查可知，太行山中大部分抗战遗址分布在乡村地区，本文将其定义为乡村抗战遗址。这些乡村抗战遗址自然风化和人为破坏严重、分布分散、保护不系统、层次低，只有少数列为全国重点和省级文物保护单位。人们对这些承载着八路军抗战历史的遗址名称、使用机构（或使用人）、使用时间等基本情况了解不够，对其历史价值、社会价值、文化价值认识也有不足，大部分处在日益衰败之中或已经衰败，在当代乡村经济社会发展中没有发挥应有的积极效应。

（二）现实需求：《关于实施革命文物保护利用工程（2018—2022年）的意见》

2018年7月，中共中央办公厅、国务院办公厅印发了《关于实施革命文物保护利用工程（2018—2022年）的意见》（以下简称《意见》），实施"革命文物集中连片保护利用工程，按照集中连片、突出重点、国家统筹、区划完整的原则，建设革命文物保护利用片区……助力革命老区脱贫攻坚"。实施"革命文物主题保护展示工程，对见证近代以来中国人民抵御外来侵略、维护国家主权、捍卫民族独立、争取人民自由和中国共产党领导中国人民进行社会主义革命、建设、改革的遗址遗迹、纪念设施、文物藏品进行排查梳理，提升革命文物保护利用水平。重点推进辛亥革命、五四运动、中国人民抗日战争等重大历史事件的遗址遗迹、纪念设施、文物藏品保护展示项目……"

《意见》的印发为太行山乡村抗战遗址的保护利用提供了契机。太行山是革命老区，是八路军敌后抗战的战略依托和回旋基地，乡村抗战遗址分布区域广且集中连片。在乡村振兴的战略中，如何深入挖掘乡村抗战遗址遗迹承载的历史信息，做到有效保护并充分利用，为乡村发展助力，就成为当前必须要重视的学术问题。

（三）黎城县的独特性

面对上述两点，我们决定以黎城县为例，对乡村抗战遗址进行专题式、地毯式田野作业。之所以选择黎城县，是因为其独特的地理位置、交通区位及其战略区位。

从黎城县外部自然地理形势上看，黎城县背依太行山，中间通过山间盆地面向华北平原，是进出太行山的要道；从内部自然地理形势上看，黎城县四面环山、中间低凹、地形复杂，是太行山中的一个小型山间盆地。县境内西北高，在黎城、襄垣和武乡县三县交界地，自南而北由一系列高耸陡立的山峰和凹陷不同的山谷组成，海拔1560—2020米，相对高差在1000米以上；北部和南部低，分布着一些山间盆地和河谷平原。不管是外部还是内部自然地理形势，黎城县进可攻退可守，这是八路军总部和129师司令部分布在黎城县周边地区的地理原因。

交通上，黎城县地处东西、南北交通的节点上，交通便利。东西向的长邯大道横穿黎城县，与太行八陉中的滏口陉大致重叠，是山西出太行山进入河北的交通要道，也是日本侵略军进入山西的重要通道。南北向的黎辽通道，"北由县治少西北行八里至古县村，又十二里至洪井村至横岭村，又十里至长畛背村，又二十里至茶棚滩村，又十里至桑鲁村，又五里至西井镇……由西井镇东北行二十里至南陌镇，又十五里逾方相岭出境至辽县桐峪镇，为入辽县（即今左权县）山径。"[①]此外，清漳河与浊漳河一东一西平行流经黎城县，形成了两条东北—西南走向的进出太行山的交通河谷，便于八路军总部和 129 师进出太行山。

黎城县战略区位也很突出。我们看到，黎城县东部是八路军 129 师司令部赤岸村旧址（位于清漳河谷），北面是八路军前方总部麻田镇旧址（位于清漳河谷）、八路军前方总部南会村旧址（位于清漳河谷）、八路军 129 师司令部西河头村旧址（位于清漳河谷，左权县城西郊），西北面是八路军总司令部王家峪旧址（位于浊漳河谷）、八路军总司令部砖壁村旧址（近浊漳河谷）、八路军兵工厂蟠龙镇旧址（位于浊漳河谷），西南是八路军总司令部北村旧址。八路军和 129 师的重要司令部旧址都分布在黎城县周边，黎城县的地理区位和交通优势，使得黎城县成为进出太行山的要道，其地位可见一斑。

二、黎城县政府与地方学者已经开展的工作

（一）实施红色百村保护工程

黎城县是红色文化大县。抗日战争期间，八路军、129 师的党、政、军、工、商、民、学、团等各级各类机构都曾驻扎在黎城县，朱德、彭德怀、刘伯承、邓小平、皮定均、杨尚昆、陈赓、左权等老一辈无产阶级革命家长期战斗、生活在黎城县，黎城县还是日本侵略者进攻山西的重要交通线，也是八路军出太行山抗战的重要交通线。大部分村庄中都遗存了丰富的抗战遗址。

为了保护、开发好这些红色文化资源，2013—2014 年，黎城县

---

① （民国）《黎城县志》，见刘书友主编：《黎城旧志五种》，北京图书馆出版社，1996 年，第 340 页。

实施了两次红色百村保护工程，组建了以县委副书记、政法委书记牛玉书同志为组长，刘永清、段联刚、孙广兴、张玉芳同志为副组长，多个党政部门负责人及9个乡镇党委书记为组员的领导小组（表1），制定了具体的工作要求，确定了黎城县红色百村保护工程的包村单位和包村企业，以具体实施。小组人员来源单位的多样性和任职的高级别，说明黎城县非常重视红色文化遗产的保护和利用。

表1　黎城县红色百村保护工程领导小组构成

领导小组职务	姓名	成员任职单位职务
组长	牛玉书	县委副书记、政法委书记
副组长	刘永清	县委常委、副县长、宣传部部长
	段联刚	县委常委、统战部部长、县委办主任
	孙广兴	县人大副主任
	张玉芳	县政协副主席、财政局局长
成员	王苏陵	县长助理、文体广新局局长
	常虎天	县党史办主任
	郭亚飞	县委督查室主任
	申志红	县发改局局长
	张建斌	县旅游事业发展中心主任
	徐向东	县红山景区管理中心主任
	赵红梅	县文联主席
	朱富根	县志办主任
	郭磊	县规划局局长
	岳保国	黎侯镇党委书记、镇长
	岳红宜	西井镇党委书记、镇长
	谢永强	黄崖洞镇党委书记、镇长
	郭力毅	东阳关镇党委书记、镇长
	王瑞刚	上遥镇党委书记、镇长
	张永刚	西仵乡党委书记、乡长
	魏晓伟	停河铺乡党委书记、乡长
	汪永兴	程家山乡党委书记、乡长
	任文忠	洪井乡党委书记、乡长
办公室主任	孙广兴（兼）	县人大副主任
成员	赵晚芹	无
	朱富根	县志办主任
	杨军	
	赵小惠	

其中，第二期实施方案的工作要求中有 2 条需要强调。

"2.各包村单位（企业）要按照县委、县政府的统一要求，尽快深入所包村，展开红色文化资源调查工作，要注重开好三个会，即：支村委会、党员会、群众代表会；进行三访谈，即：访谈村老年群众，访谈村老党员、老干部，访谈在外知情人员；开展三查阅，即：到县党史办、县志办、档案馆查阅史志档案记载，到外查阅老同志回忆录，上网查阅相关史籍资料。在此基础上制定出切实可行的保护方案……"

此要求中的"三个会""三访谈""三查阅"保证了确认的遗址的准确性，"三个会""三访谈""三查阅"可以对所征集的资料互相验证，确保资料的准确性。在保证文献资料的准确性的基础上，所制定的保护方案才能做到客观、科学、切实可行。

"4.我县红色遗址众多，方案涉及的仅是目前已发现的重点红色遗址，责任单位在工程进行中要全面挖掘当地的红色历史文化和遗址，特别是本村支前、参战、惨案、人口与财产损失等情况，一并加以整理保护。今后对区域范围内新发现的重点红色遗址也要加以保护。"

此要求特别是"今后对区域范围内新发现的重点红色遗址也要加以保护"这一句，保证了黎城县红色百村保护工程不是"一阵风"，抑或运动式的保护，而是会一直持续下去，这才能真正做到客观、科学和切实可行的保护利用。

（二）编纂黎城红色文化丛书

黎城县从 1981 年开始编纂书籍，截至 2017 年，已经编纂了 41 部，内容丰富，涉及黎城革命烈士名录、历史纪事、抗战文献、回忆录、具体战事、人物传记、冀南银行、川军抗战、药品，等等；字数较多，超过 20 万字的就有 26 部（表 2）。

表2 黎城县红色文化丛书一览表

书名	作者	开本	字数	出版时间
《黎城县革命烈士1118名英名录》	蔡明廷、李起松	16K	4万	1981年
《中共黎城简史》	党史办	32K	20万	1991年
《中共黎城历史大事记》	王新泰	32K	19万	1992年
《抗日烽火铸成的文献》	刘书友、路援朝	32K	41万	1995年
《黎城妇女运动史》	申福枝、王新泰	32K	34万	1997年
《中共黎城历史纪事》	党史办	32K	41万	2000年
《难忘的征程》	李慧明	32K	8万	2001年
《从太行挺进大别山回忆录》	李建英	小16K	11万	2002年
《黄崖洞保卫战》	佳地	32K	28万	2003年
《血沃太行》	常虎天	32K	40万	2004年
《离卦道事件》	佳地	32K	38万	2004年
《黎城抗战纪事》	常虎天	32K	16万	2005年
《烽火黎城》	孙彩虹	32K	23万	2005年
《留给黎城人民的话》	刘健夫、李慧明	32K	6万	2005年
《黎城八年抗战史话》	佳地	32K	25万	2005年
《黎城八年抗战史料汇编》	郭俊芳	32K	26万	2005年
《黎城独立团》	路小玲、佳地	16K	45万	2007年
《晋冀豫抗日根据地首府》	赵晚芹	32K	1万	2007年
《上党战役纪念馆》	王苏陵	32K	2万	2008年
《白马奋驰》	任有河	小16K	36万	2008年
《赵树理在黎城》	王苏陵	32K	20万	2009年
《南下福建纪念馆》	赵晚芹	32K	2万	2009年

续表

书名	作者	开本	字数	出版时间
《怀念史纪言》	赵红梅	32K	18万	2010年
《康丕烈传》	佳地、平杰	小16K	25万	2011年
《黎城记忆》	路小玲、赵俊红、杨建竹	小16K	27万	2012年
《黎城抗战》	路小玲、赵俊红、杨建竹	小16K	24万	2014年
《百年宽兴》	董长熙	32K	6万	2014年
《孔家峧八路军总部账单编译》	孙广兴、董长熙	16K	29万	2014年
《中国抗日第一县——山西黎城》	孙广兴	16K	16万	2014年
《血火铸丰碑》	孙广兴、吴建芳、申福忠	16K	52万	2015年
《冀南银行在黎城》	赵晚芹、孙广兴	16K	34万	2015年
《烽火金融摇篮曲》	孙广兴、郭先伟	16K	33万	2015年
《口述黎城抗战》	孙广兴、董长熙	16K	60万	2015年
《永恒记忆》	徐向东	16K	53万	2015年
《红色摇篮黎城》	赵红梅	16K	46万	2015年
《抗战黎城县》	刘书友	小16K	42万	2015年
《连翘》	张俊苗	小16K	17万	2015年
《黎城方志（2012）》	朱富根	16K	18万	2015年
《川军血战东阳关》	佳地、建竹	32K	11万	2016年
《烽火太行红奶妈》	孙广兴、董长熙	16K	28万	2016年
《战火金融》	孙广兴、郭先伟、郭明文	16K	22万	2017年

三、地毯式田野作业：黎城县乡村抗战遗址调查

（一）调研对象

"中国抗战遗址指的是 1931 年九一八事变到 1945 年 9 月 2 日日本投降签字这一段时间里在中国大陆和港澳台地区发生的与抗日战争相关的遗址遗迹的现实存在物。它包括与日军直接交火的战场遗址，也包括后方为支援前方战斗做过的与抗日战争相关的宣传动员、征集兵员、指挥调度、组织训练、物质生产、物资运输、救治伤员、安置难民、抗日文艺、新闻出版、教育科技等等活动的相关机构及人员的遗址，还包括国际援华和日本反战机构与人士活动遗址。战争年代建设的与战争相关的建筑，如军事工事、仓库、营房、机场、道路、烈士墓、纪念碑等，亦属于抗战遗址，一些在战争结束不久为缅怀抗日阵亡将士和死难同胞修建的纪念碑、墓和陵园，原则上归入抗战遗址（建立较晚的纪念碑、纪念馆等则归入纪念设施，时间暂以 1949 年 10 月 1 日为界）。还有日军侵华屠杀中国劳工、民众及其犯下其他罪行的遗址，如万人坑、千人坟、白骨洞、慰安所等遗址，作为抗战时期日军侵华暴行的实证，是一种特殊的抗战遗址。"[1] 这个定义还是比较合理的。

参考这个定义，可以将太行山乡村抗战遗址定义为：太行山乡村抗战遗址是指 1937 年八路军进入太行山开展敌后抗战，到 1945 年日本签字投降，在太行山乡村地区发生的与抗日战争相关的遗址的现实存在物。

（二）调研方式与过程

中华文化的根基在村落。"地毯式"田野作业是以县域为范围、以村庄为单元，对区域历史文化进行逐村普查。

---

[1] 李建平：《中国西部地区抗战遗址调查研究概论——〈中国西部地区抗战遗址调查研究〉系列论文之一》，《文化与传播》，2015 年第 5 期，第 7—12 页。

黎城县乡村抗战遗址调研，以山西大学民间文献整理与研究中心的老师和研究生为主体，充分调动山西大学历史文化学院本科生的力量，组成了老师、研究生和本科生共 30 人的调研团队，分为 6 个小组，从 2018 年 7 月 8 日开始，到 8 月 24 日结束，以乡镇为地域范围，对黎城县乡村抗战遗址开展"地毯式"田野作业（表3）。

表3　黎城县乡村抗战遗址调查分组情况一览表

时间	带队老师	学生	调查地点
7.8	张霞	赵哲霖、刘鹏、牛晨晨、孔已钦	黎城县黎侯镇
	杨建庭	李娜、郭虹、杨钰霆、石圣哲	黎城县洪井乡
7.16	魏晓锴	刘建云、董竹馨、张玮、周俊杰	黎城县西井镇
	刘伟国	武慧敏、魏春羊、姚宇舟、高媛	黎城县黄崖洞镇
7.24	晏雪莲	杜瑞超、赵公智、高嘉莉、胥兰	黎城县东阳关镇
	张霞	赵哲霖、刘鹏、牛晨晨、孔已钦	黎城县停河铺乡
8.1	周亚	李善靖、张艳鑫、郭月婷、王朝文	黎城县黎侯镇
	魏晓锴	刘建云、董竹馨、张玮、周俊杰	黎城县上遥镇
8.9	杨建庭	李娜、郭虹、杨钰霆、石圣哲	黎城县西仵乡
	刘伟国	武慧敏、魏春羊、姚宇舟、高媛	黎城县程家山乡
8.17	晏雪莲	杜瑞超、赵公智、高嘉莉、胥兰	黎城县西井镇
	周亚	李善靖、张艳鑫、郭月婷、王朝文	黎城县上遥镇

（三）调研内容

1. 地方文献调研

除去前文已经提到的"黎城红色文化丛书"之外，这次田野调查还收集到其他的一些黎城县编纂出版的红色（表4）和其他图书（表5）、村镇志（表6），以及党史（表7）、政史（表8）档案中关于抗战的资料。这些资料对于黎城县乡村抗战遗址的调查与研究具有重要意义。

表4　黎城县红色文化图书收集情况一览表

序号	书名	作者	出版社	出版时间
1	《中国解放第一县》	黎城县八路军红色文化研究会黎城县档案局	内部资料	2017
2	《黎城英杰》	徐向东	内部资料	2017.11
3	《民族之魂》	董长熙	内部资料	2017.6
4	《屹立太行》	朱富根	内部资料	2017
5	《红色印迹》	徐向东	内部资料	2017
6	《红色摇篮黎城》	赵红梅	内部资料	2015.8
7	《口述黎城抗战》	董长熙	内部资料	2015.11
8	《于一川革命情怀》	于安黎	河南人民出版社	2018.2
9	《川军血战东阳关》	佳地、建竹	内部资料	2016.2
10	《黎城抗战实录》	刘书友	内部资料	2017.7
11	《山西抗战史纲》	张国祥	山西人民出版社	2005.7
12	《太行革命根据地史稿》	太行革命根据地总编委会	山西人民出版社	1987.5
13	《太行革命根据地史料丛书》之二《党的建设》	太行革命根据地总编委会	山西人民出版社	1989.5
14	《黎城革命回忆录（第一辑）》	黎城县老干部参谋组	内部资料	1983.12
15	《人民诞生地纪念馆图集》	郭先伟、张杰	内部资料	2018.4

图1　黎城县出版的部分红色图书书影

表5　其他图书收集情况一览表

序号	书名	作者	出版社	出版时间
1	《传统村落长宁》	佳地	内部资料	2016
2	《李佬人的传说》	王苏陵、王利斌	内部资料	2016
3	《黎城地貌景观》	杨江贤	内部资料	2017.11
4	《上党落子奇乐》	宋爱龙	山西科学技术出版社	2011.6
5	《华夏农耕源》	刘艳忠	内部资料	2016.6
6	《上党落子名人传》	宋爱龙、崔守信	内部资料	2015.10
7	《炎都尧乡》	刘艳忠	内部资料	2017.4
8	《古老神奇的白岩寺》	崔守信	内部资料	2014
9	《文化行者赵满芳艺文杂录》	赵满芳	内部资料	2016.5
10	《霍泛文集》	刘书友	内部资料	2005
11	《黎氏根祖在黎城》	政协黎城县委员会文史委	内部资料	2017.12
12	《中国黎城：千年古县》	徐虎玲、李亚东	内部资料	2011.6
13	《黎城体育》	蔡雷飚	内部资料	2004.4.15
14	《黎城县非物质文化遗产名录》	王苏陵、王利斌	三晋出版社	2014.6
15	《浦江文史资料选辑》（第五辑）	政协浦江文史资料委员会	内部资料	1991.11
16	《太原史稿》	黄征	山西人民出版社	2003.7
17	《地藏王菩萨当代济世实录》		内部资料	
18	《文化古城戚里店》	赵晚芹	内部资料	2007

图2　黎城县出版的部分志书书影

表6　村镇志收集情况一览表

序号	书名	形式	作者（主编）	出版社	出版时间
1	《黎城旧志五种》	复印本	刘书友	北京图书馆出版社	1996
2	《西仵村志》	原书	李根山	内部资料	2006
3	《赵姑村志》	原书	张爱田　主编 余先花、杨联国　主修	内部资料	2017.10
4	《漳南渠志》	原书	王喜田	内部资料	2016.8
5	《南陌村志》	原书	桑士全、郭先伟	内部资料	2015.6
6	《黎城乡镇志9·程家山乡志》	原书	刘书友	武汉出版社	2008.12
7	《黎城乡镇志7·西仵乡志》	原书	刘书友	武汉出版社	2006.12
8	《路堡村志》	原书	申福忠　主编 路少飞　主修	内部资料	2010.12
9	《枣镇村志》	原书	郑俊杰、刘书友	光明日报出版社	2009.12
10	《中国地方志集成2》	复印	凤凰出版社（编选）	凤凰出版社	2005
11	《黎城乡镇志6·停河铺乡志》	原书	刘书友	武汉出版社	2010.12
12	《庄头村志》	原书	康软绪	内部资料	2009.12
13	《黎城乡镇志8·洪井乡志》	原书	刘书友	武汉出版社	2008.12
14	《停河铺村志》	原书	刘书友	光明日报出版社	2008.1
15	《李堡村志》	原书	王新泰	内部资料	2010
16	《元村志》	原书	申建国	内部资料	2012.2
17	《靳家街村志》	原书	张少敏	内部资料	2013.9
18	《黎城乡镇志2·西井镇志》	原书	刘书友	武汉出版社	2013.9
19	《黎城乡镇志5·上遥镇志》	原书	赵松贤	武汉出版社	2006

表7　党史档案资料情况一览表

全宗号	卷宗号	档案名称	数量	时间
54	6	黎城县政府关于农业生产、土地政策、决定、计划、办法、指示	14件37页	1941.1—1941.10
54	7	黎城县政府关于抗日战争民兵武装填发土地证工作总结、通知、报表	12件67页	1941.1—1941.12
54	8	中共黎城县委组织部关于各系统干部统计表	5件105页	1942.1—1942.9
54	9	中共黎城县委关于在职干部登记表	4件137页	1942.1—1942.12
54	9	黎城县一、五区政府关于党的组织统计表	12件74页	1945.12—1945.12
54	10	中共黎城县委关于各系统干部配备、减租减息工作总结、报告、统计表	20件252页	1942.1—1942.12
54	16	中共黎城县委关于各系统党员干部增减变化情况统计表	23件151页	1943.1—1943.11
54	17	入党志愿书	26件27页	1943.7—1943.12
54	18	黎北县联合办公室关于发展党员和村干部统计表	15件71页	1943.1—1943.6
54	20	黎城、黎北县政府关于长宁、骆驼等村减租减息工作总结、报告	7件30页	1943.12—1943.12
54	21	中共黎城县委关于村干部登记表	1件105页	1943
54	23	黎城黎北办公室关于支部教育、干部配备工作总结、报告	15件86页	1944.5—1944.12
54	26	黎城县联合办公室关于拥军互助生产工作的总结、命令、办法、指示	10件125页	1944.1—1946.12
54	27	黎北县联合办公室关于各区村拥军和支部工作的总结、报告	26件102页	1944.2—1944.8
54	29	中共太行区党委办公室工作情报、陕甘宁边区简政总结	2件28页	1944.1—1944.7
54	29	中共太行区党委办公室工作情报、陕甘宁边区简政总结	2件28页	1944.1—1944.7
54	32	黎城县北社、靳曲、黄须党支部整风，附任免干部通知	6件43页	1945.4—1945.5

全宗号	卷宗号	档案名称	数量	时间
54	35	中共黎城县委一九四五年至四六年两年关于全县干部花名报表	5件100页	1946.4—1947.3
54	39	黎城县东阳关、东柏峪、南委泉、北流、西村关于查减运动总结	5件35页	1945.3—1945.3
54	40	黎城县联合办公室关于王家庄、烟子、李庄、东关等村农业生产、防治工作总结、请示、报告	27件92页	1945.2—1945.12
54	41	黎城县联合办公室生产参战工作的指示、总结	10件96页	1945.3—1945.12
54	45	关于第二届群英会典型经验总结	5件48页	1945.4—1945.12
54	46	黎城联合办公室关于供销合作市场管理工作总结报告	55件88页	1945.1—1945.12
54	47	黎城县水洋村八年抗战损失表	1件23页	1938.1—1945.4
54	48	黎城北社、南社两村八年抗战损失表	2件18页	1938.1—1945.4
54	57	黎城大停河主村八年抗日战争损失表	1件35页	1938—1945
54	58	黎城赵店村八年抗日战争损失表	1件19页	1938—1945

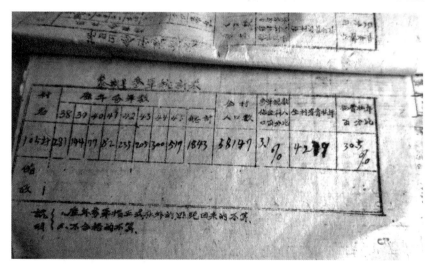

图3　黎城县档案馆藏抗战史料

资料来源：黎城县档案馆

表8 政史档案资料情况一览表

全宗号	卷宗号	档案名称	数量	时间
55	1	旧省、县政府关于植树造林工作的训令、指令、报告	10件58页	1937.4—1937.10
55	2	三专署、黎城县政府关于金融工作、摊派合理负担、减租减息工作训令、请示、指令、通命、布告	53件54页	1938.2—1938.11
55	3	黎城县政府关于各边村司法工作、拍卖汉奸王元命财产训令	76件94页	1939.3—1939.12
55	4	黎城县政府关于抗勤、救灾、救济、农业、财政、抗日战争总结、指示、报告、办法、规定、决定、命令	83件133页	1943.1—1943.12
55	5	太行三专、黎城关于干部配备、民政、教育工作指示、命令、决策、登记表	28件319页	1943.1—1943.12
55	6	黎城、黎北县粮食、教育等通知	138件304页	1943.1—1943.12
55	7	黎城、黎北县农业税收、财政通知	82件230页	1943.1—1943.12
55	8	黎城县政府关于抗勤、救灾、救济、农业、财政、抗日战争总结、指示、报告、办法、规定、决定、命令	83件133页	1943.1—1943.12
55	9	黎城县政府关于农业生产、抗旱、救灾工作的通知、指示、报告	28件43页	1943.1—1943.10
55	10	黎城县政府关于财政、粮食工作的通知、规定、指示、办法	65件101页	1943.3—1943.12
55	12	黎城县政府关于教育、公文等	34件65页	1943.2—1943.5
55	13	黎城县政府关于宣传教育卫生工作的通知、指示、命令、总结	67件94页	1943.1—1943.11
55	16	黎城县政府关于参军、拥军、优属工作的通知、指示、办法、报告	45件59页	1943.6—1943.12
55	17	黎北县政府关于参军、文教归队生产、组织起来的发展、总结、指示、计划	23件87页	1943.1—1943.12
55	18	晋冀鲁豫边府太行行署、三、四专署重要文件汇集	7件84页	1944.8—1944.12

全宗号	卷宗号	档案名称	数量	时间
55	21	黎城县政府关于劳动、杀敌英雄登记表	5件37页	1944.10—1944.10
55	22	黎城县政府关于互助生产、改造二流子登记表	10件69页	1944.10—1944.11
55	27	黎城县政府关于抗勤、财政、农业统一累进税工作通知、指示、总结	47件78页	1944.1—1944.12
55	28	晋冀鲁豫边区政府关于学校教育、减租减息工作通知、指示、决定	16件35页	1944.1—1944.12
55	34	黎城、黎北县政府关于参军归队、各种英雄、八年抗战损失方面的总结、报告、报表	13件90页	1944.10—1948.5
55	35	黎城、黎北县政府关于查检土地、处理农业税收工作的意见、命令、办法、规定	22件116页	1944.1—1944.12
55	36	晋冀鲁豫边区政府关于教育、民政干部编制工作的通知、指示、通报、报告	10件45页	1945.6—1945.11
55	37	晋冀鲁豫边区政府关于民政工作方面的命令、通知、通报、委令	67件119页	1945.1—1945.12
55	44	太行三专署关于农副业生产、文教工作计划、总结、通报、工作资料	10件72页	1945.1—1945.11
55	54	太行行署生产财政工作重要文件汇集	9件146页	1945.1—1945.8
55	55	黎城、黎北县政府关于各种劳动模范花名统计表	12件99页	1945.7—1945.12
55	56	黎北县政府关于农业生产工作总结、报告	14件169页	1945.2—1945.10
55	57	黎北县政府关于抗旱救灾、农业统一累进税工作的通知、指示、报告	34件48页	1945.2—1945.10
55	58	黎北县政府关于互助生产、财政粮食工作计划、指示、通知、总结	25件77页	1945.10—1945.10
55	59	黎城、黎北县政府关于生产、民政工作的通知、指示、决定、命令	19件103页	1945.2—1945.12
55	61	黎北县政府关于民兵参军、抗勤工作通知、办法、命令、指示	24件106页	1945.1—1945.10

续表

全宗号	卷宗号	档案名称	数量	时间
55	65	黎城县政府冬委会关于生产、民政、交通、文教工作的命令、指示、通知、通令、总结	67件105页	1945.1—1945.12
55	66	黎城县区村农业生产统计、总结等	32件202页	1945.1—1945.12
55	67	黎城县政府关于建设工作命令、指示、通知、通令、计划、总结	53件89页	1945.1—1945.12
55	68	黎城县政府关于互助生产工作的通知、指示、总结、报告	31件135页	1945.1—1945.12
55	69	黎城县政府关于财粮负担、农业税收工作的通知、指示、报告	29件79页	1945.1—1945.12
55	105	黎城县政府关于各区村劳动英雄登记表	5件138页	1946.8—1946.8
55	111	黎城县关于农业、纺织、参战、合作英雄组织起来的经验总结	3件70页	1946.12—1946.12
55	116	黎城县四、五区各村干部花名表与劳动英雄典型材料	6件64页	1946.1—1946.10
55	123	太行区黎城县关于八年抗日战争模范英雄事迹总结、报告	17件66页	1946.1—1946.11
55	265	黎城县政府关于黎城人民八年斗争史教材、土改总结	5件46页	1948.12—1948.12

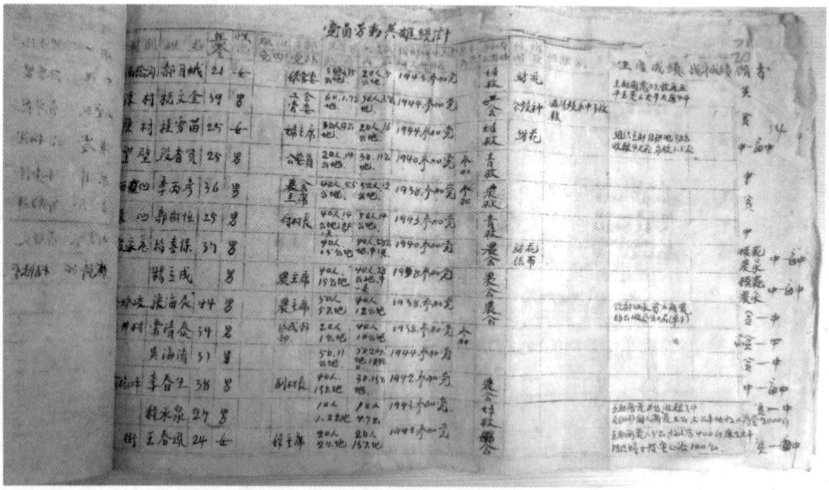

图 4 黎城县档案馆藏抗战文献

资料来源：黎城县档案馆

需要特别说明的是，在调查中发现了大量的民间文献，其中很多涉及抗战时期。如在孔家峧村发现的从 1940 年 4 月 26 日到 1945 年 8 月 15 日的八路军与村民之间的各类收粮账单、通知单、存根、物资账、钱账、公函、便条、凭证等。如霞庄村发现的从 1937 年到 1953 年的各类收粮帐、整分账、夏屯账、评丈账、负担账、契约、收支账、存根，以及没有题名的账本（表9）。

表9　霞庄民间文献收集情况一览表

名称	时间	地点	页面	册数	落款	备注
存根	1941年10月26日、11月7日、8日、11日、12日、13日、20日、21日、22日、23日、24日、26日、27日、29日、30日、12月1日、6日、7日、8日、12日；1942年2月8日、13日，10月1日、4日、5日、8日、9日、11日、12日，12月1日	霞庄	165			
应支未支应收应收移交清册	1940年、1941年	霞庄	9			
饭票		前进农业生产合作社	86			
经手移交册		霞庄	3	1		
民户农业税统一累进税调查简表		霞庄	46	1		
自耕地、佃公地整处、整分	1946年	霞庄	24	1		
收支粮款账	1940年8月—1941年9月	霞庄	33	1		
土地房产所有证存根		霞庄	3			第一、第二、第三联

续表

名称	时间	地点	页面	册数	落款	备注
契约		霞庄	3			杜契1份，补杜契2份
屯粮等级地亩账	1941年10月10日	霞庄	199	3		第一、第二、第四组
杂记账：王建文组	1953年9月	霞庄	13	1		
反省书：王宣三	1945年2月24日	霞庄	5	1		
无题名账册		霞庄	498	13		
无题：杂			167			
霞庄村农业等级税册	1950年1月26日	霞庄	216	1		
村产登记表、财产登记表		霞庄	120	1	霞庄村财政组	两份登记表合为一册
收粮兑数账	1940年、1941年	霞庄	120	1		
地亩账	1937年	霞庄圪道街	52	1		共三本，此为第一集
地亩账	1937年	霞庄	34	1		共三本，此为第二集
地亩账	1937年	霞庄后街	59	1		共三本，此为第三集
负担账	1949年	霞庄池上街	38	1		
负担账	1949年	霞庄东街	58	1		

名称	时间	地点	页面	册数	落款	备注
负担账	1949年	霞庄圪道街		1		
负担账	1949年	霞庄后街		1		
负担账	1949年	霞庄西街		1		
麦地评灾账	1949年5月12日	霞庄	15	1		
麦地受灾成分统计表	1949年6月	霞庄	7	1		
评丈账	1949年3月	霞庄池上街	36	1		复过
评丈账	1949年3月	霞庄后街	55	1		复过
评丈账	1949年3月	霞庄西街	52	1		复过，1949年腊月放起
屯收麦账	1949年夏	霞庄	20	1		
整分账	1947年	霞庄池上街	36	1		
整分账	1947年	霞庄圪道街	44	1		
整分账	1947年	霞庄后街	55	1		
整分账	1947年7月8日	霞庄后街	49	1		旧账
整分账	1947年	霞庄家东街	46	1		秋屯
整分账	1947年	霞庄西街	48	1		
收支粮账	1941年	霞庄	17	1		霞庄村财委会

名称	时间	地点	页面	册数	落款	备注
等级册	1947年8月16日	霞庄	47	1	霞庄村调查股	
夏屯帐	1948年	霞庄后街	32	1		
夏屯帐	1948年	霞庄圪道街、池上街	38	1		全村总结在此账后
夏屯帐	1948年	霞庄西头街、家东街	52	1		
自耕地、出租地整分处	1946年	霞庄	56	1		整分账
合理负担草账	1942年	霞庄	44	1	霞庄主村长王善智、霞庄财主任王培勋	
收支各项粮款四柱移交清账	1940年、1941年	霞庄	7	1		
收支粮款移交账	1942年	霞庄	13	1	霞庄村主村	
清明社账	1922年	霞庄	7	1	霞庄李户记	
玄帝、五龙社地亩老账	1936年	霞庄	48	1	霞庄大社	

名称	时间	地点	页面	册数	落款	备注
霞庄王氏西股一部分家谱		霞庄	9	1		1953年正月开始著
自耕地整分处		霞庄	32	1		共账4本

图5　孔家岭文献中的支前账单

资料来源：孔家岭村村主任收藏

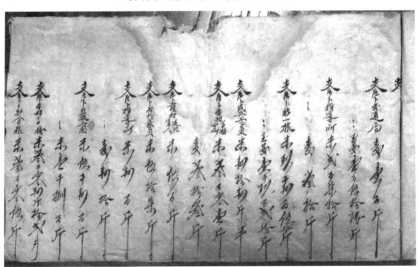

图6　霞庄文献中的支前账单

资料来源：霞庄村村主任收藏

　　需要强调的是民间文献涉及大量的抗战内容。这类文献在文献学、历史学方面有重大学术价值。在文献学方面，这类文献或为八路军基层部队、根据地基层政权机构和日伪基层政权机构的活动档案，或为普通民众在日常生活中形成的第一手文献，是一种不同于以往出版的"高、大、上"资料的抗战时期文献的新类型，丰富了抗战文献类型。从历史学方面，就研究视角来看，这类文献提供了一种反映基层活动实态的微观资料，将之运用于历史研究中，可以深入开展微观和个案研究，使得抗战研究的书写更加细致入微、扎实敦厚。如孔家峧文献中有"今收到：柏官庄主村公所发给难民玉茭四升，王原氏6月4日""今收到：柏官庄主公所发给难民玉茭四升，江李氏6月4日"，利用这类文献开展研究，可以将抗战研究逐渐走向微观，且更为生动、真实地反映了当时军民共渡难关的历史事实。就研究层面来看，太行山抗日根据地是中国共产党许多新制度的试验场，运用民间文献开展微观研究，可以细致入微地考察这些制度扎根农村的过程，从雏形到成熟的具体执行过程，根据地军民和官民的互动过程，而不是"政策—效果"的简单叙述。就研究取向来看，文献中的会社、家族、家庭的日常活动内容，可考察普通民众的社会生活在战争状态下的延续和变化，将抗战史和乡村史结合起来，丰富抗战研究的内容[①]。如霞庄文献中有"支区拨新一旅米50石，支区拨五四□米165斤，支区公所麦3斗8升，支区拨总共米675斤，又支米2430斤，支区公所借米4725斤，支区拨干部食粮米2060斤3两，支区公所花椒折米27斤半，支本村学校借麦4斗"，这些文献真实记载了当时霞庄村民为军队、政府、学校等多类机构和部门提供粮食的事实，充分利用这类资料开展研究，可以考察普通民众的社会生活在战争状态下的延续和变化，或者说战争状态下普通民众的生活水平或质量到底发生了什么变化，战争史和社会史（抗战史和村庄史）在这里实现了衔接。

　　黎城县的工作只是一个起步和实验，所收集到的文献数量微不足道。因此，还有大量的工作等待着我们去开展，在乡村汇总，还有大量的民间文献等待着我们去挖掘。

---

① 冯小红：《太行山文书所见抗战时期文献及其价值》，《宁夏社会科学》，2016年第6期，第203—206页。

2. 乡村抗战遗址调研

这次调研一共调查了 158 个村庄，占黎城县村庄总数（252 个）的 62.7%，共调查乡村抗战遗址 559 处，详见附录中的黎城县乡村抗战遗址统计表（不完全统计）。

四、黎城县乡村抗战遗址的类型

（一）抗战遗址承载的历史信息的类型划分

历史学视野中的抗战遗址类型划分，即根据抗战遗址承载的历史信息作为类型划分的依据。抗战遗址是伟大的抗日战争的物质见证，不同的类型承载着不同的历史信息。如黄崖洞兵工厂是抗战时期华北敌后八路军创建最早、规模最大的兵工厂，研发出我军第一种制式步枪——"八一"式步枪，八路军第一种自产"掷弹筒"等，为人民军工培养了大批优秀技术人员[1]。黄崖洞兵工厂遗址就是这些历史功绩的见证，也是我国军事工业史的组成部分和见证。其他的还有冀南银行总行旧址就是金融史的见证，国际援华及抗日组织活动旧址是国际关系史的见证，等等。反过来，这些历史信息就是划分抗战遗址的依据。

根据调研结果，依据抗战遗址承载的历史信息，太行山抗战遗址可以分为 17 类：①企业旧址，②名人旧居与活动旧址，③战斗辅助、培训、后勤、医疗机构旧址，④军事设施与战场遗址，⑤文教机构旧址，⑥战斗指挥机构旧址，⑦阵亡将士、死难同胞纪念碑、园、墓，⑧纪念设施，⑨党、政、军领导机构旧址，⑩重要会议旧址，⑪开荒旧址，⑫日军侵华罪行与中国人民灾难遗址，⑬国际援华及抗日组织活动旧址，⑭抗战标语、壁画、石刻，⑮抗日组织活动旧址，⑯民间抗战文献，⑰其他（表 10）。

---

① https://www.thepaper.cn/newsDetail_forward_1971863，2019/9/1。

表10 黎城县抗战遗存的类型与数量

类型 （数量/处）		举例
企业旧址 （90）	军工企业	兵工厂旧址、八路军兵工厂（原装子弹诞生地）旧址、斗掌炸弹厂旧址
	金融企业	冀南银行总行旧址、首版首批人民币印刷地旧址、冀南银行金银元宝存储仓库旧址
	轻工业	八路军草帽厂旧址、八路军酒厂旧址、129师制药厂创始地旧址、暖岩寺八路军卷烟厂旧址
	新闻企业	《新华日报（华北版）》印刷地旧址
	化工企业	八路军化学厂旧址
	水利企业	八路军第一个水力发电厂旧址
名人旧居与活动旧址 （89）	八路军领导人旧居	邓小平旧居、皮定均旧居、刘伯承旧居、朱德旧居
	八路军领导人活动地旧址	朱德等国共两党30名高级将领观战地旧址、彭德怀看望抗大总校医院旧址
	其他抗日英雄旧居或活动地旧址	劳动英雄赵启仓旧居、抗日英雄段铁成旧居
	八路军领导人子女寄养地旧址	刘伯承之女刘华北寄养地旧址
战斗辅助、培训、后勤、医疗机构旧址 （80）	辅助机构	129师政治部、宣传部旧址，总部通讯班旧址，八路军秘密交通站，新一旅阅兵场旧址，八路军黎城整军旧址
	培训机构	解放军官教导团旧址、干部训练队旧址、总部炮兵团训练地旧址
	后勤机构	八路军物资仓库旧址、129师军需仓库旧址、八路军供给部仓库旧址、八路军后勤部藏粮洞群旧址
	医疗机构	抗大总校医院旧址、八路军疗养院旧址、八路军医院旧址、野战医院旧址
军事设施与战场遗址（73）		东阳关大捷奔赴战场、战役撤退纪念地旧址、1943年刘邓突围地旧址、抗战地道遗址、一兵站旧址
文教机构旧址（46）		抗大一分校驻地旧址、八路军日语学校旧址、随营学校旧址、地雷战培训会旧址、新华书店及印刷厂旧址、抗大文工团旧址、太行山剧团旧址、新华书店旧址

类型 （数量/处）		举例
战斗指挥机构旧址 （44）		129师师部旧址、皮定均指挥所旧址、上干队旧址、百团大战决策地（马耳背）旧址、磁武涉林反顽斗争指挥部旧址
阵亡将士、死难同胞纪念碑、园、墓（40）		川军烈士墓地、八路军烈士墓地、129师特务连血战五阳岭烈士纪念碑、太行军区妇女大队长韩夏月墓地、仓谷园惨案纪念碑
纪念设施（20）		抗日明志勿忘碑、北方局高干会纪念墙、小平桥旧址、八路军抗战三周年纪念塔
党、政、军领导机构旧址（19）	八路军领导机构	八路军总部旧址
	地方政府机构	冀太联办办事处旧址、黎城县抗日民主政府旧址
	中国共产党机构	中共中央北方局旧址、晋冀豫区党委旧址
重要会议旧址（17）		公祭川军烈士万人大会旧址、北方局高干会旧址、黎城会议旧址、太行区第一届群英会旧址、黎城第一次党代会旧址
开荒旧址（11）		邓小平、滕代远、杨立三（后勤部）开荒地旧址、129师大槐垴开荒旧址、连家河圣泉庵八路军垦荒旧址
日军侵华罪行与中国人民灾难遗址（9）		柏官庄事件旧址、郎庄惨案旧址、五十亩惨案旧址、赵店惨案旧址
国际援华及抗日组织活动旧址（7）		救援美军飞虎队遗址、日军反战同盟旧址、朝鲜义勇队驻地旧址
抗战标语、壁画、石刻（3）		关帝庙"中国人不打中国人"标语遗迹、抗战壁画、日军永久驻兵标语
抗日组织活动旧址（2）		牺盟会黎城分会旧址、黎城县牺盟游击队成立旧址
民间抗战文献		做军鞋的单据、存粮单、取粮单、收粮收据等纸质文献，烈士碑等碑刻文献
其他（8）		黎城县抗日民主政府看守所旧址、第一个农村党支部旧址、十个老社之一旧址、唐氏祠堂黎城县委创建地遗址、太行军政委员会诞生地旧址

（二）作为聚落的抗战遗址

中国共产党、八路军及其所属部队的党、政、军、工、商、学各类各级部门驻在太行山村庄之中。从黎城县的情况来看，559 处抗战遗址分布在 158 座村庄之中，其中数量较多的村庄有上赤峪村（9 处）、霞庄村（9 处）、东崖底村（10 处）、漆树村（11 处）、上黄堂村（11 处）、仟仵村（12 处）、西黄须村（13 处）、西井村（17 处）、新庄村（17 处）等。

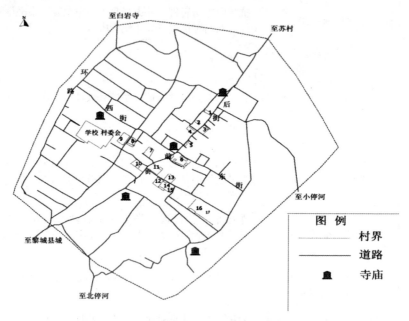

图 7　黎城县霞庄抗战遗址分布图

底图来源：北京博雅方略旅游景观规划设计院有限
责任公司，《霞庄历史文化名村保护规划》，2016 年

这些村庄中的抗战遗址类型也多，如霞庄有八路军总部旧址、北方局高干会纪念墙、抗大总校旧址、太行山剧团旧址、解放军官教导团驻地旧址、抗大卫生队旧址、115 师师部旧址、129 师师部旧址、黎城会议旧址（图 7）。西黄须村有晋冀豫区党委旧址、彭德怀旧居、徐向前旧居、太行军政委员会诞生地旧址、抗大六分校旧址、抗大文工团旧址、胜利报社旧址、解放军官教导团与将校队旧址、新一旅阅

兵场旧址、115 师 686 团团部旧址、新一旅旅部旧址、黎城会议旧址。两个村落所拥有的抗战遗址不仅数量多，类型也多，完全可以将其视为抗战遗址，况且，两村的直线距离不过百米，周围还有元村、苏村、大停河、靳家街、东黄须等，在如此小范围内的村落中有数量多、类型多的抗战遗址，形成了"集中连片"的特征。

（三）作为自然地理环境的抗战遗址

太行山上的一草一木、河流山体等都是八路军战士抵抗日本侵略者的防御设施，从这个意义上讲，太行山自然地理环境（不是全部，是与具体抗战遗址和乡村聚落密切相关的自然地理环境）是抗战遗址的组成部分。如黄崖洞、黄崖洞兵工厂与黄崖洞保卫战。

黄崖洞地理位置优越，地处黎城县城西北 45 公里，位于黎城、辽县（今左权县）、武乡 3 县交界处，海拔 1600 米，北面千仞黄崖上有一个高约 25 米、宽约 20 米、深约 40 米的天然大石洞，称黄崖洞。黄崖洞保卫战前夕，彭总视察战备情况时说："黄烟山（即黄崖洞地区）与我总部驻地后边的桐峪山相互呼应，山下河谷盆地，一目了然。在此地作战，因地形险要，易守难攻。为此，你（欧致富，八路军总部特务团团长）团在此设防，北可阻击武乡东下'扫荡'之敌，南可截击潞城、黎城来犯我总部之寇，特别是将厂区的南面那高而狭长的山口一堵，则大有'一人把关，万夫莫入'之势。这样，不仅能保卫兵工厂，而且总部的安全也有了保障。"[1]

黄崖洞内部环境也很复杂、险要。黄崖洞兵工厂就建在洞南水窑山下的一片山谷地带，厂区四周被陡峭的群峰紧紧环抱。整个地形西高（海拔 2008.5 米）东低（海拔 700 米），由东向西望去，断崖层立，易守难攻，尤其是从东南槐树坪向西进入水窑工厂区的一段峡谷，更为险要。谷长约 200 米，宽 20—30 米，高 40—50 米，出口处有绝壁

---

① 欧致富：《彭总教我保卫兵工厂》，见朱富根主编：《屹立太行——抗战将士在黎城回忆纪实》，黎城县八路军文化研究会、黎城县地方志编纂委员会办公室组织印制，第 331 页。

断桥和瀑布，构成"一线天"，正所谓"一夫当关，万夫莫开"。由西向东，是左会垭口，山大坡缓、易攻难守，但到了南山、北山棱线，都是悬崖绝壁，唯有200米宽的垭口区可以直下黄崖洞工厂区。由南向北或由北向南均系横沟断崖，沟窄路狭，人员活动困难。

整个地理环境对兵工厂的隐蔽与安全非常有利。我军的重要工事大都修筑在悬崖绝壁的石缝和石洞中，坚固隐蔽，而且工事构成了群体，组成密集的火力网，可以仰射、俯射和环射，对任何方向来的敌人都可以形成极大的杀伤力。如水窖口和黄崖洞谷廊形成丁字形，防御工事大部修筑在水窖口的西侧，其中最主要的一个修筑在丁字三角尖的崖洞内，敌人炮火无论从哪个方向发射，对它的破坏力都不大，但它的火力却可以环射东、南、北三个方向的敌人。

可见，自然地理环境本身就应该是抗战遗址，或者是其组成部分，具体的抗战遗址本身也离不开其赖以存在的自然地理环境（图8）。

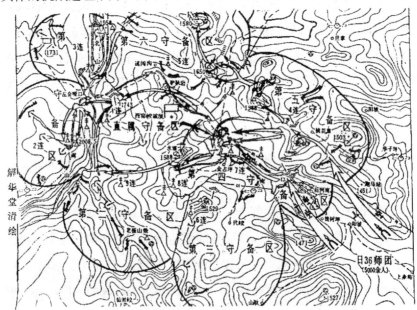

图8　黄崖洞保卫战兵力部署和战斗经过要图（1941年11月11—18日）
资料来源：许德厚：《黄崖洞保卫战》，《山西文史资料》编辑部编，《山西文史资料全编》（内部资料）第4卷，第7页

其实，早在2005年，国际社会就有了专门讨论遗产地环境的专

门文献，即《保护遗产结构、遗产地与遗产地区环境的西安宣言》（*XI'AN DECLARATION ON THE CONSERVATION OF THE SETTING OF HERITAGE STRUCTURES, SITES AND AREAS*），《宣言》对环境做了很具体的解释："遗产结构、场所与地区的场域为其紧邻或者延伸的环境，即作为或构成其重要性和独特性的组成部分。除实体和视觉方面的含义外，场域还包括与自然环境之间的相互作用；过去或现在的社会和精神活动、习俗、传统知识等非物质文化遗产方面的利用或活动以及其他非物质文化遗产形式，它们创造并形成了场域空间以及当前的、动态的文化、社会和经济背景。"[①]也就是说，环境既包括物质的环境，又包括非物质的环境。本文所讨论的抗战遗址组成部分的环境就是指物质环境，也就是"遗产结构、场所与地区的场域为其紧邻或者延伸的环境"。

（四）空间形态上的类型划分

我国文化遗产类型多样，总结起来包括但不限于：世界文化遗产（含文化与自然混合遗产）、历史文化名城名镇名村、传统村落、历史文化街区、历史建筑、工业遗产、农业遗产、风景名胜区、非物质文化遗产、文物保护单位等，各种类型也会有交叉，如很多文保单位位于风景名胜区、名城名镇名村中，或是世界遗产的一部分，列入世界遗产名录等。

从遗产的形态来看，可以分为点、线、面，以及点、线、面两两结合或三者兼备，点状的遗产类型如单体的文物保护单位、历史建筑，

---

① *XI'AN DECLARATION ON THE CONSERVATION OF THE SETTING OF HERITAGE STRUCTURES, SITES AND AREAS*；Heritage structures, sites or areas of various scales, including individual buildings or designed spaces, historic cities or urban landscapes, landscapes, seascapes, cultural routes and archaeological sites, derive their significance and distinctive character from their perceived social and spiritual, historic, artistic, aesthetic, natural, scientific, or other cultural values. They also derive their significance and distinctive character from their meaningful relationships with their physical, visual, spiritual and other cultural context and settings. UNESCO, WORLD HERITAGE CENTER. https://www.icomos.org/images/DOCUMENTS/Charters/xian-declaration.pdf, 2019/8/25.

线状的遗产类型如大运河、茶马古道等线路遗产，面状的如历史文化名城名镇名村和传统村落、历史街区等；点状、线状与面状兼备的文物（大尺度的遗址、文化线路、文化景观）、世界遗产；面状文化与自然人文景观结合的风景名胜区；面状文化与农业生产相结合的农业文化遗产，等等。

从文化遗产类型上看，抗战遗址属于文物保护单位，其形态也可以分为点、线、面，以及点、线、面两两结合或三者兼备。单体的文物保护单位如抗日三周年纪念塔（省级文物保护单位），线状的如修建于1943年的黎城县漳南渠，面状的如忻口战役遗址（省级文物保护单位）、平型关战役遗址（全国重点文物保护单位）等。

点、线、面两两结合或三者兼备的基本上是与其他类型的遗产结合在一起，如黄崖洞兵工厂旧址（全国重点文物保护单位）与黄崖洞风景名胜区（省级），八路军前方总部旧址（全国重点文物保护单位）与麻田镇（省级历史文化名镇）形成点、面结合的形态，漳南渠与河南村（中国传统村落）形成的线、面结合的形态。

五、乡村抗战遗址的特征

（一）类型系列多种多样

黎城县乡村抗战遗址的完整性、系列性、多样性是其突出特点，基本上围绕着八路军的抗战，这是八路军在黎城活动的真实反映。八路军总部和129师的后勤保障机构，兵工厂、银行、被服厂等企业单位，八路军的休养整军地、各类学校、培训机构等，都曾在黎城建设和发展，八路军领导人的故居、旧居、重要活动地很多都在黎城，这反映了黎城是八路军和129师抗战与战略回旋的基地。

这次在黎城发现的民间抗战文献，在文献学和历史学上具有重要价值。这批文献反映了八路军基层部队与老百姓之间在抗战中的互动，反映了老百姓在抗战中的日常工作和生活，不同于以往研究中使用的档案、报刊等官方性、公文性、政策性文献。

（二）历史信息真实连续

黎城县乡村抗战遗址是八路军在黎城抗战的真实反映。八路军总部和129师领导人的故居、旧居、重要活动地、会议举办地，以及机关、后勤保障、企业、学校等旧址，构成了八路军和129师在黎城战斗和生活的完整历史信息链。如129师师部曾10次驻扎、转战黎城，共413天，转移路线以黎城为核心，转战襄垣县、左权县和河北涉县，其实就是进出太行山，这是由黎城县扼守着太行山交通要道的地理特征决定的。转移的频繁性反映了战斗的残酷性，留下了丰富的战斗历史信息（表11）。这些历史信息是需要我们深入挖掘的。

表11 129师师部转战黎城的时间、路线和主要活动

次数	时间和转移路线	主要活动
第一次	1938年3月15日由襄垣县西营镇南沿村进驻上遥镇，18日离开，19日到达襄垣县下良镇强计村	神头岭伏击战
第二次	1938年3月28日由东田镇进驻南桑鲁，30日经马家峪、庙上到达涉县佛堂沟；4月1日返回南桑鲁，6日离开，7日经西头、左权县麻田到达大林口，8日到达偏城，9日到达老竹背，10日返回偏城，11日离开	响堂铺伏击战；商定反日军对晋东南第一次"九路围攻"作战计划
第三次	1938年6月21日，由涉县河南店进驻黎城东阳关镇；8月2日离开，3日到达北社；11月30日离开；12月1日到达正社，9日离开，10日离开黎城	发动129师"七七"周年纪念战斗；召开129师抗战一周年战果总结会议与"七七"周年纪念大会；组织发动第四至第九次交通总破袭；举行纪念"九一八"大会；决策组织东进冀南
第四次	1939年3月16日由涉县固新镇抵达黎城宋家庄，17日进驻乔家庄；7月7日离开，8日到达南桑鲁，28日转至东井；8月8日离开东井转移至左权县桐峪镇	"黎城整军"运动；赵家山阅兵，朱德总司令检阅部队；开办师轮训队；进行纪念"七一"和"七七"破袭战；决策部署反日军第二次"九路围攻"晋东南

次数	时间和转移路线	主要活动
第五次	1940年3月29日，由左权县桐峪镇抵达西井，经洪井到达乔家庄，30日移至北社；4月28日离开，经洪井到达南桑鲁，29日离开，经彭庄到达西营沟；5月1日离开，移至榆社县讲堂镇	刘、邓参加中共中央北方局高干会"黎城会议"；左、刘、邓等召开"谭村会议"，决策部署白晋路破袭战，提出"百团大战"构想
第六次	1940年5月29日，由榆社县谭村出发，夜宿下广志，30日抵达黎城南桑鲁，31日离开，移至涉县常乐	
第七次	1940年8月10日，由涉县西辽城经南桑鲁、西井抵达上赤峪，11日经黄崖洞离开	刘、邓参观黄崖洞兵工厂
第八次	1940年10月16日，由刘家嘴经白草坪抵达黎城漆树，17日离开，经刘家嘴到卯树脚	
第九次	1942年6月12日，由杨家山突围抵达黎城宋家庄，13日到达北社，15日到达南委泉；7月20日离开，返回赤岸	1942年夏季大扫荡"宋家庄"突围；部署指挥太行区军民进行夏季反"扫荡"作战
第十次	1943年5月6日，由赤岸到达黎城南委泉、下黄堂，7日离开	

（三）历史、社会和文化价值高

《中国文物古迹保护准则（2015）》第 3 条："文物古迹的价值包括历史价值、艺术价值、科学价值以及社会价值和文化价值。""历史价值是指文物古迹作为历史见证的价值；社会价值是指文物古迹在知识的记录和传播、文化精神的传承、社会凝聚力的产生等方面所具有的社会效益和价值；文化价值则主要指以下三个方面的价值：①文物古迹因其体现民族文化、地区文化、宗教文化的多样性特征所具有的价值；②文物古迹的自然、景观、环境等要素因被赋予了文化内涵所具有的价值；③与文物古迹相关的非物质文化遗产所具有的价值。"[①]

类型完整、历史信息连续的黎城县乡村抗战遗址是伟大的抗日战

---

① http://www.sach.gov.cn/col/col1823/index.html, 2018/10/9.

争的历史见证，拥有重要的历史价值；黎城县乡村抗战遗址是太行山精神的重要载体，对于太行山精神的传承、增强社会凝聚力方面拥有很高的社会效益和价值；黎城县乡村抗战遗址反映了中华民族团结一致对外的历史传统和民族文化，也是太行山文化的重要组成部分，拥有较高的文化价值；具体抗战遗址、乡村聚落、太行山自然地理环境三位一体构成了完整意义上的乡村抗战遗址，太行山的自然、景观、环境要素被赋予了抗战文化内涵。

（四）空间分布总体分散又集中连片

1. 总体特征

这次调研的 559 处乡村抗战遗址，分布在 158 个村，平均每个村 3.53 处。总体上看，分布比较分散，这与八路军和 129 师转移频繁、活动范围广直接相关。

同时，又表现出相对集中的特征。从总体分布上看，形成两个分布集中区，一个是以县城黎侯镇为核心区，一个是以北部的西井镇和黄崖洞镇为核心区。黎侯镇的核心区是全县的政治、经济、文化中心，西井镇和黄崖洞镇位于北部山区，山高林密，适合隐蔽与防御。这种自然和人文的地理特征决定了这两个区域成为黎城县乡村抗战遗址的集中分布区（附录 2-1）。

2. 类型分布特征

从类型分布上看，也具有集中又分散的特征，如冀南银行旧址一共有 23 处，分布在黄崖洞镇和西井镇，其中以黄崖洞镇最多，有 19 处，分布在小寨村、东坡村、宽嶂村、南陌村，这些村庄都是分布在西北—东南走向的河谷之中（附录 2-5），这条河谷与桐峪、麻田交通便利。分散分布便于保密，有利于躲避日军的"扫荡"。其他的如党政军领导机构（附录 2-2），名人旧居与活动旧址（附录 2-4），企业旧址（附录 2-5），文教机构旧址（附录 2-6），战斗辅助、培训、后勤、医疗机构旧址（附录 2-7），战斗指挥机构旧址（附录 2-8），纪念设施（附录 2-10）等都表现出了集中又分散的特征。

（五）乡村抗战遗址、村落、自然环境的空间关系

具体遗址、村落和自然环境三位一体，构成完整意义上的抗战遗址。不过三者的关系比较复杂：部分抗战遗址位于乡村聚落中，如党、政、军领导机构旧址；部分抗战遗址位于乡村聚落外，或者说是直接位于自然地理环境中，如部分日军侵华罪行与中国人民灾难遗址、开荒旧址等就位于村外。因此，三者之间的关系就要分开讨论。

第一，位于乡村聚落中的抗战遗址。从两个方面分析：①三个层次。自然地理环境处于第一层次，是基础；聚落处于第二层次，是中间层面；具体抗战遗址处于第三层次。②图底关系。图底关系从两个层次理解，第一层是自然地理环境是底，乡村聚落是图；第二层是乡村聚落是底，具体抗战遗址是图。

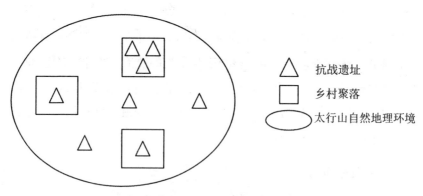

图 9：乡村抗战遗址、乡村聚落、自然地理环境的关系

资料来源：自绘

第二，直接位于自然地理环境中的抗战遗址。从两个方面分析：①两个层次。自然地理环境处于第一层次，是基础；具体抗战遗址处于第二层次。②图底关系。自然地理环境是底，具体抗战遗址是图。

总体而言，可以把自然地理环境看作是底，聚落和抗战遗址是图，三者之间相辅相成，形成"图—底"的关系。以往的抗战遗址研究，关注的是具体的抗战遗址，忽视了聚落，忽视了具体抗战遗址、村庄

赖以存在的自然地理环境。仅仅对具体抗战遗址，即便是乡村聚落文物保护单位式的孤立的、停滞的保护并不能够使其得到有效的保护，因为具体抗战遗址的人文、历史等价值同其所在的村落和周边自然环境息息相关，"皮之不存，毛将焉附"。

乡村抗战遗址与村落的空间关系还可以分为三类。

第一，位于村落之中。一般来讲，企业旧址、名人旧居、战斗辅助机构旧址、培训机构旧址、后勤机构旧址、医疗机构旧址、文教机构旧址、战斗指挥机构旧址、党政军领导机构旧址、会议旧址、抗战标语、抗日组织活动旧址等，都位于村落之中。

第二，位于村落之外。一般来讲，战场遗址、烈士墓地、飞虎队旧址、开荒旧址都位于村外，部分纪念设施、惨案旧址等，也都位于村外。

第三，与村落交错。与村落交错的乡村抗战遗址呈线性特征。1942—1943 年修建的漳南渠与漳北渠就与村落呈交错关系。漳南渠和漳北渠沿浊漳河南北与浊漳河并行，为浊漳河沿线的土地提供灌溉的同时，将沿线的村落串联起来。

六、乡村抗战遗址存在的问题

（一）时间关系不确

其实八路军和 129 师在黎城战斗、生活的时间序列还是比较清晰的，但是在抗战旧址的说明中，时间关系却不明确，这会产生一些误解。比如黄崖洞镇东坡村虽然不大，却分布着太行山白求恩和平医院旧址、被俘的日军少佐疗伤处旧址、冀南银行训练班旧址、冀南银行总行旧址、八路军医院旧址五处红色遗址，不过这五个牌子挂在一处院落中，院落也已经破败不堪，没有任何的实物展示，没有时间，这很容易造成这五处机构是同时集中在这一处院落中的误解。但很显然，这五个机构可以分为两类：医院旧址和银行旧址，这两类机构是不可能同时在一处院落中办公的（图10）。

图10　黎城县黄崖洞镇东坡村一处院落中的抗战遗址
资料来源：自摄

时间关系不明确导致的另外一个现象就是静态展示。几乎所有的抗战遗址都只是挂一个牌子，写上是什么遗址，其他的任何信息都没有。而前文已述，黎城县乡村抗战遗址的历史信息是非常丰富的。这种静态展示无法展现动态的抗战过程。

（二）文物价值不高

山西省的全国重点文物保护单位和山西省级文物保护单位中属于"近代现代重要史迹和代表性建筑"的共有90项，其中属于抗战遗址的有47项，而位于黎城县的只有3项：黄崖洞兵工厂旧址（第六批全国重点文物保护单位）、抗日三周年纪念塔（山西省级文物保护单位）、冀南银行小寨旧址（山西省级文物保护单位）（表12）。

表12　太行山省级以上文物保护单位中的抗战遗址统计表

名称	年代	文保等级	地址
白求恩特种外科医院旧址	1938年	省级	大同市灵丘县下关乡杨庄村
刘庄"三一"惨案纪念地	1943年	省级	大同市灵丘县上寨镇刘庄村
平型关战役遗址	1937年	全国重点	大同市繁峙县、灵丘县交界处
大同煤矿万人坑	抗日战争	全国重点	大同市南郊区煤峪口南沟
中国抗日军政大学太岳分校旧址	1943年	省级	晋城市沁水县土沃乡南阳村
八路军前方总部旧址、八路军129师司令部旧址	1941—1943年、1937年	全国重点	晋中市左权县麻田镇麻田村、辽阳镇西河头村
晋冀鲁豫边区临时参议会旧址	1941年	省级	晋中市左权县桐峪镇桐滩村
南会八路军前方总部旧址	1940年	省级	晋中市左权县麻田镇南会村
山庄新华日报社旧址	1940年	省级	晋中市左权县麻田镇山庄村
左权将军殉难处	1942年	省级	晋中市左权县麻田镇北爱铺村南十字岭峰顶
太岳行署小李村旧址	1942年	省级	临汾市安泽县杜村乡小李村碱土院内
太岳军区司令部桑曲旧址	1942年	省级	临汾市安泽县杜村乡桑曲村
西河头地道战遗址	1942—1947年	全国重点	忻州市定襄县晋昌镇西河头村内
白求恩模范病室旧址	1938年	全国重点	忻州市五台县耿镇镇松岩口村
晋察冀军区司令部旧址	1937年	省级	忻州市五台县金岗库乡金岗库村

名称	年代	文保等级	地址
南茹八路军总部旧址	1937年	全国重点	忻州市五台县茹村乡南茹村
忻口战役遗址	1937年	省级	忻州市忻府区高城乡忻口村红崖湾
抗日五专署及刘伯承兵工厂旧址	1937年	省级	长治市城区南石槽村
常行村民兵抗日窑洞战斗遗址	抗日战争	省级	长治市壶关县东井岭乡常行村
八路军总部办事处故县旧址	1937—1946年	省级	长治市郊区黄碾镇故县村
黄崖洞兵工厂旧址	1939—1943年	全国重点	长治市黎城县黄崖洞镇下赤峪村
冀南银行小寨旧址	1939年	省级	长治市黎城县黄崖洞镇小寨村
抗日三周年纪念塔	1940年	省级	长治市黎城县西井镇后寨村
八路军军工部垂阳兵工厂旧址	1945年	省级	长治市潞城区史廻乡垂阳村
八路军太南办事处台东情报站旧址	1941年	省级	长治市潞城区成家川街办台东村
潞城县抗日民主政府旧址	1939年	省级	长治市潞城区辛安泉镇石梁村
潞城县抗日民主政府旧址	1940年	省级	长治市潞城区黄牛蹄乡土脚村
决死三纵队二十五、三十八团团部旧址	1940年	省级	长治市沁源县灵空山镇下兴居村
抗日阵亡将士纪念碑	抗日战争	省级	长治市沁源县沁河镇阎寨村北500米的土丘台上
太岳行署赵寨旧址	1939年	省级	长治市沁源县沁河镇赵寨村
太岳军区司令部旧址	1940—1942年	全国重点	长治市沁源县沁河镇阎寨村

名称	年代	文保等级	地址
中共太岳区党委阎寨旧址	1937年	省级	长治市沁源县沁河镇阎寨村
抗大一分校北岗旧址	1939年	省级	山西省长治市屯留县渔泽镇北岗村
八路军兵工厂蟠龙镇旧址	1938年	省级	长治市武乡县蟠龙镇蟠龙村
八路军总司令部旧址	1938年、1938—1939年	全国重点	长治市武乡县韩北乡王家峪村
八路军总司令部旧址	1938年、1938—1939年	全国重点	长治市武乡县蟠龙镇砖壁村
八路军总司令部旧址	1938年、1938—1939年	全国重点	长治市潞城区店上镇北村
中共襄垣县工委成立大会旧址	1937年	省级	长治市襄垣县古韩镇城内

资料来源：山西省文物局官网

乡村抗战遗址属于中国文物保护单位序列中的"近代现代重要史迹和代表性建筑"，而大部分的乡村抗战遗址在建筑学上也不具有"代表性"，其本身强调的是纪念意义、教育意义和史料价值。《中华人民共和国文物保护法（2017年修正本）》第二条规定："与重大历史事件、革命运动或者著名人物有关的以及具有重要纪念意义、教育意义或者史料价值的近代现代重要史迹、实物、代表性建筑"受国家保护[1]。

八路军和129师在黎城的战斗和生活设施基本上是利用民居、庙宇等建筑。依据其建筑材料，民居建筑可以分为三类：窑洞、砖土、石构，从建筑艺术或文物保护的角度来看，这些民居建筑的艺术价值或文物价值并不高。庙宇建筑由于是宗教建筑，其建筑材料基本上是砖石，其艺术价值或文物价值要高于民居建筑。战时修建的碉堡、军

---

① http://www.sach.gov.cn/art/2017/11/28/art_1034_121351.html，2019/8/25.

用仓库、机场、军营建筑，现在保存下来的也不多，以及战时修建的抗日英烈纪念碑、烈士墓等，艺术价值和文物价值也不高。从总体情况来看，黎城县乡村抗战遗址的艺术价值和文物价值不高，而是拥有较高的纪念意义、教育意义和史料价值，也即前文所说的历史、社会和文化价值（图11）。

图11　黎城县宽章村的抗战遗址
资料来源：自摄

（三）保存状况不佳

八路军和129师的各个部门多使用的是位于山区的民居和庙宇，民居年久失修，坍塌现象普遍并突出。近年来，不适宜居住的村庄很多都已经搬迁，原有民居、庙宇等建筑自然衰败更加严重。比如黄崖洞镇水峧村，现在已经整体搬迁，但是在水峧旧村保留着战地医院（民居）和子弹厂（庙宇）旧址，由于村庄已经搬迁，旧村杂草丛生，如果不是破败的院落门口立着保护的牌子，就不会有人知道并关注这些承载着厚重历史的旧址（图12）。

图 12　黎城县水峧村子弹厂遗址
资料来源：自摄

　　庙宇的情况相对好一点，由于是公共建筑，村民们会对破败的庙宇建筑进行维修。从现状来看，被八路军和 129 师使用的庙宇建筑，整体上保护得较好。不过当时使用的庙宇也有很多被日本侵略者炸毁，现在也没有恢复，如霞庄的黎城会议旧址、北方局高干会纪念墙（图 13）。

图 13　黎城霞庄北方局高干会议旧址（原霞庄五龙庙）
资料来源：自摄

七、保护与利用设想

　　开展乡村抗战遗址调查就是把抗战历史落实到具体的地理空间中，在具体的时空中复原和认知抗战历史过程，并以此为依据，制定切实可行的乡村抗战遗址保护利用措施。

（一）深入挖掘乡村抗战遗址的历史信息

　　《中华人民共和国文物保护法（2017 年修正本）》第三条规定："古文化遗址、古墓葬、古建筑、石窟寺、石刻、壁画、近代现代重要史迹和代表性建筑等不可移动文物，根据它们的历史、艺术、科学价值，可以分别确定为全国重点文物保护单位，省级文物保护单位，市、县级文物保护单位。"也就是说受到保护的文物要具有历史、艺术和科学价值。如果从艺术和科学的价值来看，黎城县的乡村抗战遗址单体价值不高，受保护的意义不大。

　　《中国文物古迹保护准则（2015）》第 3 条："文物古迹的价值包括历史价值、艺术价值、科学价值以及社会价值和文化价值。社会价值包含了记忆、情感、教育等内容，文化价值包含了文化多样性、文化传统的延续及非物质文化遗产要素等相关内容。"[1]

　　《中华人民共和国文物保护法（2017 年修正本）》第二条规定："与重大历史事件、革命运动或者著名人物有关的以及具有重要纪念意义、教育意义或者史料价值的近代现代重要史迹、实物、代表性建筑；历史上各时代重要的文献资料以及具有历史、艺术、科学价值的手稿和图书资料等；反映历史上各时代、各民族社会制度、社会生产、社会生活的代表性实物"受国家保护[2]。

　　从这个意义上说，深入挖掘黎城县乡村抗战遗址的历史信息，不仅仅关注拥有重大历史、艺术和科学价值的抗战遗址（如延安、正面战场遗址、兵工厂旧址等），更多地关注广泛分布在乡村地区的、文

---

① http://www.sach.gov.cn/col/col1823/index.html, 2018/10/9.

② http://www.sach.gov.cn/art/2017/11/28/art_1034_121351.html, 2018/10/9.

物价值含量细微的遗址，强调的是区域乡村抗战遗址反映的历史信息的完整性，把广泛分布在乡村中的抗战遗址，按照遗址反映的事件的时间关系、因果关系、横向关系，抓住历史细节，建立起完整的、连续的、客观的抗战历史进程。从这个意义上说，黎城县乡村抗战遗址就具有重大的历史学价值和科学保护价值。

民间文献来源于乡村社会，是一种反映基层活动实态的微观资料，运用民间文献可以对乡村深入开展微观和个案研究，民间抗战文献对乡村抗战遗址研究的意义不言而喻。

（二）构建与自然地理环境相结合的解说系统

解说是一种教育活动，不是简单的信息传递，需要通过原真事物、亲身体验以及展示媒体来揭示事物的内在意义与相互联系[1]，"是一种信息传递的服务，目的在于告知及取悦游客并阐释现象背后所代表之含意，借着提供相关的资讯来满足每一个人的需求与好奇，同时又不偏离中心主题，期能激励游客对所描述的事物产生新的见解与热诚。"[2] 可见，解说的根本是教育，要实现教育功能就需要构建科学的、反映解说对象的真实性和完整性的解说系统，而最根本的前提就是要对解说对象开展客观的科学研究。

构建乡村抗战遗址的解说系统就是阐释乡村抗战遗址背后所代表的八路军和 129 师在南太行山的艰苦卓绝的抗战，通过展示真实的抗战事实（原真事物）、亲身体验以及展示媒体来解释乡村抗战遗址的内在意义和相互关系，以达到对游客的爱国主义教育，增强民族自信心。

如何构建乡村抗战遗址解说？那就是要把乡村抗战遗址放到黎城县的自然地理环境之中。比如完整的理解一场战斗应该包括战斗的指

---

[1]　F. Tilden. *Interpreting our heritage*（3rded.）. U. S. The University of North Carolina press，1977.

[2]　吴忠宏:《环境解说》，转引自吴必虎，金华，张丽:《旅游解说系统的规划和管理》，《旅游学刊》1999 年第 1 期，第 44—46 页。

挥机构、后勤保障、阵地构建、战地医院，甚至还包括烈士墓、英烈碑、撤退路线等，但是阵地之间的距离、位置，各个部门之间的距离、位置，战斗的决策、指挥、战斗过程、撤退时间、撤退路线等，都与地形、地势密切相关。因此针对一场战斗的科学的解说系统就应该是把整个战斗的前后过程放在自然地理环境中，才能够传递科学的信息，才能激励游客对所描述的事物产生新的见解与热诚，实现教育功能。

（三）实施乡村抗战遗址的区域性保护

遗产区域是"为了当代和后代的利益，由居民、商业机构和政府部门共同参与保护、展示地方和国家的自然和文化遗产的区域。遗产区域包括较大尺度的独特资源，可以是河流、湖泊或山脉等自然资源类型；又可以是运河、铁路、道路等文化资源类型；还可以是废弃废旧的工厂、矿地等文化资源"。美国保护基金会在其名为《新一代的国家公园》一书中将遗产区域保护定义为一种从要素到整体环境的保护方法。所有遗产区域都是"人与自然共同的作品"，是反映了人与自然和谐关系的特殊文化景观，其保护和解说的焦点应该是正在或已经消失的当地生活方式和历史记忆。①

太行山是中国共产党领导下的八路军抗战的核心区域，形成了大量的总体分布分散，又集中连片、具有地域性特征的乡村抗战遗址。这些乡村抗战遗址是中国共产党领导下的太行山军民抗战精神——太行山精神的物质载体，具有很高的历史价值、社会价值和文化价值。实施乡村抗战遗址的区域性保护，构建太行山乡村抗战遗产区域，就是把单体的、散落在太行山中的抗战遗址放在太行山区域地理、历史和文化中看待，从具体抗战遗址的学术关注拓展到区域文化普遍性的探索和凝练，从抗战遗址到区域文化再到对现实与未来的关怀，最终从局域性问题上升到太行山整体发展战略研究。

---

① 朱强，李伟：《遗产区域：一种大尺度文化景观保护的新方法》，《中国人口·资源与环境》2007 年第 1 期，第 50—55 页。

（四）建设以乡村抗战遗址为主体资源的产业化道路

以旅游为例，可以构建以乡村抗战遗址为主体资源的全域旅游。全域旅游是指在一定区域内，以旅游业为优势产业，通过对区域内经济社会资源尤其是旅游资源、相关产业、生态环境、公共服务、体制机制、政策法规、文明素质等进行全方位、系统化的优化提升，实现区域资源有机整合、产业融合发展、社会共建共享，以旅游业带动和促进经济社会协调发展的一种新的区域协调发展理念和模式。①

前文已述，乡村抗战遗址包括具体抗战遗址、乡村聚落、自然地理环境，也就是说，在今天看来美不胜收的、在80年前是八路军和129师的英雄们与日军进行战斗的天然屏障的自然环境也是乡村抗战遗址的重要组成部分，即自然环境就有了乡村抗战遗址和自然美景两种含义。这样，乡村抗战遗址、村庄、自然地理环境就成为有机一体，构成更大意义上的乡村抗战遗址，才能成为支撑黎城县产业发展的主体资源，也只有这样，才能动员全县的力量，对破败不堪、位于已经易地搬迁的村庄中的乡村抗战遗址，从县域的层面打破部门隔阂，实现城乡平等的整体保护。从八路军和129师抗战的角度看，乡村的重要性要高于县城，从这个层面来看，以乡村抗战遗址为主体资源的产业道路对于实现乡村振兴有重要意义。

八、附记

2019年3月6日，为贯彻落实中共中央办公厅、国务院办公厅《关于实施革命文物保护利用工程（2018—2022年）的意见》，按照集中连片、突出重点、国家统筹、区划完整的原则，坚持以革命史实为基础、以党史文献为参考、以革命文物为依据，依托土地革命战争时期的革命根据地和抗日战争时期的抗日根据地，中共中央宣传部、财政

---

① 李金早：《全域旅游的价值和途径》，《人民日报》，2016年3月4日，第7版。

部、文化和旅游部、国家文物局确定、公布了第一批革命文物保护利用片区分县名单，计15个片区、645个县，其中晋冀豫片区序号为14，共99个县，包括山西省54个县、河北省19个县、河南省26个县（表12）。^①

表12　革命文物晋冀豫保护利用片区分县名单

序号	分区	省名	市名	县名
14	晋冀豫片区（99）	山西（54）	太原市	清徐县
			阳泉市	平定县
			长治市	潞州区、上党区、屯留区、潞城区、襄垣县、平顺县、黎城县、壶关县、长子县、武乡县、沁县、沁源县
			晋城市	城区、沁水县、阳城县、陵川县、泽州县、高平市
			晋中市	榆次区、榆社县、左权县、和顺县、昔阳县、寿阳县、太谷县、祁县、平遥县、灵石县、介休市
			运城市	临猗县、万荣县、闻喜县、稷山县、新绛县、绛县、垣曲县、夏县、平陆县、芮城县、永济市
			临汾市	曲沃县、翼城县、襄汾县、洪洞县、古县、安泽县、浮山县、乡宁县、蒲县、汾西县、侯马市、霍州市
		河北（19）	石家庄市	井陉矿区、鹿泉区、栾城区、井陉县、高邑县、赞皇县、元氏县、赵县
			邯郸市	峰峰矿区、临漳县、成安县、涉县、磁县、武安市
			邢台市	临城县、内丘县、隆尧县、任县、沙河市
		河南（26）	洛阳市	孟津县、新安县
			安阳市	汤阴县、滑县、内黄县、林州市
			鹤壁市	鹤山区、山城区、浚县、淇县
			新乡市	新乡县、获嘉县、原阳县、延津县、卫辉市、辉县市
			焦作市	解放区、中站区、马村区、山阳区、修武县、博爱县、武陟县、温县、沁阳市
			省辖县	济源市

---

① http://www.sach.gov.cn/art/2019/3/18/art_722_154241.html, 2019/3/26.

政策性的考虑区划完整的原则，有利于管理。本文的调研以黎城县（区划完整）为区域范围开展"地毯式"田野作业，是基于调查方便的考虑，体现在两个方面：一是文献、档案资料查阅的方便，因为档案资料的收藏是按照行政区划的原则；二是现场调查的方便，以县域为地域，以乡镇为范围，以村庄为单元，就是考虑到要借用行政力量，以方便田野调查。

但是在学术研究中，是不能以"区划完整"的原则进行的，"区划完整"的原则割裂了乡村抗战遗址的完整性。虽然中国共产党建立了晋冀鲁豫革命根据地和边区政府，划分了行政区域，但是，80年前的抗战不是依据行政区划（当时的行政区划）打击敌人，而是依据具体情况、依据自然地形确定战略方针、活动路线、活动地域等。从这个意义上讲，以现行行政区划考虑"区划完整"并不恰当。

因此，乡村抗战遗址研究应该坚持以抗战史实和自然地理环境为基础，以历史文献为参考，按照集中连片、突出重点的原则开展研究。

作者简介： 刘伟国，理学博士，山西大学历史文化学院副教授、硕士生导师、民间文献整理与研究中心副主任，研究方向为历史聚落地理与世界遗产研究。

附　录

（一）黎城县乡村抗战遗址统计表（不完全统计）

乡镇	村庄	遗址名称	类型
西井镇	东井	冀太联办办事处旧址	党、政、军领导机构旧址
洪井乡	北社	黎城抗日民主政府旧址	党、政、军领导机构遗址
洪井乡	孔家峧	八路军总部旧址	党、政、军领导机构遗址
洪井乡	孔家峧	中共中央北方局旧址	党、政、军领导机构遗址
黎侯镇	城内	黎城县抗日民主政府旧址	党、政、军领导机构遗址
上遥镇	河南	八路军总部旧址	党、政、军领导机构遗址
上遥镇	上遥	八路军总部旧址	党、政、军领导机构遗址
上遥镇	西下庄	八路军总部旧址	党、政、军领导机构遗址
停河铺乡	西黄须	晋冀豫区党委旧址	党、政、军领导机构遗址
停河铺乡	霞庄	八路军总部旧址	党、政、军领导机构遗址
西井镇	南委泉	黎北县政府旧址	党、政、军领导机构遗址
西井镇	仟仵	八路军总部旧址	党、政、军领导机构遗址
西井镇	西井	八路军总部后勤部旧址	党、政、军领导机构遗址
西井镇	西井	八路军总部旧址	党、政、军领导机构遗址
西井镇	西井	冀太联办成立地旧址	党、政、军领导机构遗址
西井镇	西井	黎城抗日民主政府红军办事处旧址	党、政、军领导机构遗址
西井镇	西井	区公所旧址	党、政、军领导机构遗址

乡镇	村庄	遗址名称	类型
西井镇	西井	太行公安总局驻地旧址	党、政、军领导机构遗址
西井镇	杨家洼	小豆洼八路军总部	党、政、军领导机构遗址
程家山乡	暴家脚	救援美军飞虎队遗址	国际援华及抗日组织活动遗址
洪井乡	孔家峧	日军反战同盟旧址	国际援华及抗日组织活动遗址
黄崖洞镇	看后	朝鲜义勇队驻地旧址	国际援华及抗日组织活动遗址
黄崖洞镇	清泉	朝鲜义勇队驻地旧址	国际援华及抗日组织活动遗址
黎侯镇	宋家庄	解救美军飞虎队员旧地	国际援华及抗日组织活动遗址
黎侯镇	榆树坪	美军飞行员降落地遗址	国际援华及抗日组织活动遗址
黎侯镇	榆树坪	美军飞机失事地遗迹	国际援华及抗日组织活动遗址
东阳关镇	前贾岭	抗日明志勿忘碑	纪念设施
东阳关镇	小口	川军阻击战纪念碑	纪念设施
洪井乡	北社	中共中央北方局纪念馆	纪念设施
黄崖洞镇	宽嶂	烈士陵园	纪念设施
黎侯镇	城内	黎城独立团纪念馆	纪念设施
黎侯镇	西关	地道战纪念碑	纪念设施
黎侯镇	西关	强攻黎城纪念地	纪念设施
黎侯镇	下村	黎城县抗日民主政府抗战资料陈列馆	纪念设施
黎侯镇	下桂花	抗战一周年纪念大会旧址	纪念设施
上遥镇	东社	省贤桥	纪念设施
上遥镇	上遥	伯承桥遗址	纪念设施
上遥镇	西柏峪	小平桥旧址	纪念设施
上遥镇	西柏峪	秀峰桥旧址	纪念设施

续表

乡镇	村庄	遗址名称	类型
停河铺乡	停河铺	邯长大道破击战纪念碑	纪念设施
停河铺乡	霞庄	北方局高干会纪念墙	纪念设施
停河铺乡	元村	南下福建纪念馆	纪念设施
西井镇	樊家窑	八路军抗洪纪念碑	纪念设施
西井镇	后寨	抗战三周年纪念大会遗迹	纪念设施
西井镇	霍家窑	地雷战纪念碑	纪念设施
西井镇	下寨	八路军抗战三周年纪念塔	纪念设施
程家山乡	暴家脚	暴家脚战斗旧址	军事设施与战场遗址
东阳关镇	东黄须	玉石桥战斗旧址	军事设施与战场遗址
东阳关镇	东阳关	袭击日军车队旧址	军事设施与战场遗址
东阳关镇	后峧	川军抗战遗址	军事设施与战场遗址
东阳关镇	龙王庙	川军阻击战遗址	军事设施与战场遗址
东阳关镇	前贾岭	黎城县委反"扫荡"保卫战旧址	军事设施与战场遗址
东阳关镇	秋树垣	东阳关大捷奔赴战场、战役撤退纪念地旧址	军事设施与战场遗址
东阳关镇	西庄	刀刀山川军阻击战旧址	军事设施与战场遗址
东阳关镇	香炉峧	1942年刘伯承反"扫荡"突围旧址	军事设施与战场遗址
东阳关镇	小口	东阳关大捷伏击战遗址（皇后岭）	军事设施与战场遗址
东阳关镇	长宁	川军抗战纪念地大登崖垴（刀刀山）	军事设施与战场遗址
东阳关镇	长宁	川军阻击战左翼阵地	军事设施与战场遗址
东阳关镇	长宁	飞机场旧址	军事设施与战场遗址
洪井乡	北社	摧毁离卦道旧址	军事设施与战场遗址

乡镇	村庄	遗址名称	类型
洪井乡	曹庄	二兵站旧址	军事设施与战场遗址
洪井乡	曹庄	横岭阻击战曹庄战斗遗址	军事设施与战场遗址
洪井乡	曹庄	三十亩伏击战曹庄战斗遗址	军事设施与战场遗址
洪井乡	曹庄	一兵站旧址	军事设施与战场遗址
洪井乡	横岭	横岭阻击战旧址	军事设施与战场遗址
洪井乡	三十亩	峧口滩阻击战旧址	军事设施与战场遗址
洪井乡	三十亩	三十亩伏击战旧址	军事设施与战场遗址
洪井乡	石桥背	抗大及八路军多次战斗遗址	军事设施与战场遗址
洪井乡	吴家峧	民兵杀敌24人战斗遗址	军事设施与战场遗址
洪井乡	烟子村	烟子战斗旧址	军事设施与战场遗址
洪井乡	长畛背	长畛背战斗遗址	军事设施与战场遗址
黄崖洞镇	东崖底	小南山（南背山）彭德怀1942年反"扫荡"突围旧址	军事设施与战场遗址
黄崖洞镇	看后	王家山战场旧址	军事设施与战场遗址
黄崖洞镇	宽嶂	资财保卫战旧址	军事设施与战场遗址
黄崖洞镇	麻池滩	麻池滩战斗遗址	军事设施与战场遗址
黄崖洞镇	清泉	民兵反"扫荡"模范战斗遗址	军事设施与战场遗址
黄崖洞镇	上赤峪	黄崖洞保卫战三壮士跳崖处旧址	军事设施与战场遗址
黄崖洞镇	四方山	彭德怀、刘鼎1942年5月突围纪念地	军事设施与战场遗址
黄崖洞镇	寺峪峧	黄崖洞保卫战寺峪峧战斗旧址	军事设施与战场遗址
黎侯镇	城南	西顶山战斗遗址	军事设施与战场遗址

续表

乡镇	村庄	遗址名称	类型
黎侯镇	东关	晋冀鲁豫军区兵站	军事设施与战场遗址
黎侯镇	坟峻	小庙岭1942年刘伯承突围地遗址	军事设施与战场遗址
黎侯镇	古县	八路军129师特务团反"扫荡"战斗旧址	军事设施与战场遗址
黎侯镇	古县	漳河游击队古县伏击战	军事设施与战场遗址
黎侯镇	孟家庄	孟家庄战斗遗址	军事设施与战场遗址
黎侯镇	上桂花	八路军韩八贡桥反"扫荡"战斗旧址	军事设施与战场遗址
黎侯镇	宋家庄	刘伯承1942年5月大"扫荡"突围纪念地遗址	军事设施与战场遗址
黎侯镇	望北	115师668团望北战斗遗址	军事设施与战场遗址
黎侯镇	下村	张功水义救川军重伤员旧址	军事设施与战场遗址
黎侯镇	榆树坪	川军撤退地遗迹	军事设施与战场遗址
上遥镇	东柏峪	李三秃机智杀敌处	军事设施与战场遗址
上遥镇	东柏峪	战斗旧址	军事设施与战场遗址
上遥镇	河南	决死一纵队河南阻击战旧址	军事设施与战场遗址
上遥镇	龙洞沟	1943年刘邓突围地旧址	军事设施与战场遗址
上遥镇	平头	平头反"扫荡"阻击战旧址	军事设施与战场遗址
上遥镇	前岭	总部特务团欧致富广志山战斗指挥所及战场旧址	军事设施与战场遗址
停河铺乡	七里店	反九路围攻七里店战斗旧址	军事设施与战场遗址
停河铺乡	元村	抗战地道遗址	军事设施与战场遗址
西井镇	北坡	女八路跳崖旧址	军事设施与战场遗址
西井镇	北委泉	反"扫荡"民兵北脑滚雷战遗址	军事设施与战场遗址

乡镇	村庄	遗址名称	类型
西井镇	车元	马虎寨129师生产部女八路跳崖旧址	军事设施与战场遗址
西井镇	和尚坟	蟠龙日军偷袭决死队惨案发生地旧址	军事设施与战场遗址
西井镇	南委泉	南委泉阻击战遗址	军事设施与战场遗址
西井镇	牛居	女八路周玉英跳崖旧址	军事设施与战场遗址
西井镇	仟仵	彭德怀、左权反"扫荡"旧址	军事设施与战场遗址
西井镇	仟仵	仟仵脑彭德怀、左权反"扫荡"突围地旧址	军事设施与战场遗址
西井镇	仟仵	小窝铺谢家庆团长牺牲地	军事设施与战场遗址
西井镇	上黄堂	1943年5月大"扫荡"，129师师部突围地遗址	军事设施与战场遗址
西井镇	新庄	129师上黄崖、中黄崖、下黄崖屯兵地旧址	军事设施与战场遗址
西井镇	新庄	1942年彭、左古寺反"扫荡"指挥所旧址	军事设施与战场遗址
西井镇	新庄	八路军三女卫生员跳崖处旧址	军事设施与战场遗址
西井镇	新庄	八路军医院金家岩反"扫荡"旧址	军事设施与战场遗址
西井镇	新庄	避兵崖刘邓突围地旧址	军事设施与战场遗址
西井镇	杨家洼	彭德怀1940年九龙山反"扫荡"指挥所旧址	军事设施与战场遗址
西井镇	源庄	源庄战斗遗址	军事设施与战场遗址
西仵乡	赵店	川军阻击战旧址	军事设施与战场遗址
西仵乡	赵店	强攻黎城阻击战旧址	军事设施与战场遗址
西仵乡	赵店	日军据点帐篷山旧址	军事设施与战场遗址
上遥镇	广志山管理处	1943年5月彭德怀率八路军总部突围地旧址	军事设施与战场遗址
程家山乡	南堡	县干队开荒处	开荒旧址

续表

乡镇	村庄	遗址名称	类型
东阳关镇	香炉峧	新一旅开荒旧址	开荒旧址
东阳关镇	长宁	晋冀鲁豫边区政府开荒纪念地	开荒旧址
黄崖洞镇	东崖底	邓小平、滕代远、杨立三（后勤部）开荒地旧址	开荒旧址
黄崖洞镇	漆树	冀南银行鸿门寺开荒旧址	开荒旧址
黄崖洞镇	四方山	太行联中开荒地旧址	开荒旧址
西井镇	背坡	连家河圣泉庵八路军垦荒旧址	开荒旧址
西井镇	和尚坟	129师政治部开荒地	开荒旧址
西井镇	后贾岭	129师大槐垴开荒旧址	开荒旧址
西井镇	仟仵	129师生产部垦荒旧址	开荒旧址
西井镇	上黄堂	汪荣华、卓琳等大生产开荒纪念地遗址	开荒旧址
黎侯镇	北坊	牺盟会黎城分会旧址	抗日组织活动旧址
黎侯镇	南关	黎城县牺盟游击队成立旧址	抗日组织活动旧址
洪井乡	柏官庄	关帝庙"中国人不打中国人"标语遗迹	抗战标语、壁画、石刻
黎侯镇	赵家山	抗战壁画	抗战标语、壁画、石刻
西仵乡	赵店	日军"永久驻兵"标语	抗战标语、壁画、石刻
程家山乡	凤子驼	邓小平旧居	名人旧居与活动遗址
程家山乡	凤子驼	皮定均旧居	名人旧居与活动遗址
程家山乡	南堡	皮定均旧居	名人旧居与活动遗址
东阳关镇	东阳关	齐厚之完小抗战讲话旧址	名人旧居与活动遗址
东阳关镇	东阳关	史纪言旧居	名人旧居与活动遗址

乡镇	村庄	遗址名称	类型
东阳关镇	东阳关	杨蕉圃旧居	名人旧居与活动遗址
东阳关镇	后峧	朱德等国共两党30名高级将领观战地旧址	名人旧居与活动遗址
东阳关镇	榔坡	陈赓旧居	名人旧居与活动遗址
东阳关镇	枣镇	邓小平旧居	名人旧居与活动遗址
东阳关镇	枣镇	邓小平首赴南宫组建冀南抗日民主政府出发地旧址	名人旧居与活动遗址
东阳关镇	枣镇	刘伯承旧居	名人旧居与活动遗址
东阳关镇	枣镇	朱德旧居	名人旧居与活动遗址
东阳关镇	长宁	邓小平旧居	名人旧居与活动遗址
东阳关镇	长宁	刘伯承旧居	名人旧居与活动遗址
洪井乡	白云	皮定均旧居	名人旧居与活动遗址
洪井乡	港东村	刘伯承旧居	名人旧居与活动遗址
洪井乡	港东村	杀敌英雄李金山旧居	名人旧居与活动遗址
洪井乡	李堡	蔡树藩旧居	名人旧居与活动遗址
洪井乡	李堡	邓小平旧居	名人旧居与活动遗址
洪井乡	王家庄	彭德怀看望抗大总校医院旧址	名人旧居与活动遗址
洪井乡	庄头	抗日英雄康老虎护弹洞	名人旧居与活动遗址
洪井乡	庄头	刘伯承旧居	名人旧居与活动遗址
黄崖洞镇	白寺峧	薄一波旧居	名人旧居与活动遗址
黄崖洞镇	麻池滩	刘伯承之女刘华北寄养地旧址	名人旧居与活动遗址
黄崖洞镇	漆树	开追悼会旧址	名人旧居与活动遗址
黄崖洞镇	漆树	彭德怀旧居	名人旧居与活动遗址

续表

乡镇	村庄	遗址名称	类型
黄崖洞镇	漆树	钱信忠旧居	名人旧居与活动遗址
黄崖洞镇	漆树	朱德旧居	名人旧居与活动遗址
黄崖洞镇	漆树	左权旧居	名人旧居与活动遗址
黄崖洞镇	清泉	赵树理旧居	名人旧居与活动遗址
黄崖洞镇	上赤峪	陈赓旧居	名人旧居与活动遗址
黄崖洞镇	上赤峪	贾胖女烈士故居	名人旧居与活动遗址
黄崖洞镇	上赤峪	彭德怀旧居	名人旧居与活动遗址
黄崖洞镇	上赤峪	杨立三旧居	名人旧居与活动遗址
黄崖洞镇	上赤峪	朱德旧居	名人旧居与活动遗址
黄崖洞镇	上赤峪	左权旧居	名人旧居与活动遗址
黄崖洞镇	上河	刘鹏之女刘刚莎寄养地旧址	名人旧居与活动遗址
黄崖洞镇	西村	欧致富长女欧乃巧寄养地旧址	名人旧居与活动遗址
黎侯镇	东关	边区政府第一届参议员谢好礼旧居	名人旧居与活动遗址
黎侯镇	东关	邓小平旧居	名人旧居与活动遗址
黎侯镇	东关	刘伯承旧居	名人旧居与活动遗址
黎侯镇	东关	汪荣华旧居	名人旧居与活动遗址
黎侯镇	古县	杨尚昆旧居	名人旧居与活动遗址
黎侯镇	麦仓	朱德视察黎城整军讲话旧址	名人旧居与活动遗址
黎侯镇	南村	劳动英雄赵启仓旧居	名人旧居与活动遗址
黎侯镇	南桥沟	陈赓旧居	名人旧居与活动遗址
黎侯镇	上桂花	抗日英雄段铁成旧居	名人旧居与活动遗址

乡镇	村庄	遗址名称	类型
黎侯镇	宋家庄	杨尚昆旧居	名人旧居与活动遗址
黎侯镇	宋家庄	赵树理旧居	名人旧居与活动遗址
黎侯镇	下村	耿希贤旧居	名人旧居与活动遗址
黎侯镇	下村	浦安修旧居	名人旧居与活动遗址
黎侯镇	下桂花	董天智追悼会旧址	名人旧居与活动遗址
上遥镇	东柏峪	邓小平旧居	名人旧居与活动遗址
上遥镇	东柏峪	刘伯承旧居	名人旧居与活动遗址
上遥镇	东柏峪	杨秀峰旧居	名人旧居与活动遗址
上遥镇	后家庄	彭德怀旧居	名人旧居与活动遗址
上遥镇	岚沟	朱德旧居	名人旧居与活动遗址
上遥镇	郎庄	合作英雄郎风标旧居	名人旧居与活动遗址
上遥镇	平头	朱德旧居	名人旧居与活动遗址
上遥镇	石板	朱德旧居	名人旧居与活动遗址
上遥镇	寺底	刘伯承旧居	名人旧居与活动遗址
上遥镇	阳和脚	彭德怀旧居	名人旧居与活动遗址
停河铺乡	停河铺	刘伯承给东出太行到冀南开辟工作的115师344旅讲话旧址	名人旧居与活动遗址
停河铺乡	西黄须	彭德怀旧居	名人旧居与活动遗址
停河铺乡	西黄须	徐向前旧居	名人旧居与活动遗址
停河铺乡	元村	李达、曹洪武旧居	名人旧居与活动遗址
停河铺乡	元村	汪荣华旧居	名人旧居与活动遗址
西井镇	北桑鲁	百团大战前夕彭德怀为抗大、炮兵团、美国友人讲话旧址	名人旧居与活动遗址

续表

乡镇	村庄	遗址名称	类型
西井镇	东井	朱德太行山上第一次阅兵地旧址	名人旧居与活动遗址
西井镇	樊家窑	劳动英雄石寸金旧居	名人旧居与活动遗址
西井镇	后贾岭	黄镇旧居	名人旧居与活动遗址
西井镇	牛居	彭德怀旧居	名人旧居与活动遗址
西井镇	牛居	杨秀峰旧居	名人旧居与活动遗址
西井镇	彭庄	邓林寄养地旧址	名人旧居与活动遗址
西井镇	仟仵	薄一波、杨秀峰避难处旧址	名人旧居与活动遗址
西井镇	西井	罗瑞卿旧居	名人旧居与活动遗址
西井镇	西井	彭德怀旧居	名人旧居与活动遗址
西井镇	西井	滕代远旧居	名人旧居与活动遗址
西井镇	西井	徐向前旧居	名人旧居与活动遗址
西井镇	西井	朱德旧居	名人旧居与活动遗址
西井镇	下黄堂	刘伯承旧居	名人旧居与活动遗址
西井镇	杏树滩	彭德怀、杨立三视察旧址	名人旧居与活动遗址
西井镇	岩头岭	劳动英雄王同会旧居	名人旧居与活动遗址
西井镇	杨家注	彭德怀旧居	名人旧居与活动遗址
西井镇	杨家注	浦安修旧居	名人旧居与活动遗址
西井镇	杨家注	左权旧居	名人旧居与活动遗址
西井镇	朱家峧	皮定均旧居	名人旧居与活动遗址
西仵乡	东旺	杀敌英雄王殿臣旧居	名人旧居与活动遗址
程家山乡	凤子驼	黎城县抗日民主政府看守所旧址	其他
洪井乡	北社	第一个农村党支部旧址	其他

乡镇	村庄	遗址名称	类型
洪井乡	港东村	黎城县抗日民主政府逮捕申传胜旧址	其他
洪井乡	山遥头	黎城抗日民主政府看守所旧址（北信）	其他
洪井乡	王家庄	十个老社之一旧址	其他
黄崖洞镇	佛崖底	八路军总部文件资料秘密珍藏地旧址	其他
黎侯镇	城内	唐氏祠堂黎城县委创建地遗址	其他
停河铺乡	西黄须	太行军政委员会诞生地旧址	其他
上遥镇		漳南渠遗址	其他（水利设施）
程家山乡	蝉黄	兵工厂旧址	企业遗址
洪井乡	王家庄	兵工厂旧址	企业遗址
洪井乡	王家庄	太行毛工厂旧址	企业遗址
洪井乡	庄头	八路军酒厂旧址	企业遗址
黄崖洞镇	白寺峧	印钞厂旧址	企业遗址
黄崖洞镇	东崖底	冀南银行印钞厂旧址	企业遗址
黄崖洞镇	东崖底	金库旧址	企业遗址
黄崖洞镇	东崖底	首版首批人民币印刷地旧址	企业遗址
黄崖洞镇	看后	八路军复装枪弹厂仓库旧址	企业遗址
黄崖洞镇	看后	八路军复装枪弹厂旧址	企业遗址
黄崖洞镇	宽嶂	冀南银行金银元宝存储仓库旧址	企业遗址
黄崖洞镇	宽嶂	冀南银行新井旧址	企业遗址
黄崖洞镇	宽嶂	冀南银行印钞一队上青茶旧址	企业遗址

续表

乡镇	村庄	遗址名称	类型
黄崖洞镇	宽嶂	印钞二队磨石旧址	企业遗址
黄崖洞镇	宽嶂	印钞三队石泉鉴定科旧址	企业遗址
黄崖洞镇	南陌	华北人民银行完成科旧址	企业遗址
黄崖洞镇	南陌	冀南银行发行处旧址	企业遗址
黄崖洞镇	南陌	冀南银行鉴定科旧址	企业遗址
黄崖洞镇	南陌	冀南银行路东行成立出发地旧址	企业遗址
黄崖洞镇	南陌	人民币诞生地旧址	企业遗址
黄崖洞镇	南陌	人民银行完成科旧址	企业遗址
黄崖洞镇	漆树	兵工厂旧址	企业遗址
黄崖洞镇	漆树	冀南银行仓库及印钞队旧址（包括村内印钞队、二沟印钞队、木口印钞队、垴西沟印钞队）	企业遗址
黄崖洞镇	上赤峪	黄崖洞兵工厂旧址	企业遗址
黄崖洞镇	上河	军工部试验所旧址	企业遗址
黄崖洞镇	水峧	军工部修枪所	企业遗址
黄崖洞镇	西村	冀南银行训练班旧址	企业遗址
黄崖洞镇	西村	冀南银行总行创始地旧址	企业遗址
黄崖洞镇	西村	小谷钻印钞队旧址	企业遗址
黄崖洞镇	下赤峪	复装子弹厂旧址	企业遗址
黄崖洞镇	小寨	冀南银行总行旧址	企业遗址
黎侯镇	北坊	八路军民兵工厂旧址	企业遗址
黎侯镇	北坊	黎城造枪修械所旧址	企业遗址
黎侯镇	东洼	晋冀鲁豫兵工厂旧址	企业遗址
黎侯镇	李庄	黎城票印刷所旧址	企业遗址

乡镇	村庄	遗址名称	类型
黎侯镇	孟家庄	决死三纵队木炭厂旧址	企业遗址
黎侯镇	仁庄	兵工厂旧址	企业遗址
黎侯镇	宋家庄	129师修械所旧址	企业遗址
上遥镇	东柏峪	造枪所旧址	企业遗址
上遥镇	后家庄	八路军纺织厂旧址	企业遗址
上遥镇	葫芦脚	修械所军火仓库旧址	企业遗址
上遥镇	岚沟	八路军被服厂旧址	企业遗址
上遥镇	岚沟	八路军被服厂染房旧址	企业遗址
上遥镇	岚沟	八路军鞋工班旧址	企业遗址
上遥镇	六洞	八路军造枪厂旧址	企业遗址
上遥镇	龙洞沟	八路军总部野战卫生材料制药厂、柴胡针诞生地旧址	企业遗址
上遥镇	平头	八路军炸药地雷厂旧址	企业遗址
上遥镇	吴家庄	八路军草帽厂旧址	企业遗址
上遥镇	吴家庄	八路军卷烟厂旧址	企业遗址
上遥镇	吴家庄	八路军手枪厂旧址	企业遗址
上遥镇	西社	八路军纺织厂旧址	企业遗址
上遥镇	西下庄	八路军被服厂旧址	企业遗址
上遥镇	阳和脚	129师修械所旧址	企业遗址
上遥镇	阳坡	八路军被服厂旧址	企业遗址
上遥镇	阳坡	八路军印染厂旧址	企业遗址
上遥镇	正社	129师熬硝厂旧址	企业遗址
上遥镇	正社	八路军修械所旧址	企业遗址

乡镇	村庄	遗址名称	类型
停河铺乡	西黄须	上党票、黎城票印钞旧址	企业遗址
西井镇	北委泉	八路军总部利华制药厂、麻醉剂诞生地旧址	企业遗址
西井镇	背坡	129师制药厂创始地旧址	企业遗址
西井镇	卜牛	八路军炸弹厂（指南针、燃烧弹、烟幕弹、定时炸弹诞生地）旧址	企业遗址
西井镇	卜牛	冀南银行印钞分厂旧址	企业遗址
西井镇	东井	军工修械所旧址	企业遗址
西井镇	东骆驼	《新华日报（华北版）》印刷地旧址	企业遗址
西井镇	樊家窑	冀南银行旧址	企业遗址
西井镇	谷堆坪	斗掌炸弹厂旧址	企业遗址
西井镇	后寨	129师印刷所旧址	企业遗址
西井镇	岭头	冀南银行印钞厂旧址	企业遗址
西井镇	南港沟	八路军子弹厂旧址	企业遗址
西井镇	彭庄	八路军兵工厂（原装子弹诞生地）旧址	企业遗址
西井镇	仟仵	被服厂旧址	企业遗址
西井镇	仟仵	车不滩130师印染厂旧址	企业遗址
西井镇	上黄堂	被服厂仓库旧址	企业遗址
西井镇	上黄堂	硝化棉、火炸药诞生地旧址	企业遗址
西井镇	石背底	八路军第一个水力发电厂旧址	企业遗址
西井镇	石背底	八路军太行纸厂（漳北纸厂）	企业遗址
西井镇	石背底	扳倒盅酒厂旧址	企业遗址

乡镇	村庄	遗址名称	类型
西井镇	西井	冀南银行成立纪念地及金展会旧址	企业遗址
西井镇	西井	南窑寺抗大被服厂旧址	企业遗址
西井镇	新庄	被服厂旧址	企业遗址
西井镇	新庄	肥皂厂旧址	企业遗址
西井镇	新庄	暖岩寺八路军卷烟厂旧址	企业遗址
西井镇	新庄	皮革厂旧址	企业遗址
西井镇	新庄	印染厂旧址	企业遗址
西井镇	杏树滩	被服厂旧址	企业遗址
西井镇	杏树滩	修械所旧址	企业遗址
西井镇	杏树滩	印染厂旧址	企业遗址
西井镇	源泉	八路军化学厂旧址	企业遗址
西井镇	源泉	八路军鞋袜厂旧址	企业遗址
西井镇	源庄	八路军漳源纸厂旧址	企业遗址
洪井乡	柏官庄	柏官庄事件旧址	日军侵华罪行与中国人民灾难遗址
洪井乡	李家谷罗	惨案旧址	日军侵华罪行与中国人民灾难遗址
上遥镇	郎庄	郎庄惨案旧址	日军侵华罪行与中国人民灾难遗址
停河铺乡	中街	中街惨案旧址	日军侵华罪行与中国人民灾难遗址
西井镇	谷堆坪	斗掌惨案旧址	日军侵华罪行与中国人民灾难遗址
西井镇	南港沟	南港沟惨案旧址	日军侵华罪行与中国人民灾难遗址
西井镇	五十亩	五十亩惨案旧址	日军侵华罪行与中国人民灾难遗址
西井镇	源泉	源泉惨案旧址	日军侵华罪行与中国人民灾难遗址
西仵乡	赵店	赵店惨案旧址	日军侵华罪行与中国人民灾难遗址

续表

乡镇	村庄	遗址名称	类型
程家山乡	暴家脚	抗大一分校驻地旧址	文教机构遗址
程家山乡	凤子驼	抗日三高旧址	文教机构遗址
东阳关镇	东黄须	随营学校旧址	文教机构遗址
东阳关镇	东长垣	八路军日语学校旧址	文教机构遗址
东阳关镇	枣镇	随营学校旧址	文教机构遗址
洪井乡	柏官庄	抗大分校、太行联中、黎城抗战一高旧址	文教机构遗址
洪井乡	鸽子峧	抗战建国学院旧址	文教机构遗址
洪井乡	王家庄	抗大陆军中学	文教机构遗址
黄崖洞镇	东崖底	地雷战培训会旧址	文教机构遗址
黄崖洞镇	东崖底	太行中学旧址	文教机构遗址
黄崖洞镇	看后	太行工业学校旧址	文教机构遗址
黄崖洞镇	清泉	太行文化人座谈会旧址	文教机构遗址
黄崖洞镇	清泉	小二黑结婚首演地旧址	文教机构遗址
黄崖洞镇	清泉	新华书店及印刷厂旧址	文教机构遗址
黄崖洞镇	西头	太行工业学校旧址	文教机构遗址
黎侯镇	北坊	黎城首届党员培训地旧址	文教机构遗址
黎侯镇	城南	抗战纺织培训班旧址	文教机构遗址
黎侯镇	城南	黎城抗战高小旧址	文教机构遗址
黎侯镇	麦仓	《抗日先锋报》编辑部旧址	文教机构遗址
黎侯镇	孟家庄	太行联中、黎城抗战二高旧址	文教机构遗址
上遥镇	后家庄	抗大一分校旧址	文教机构遗址
上遥镇	岚沟	八路军青年学校旧址	文教机构遗址

乡镇	村庄	遗址名称	类型
上遥镇	寺底	中共中央北方局党校旧址	文教机构遗址
上遥镇	正社	129师随营学校旧址	文教机构遗址
停河铺乡	大停河	抗大旧址	文教机构遗址
停河铺乡	西黄须	抗大六分校旧址	文教机构遗址
停河铺乡	西黄须	抗大文工团旧址	文教机构遗址
停河铺乡	西黄须	胜利报社旧址	文教机构遗址
停河铺乡	霞庄	抗大总校	文教机构遗址
停河铺乡	霞庄	太行山剧团旧址	文教机构遗址
停河铺乡	子镇	抗日军政大学后勤部旧址	文教机构遗址
西井镇	北河南	华北财经学校旧址	文教机构遗址
西井镇	北桑鲁	抗大总校旧址	文教机构遗址
西井镇	东井	129师财经学校旧址	文教机构遗址
西井镇	南港沟	抗大总校文工团旧址	文教机构遗址
西井镇	南委泉	新华书店旧址	文教机构遗址
西井镇	彭庄	八路军子弟学校旧址	文教机构遗址
西井镇	彭庄	随营学校旧址	文教机构遗址
西井镇	石背底	胜利报社旧址	文教机构遗址
西井镇	西井	冀南财经学校旧址	文教机构遗址
西井镇	西井	抗大一分校旧址	文教机构遗址
西井镇	西井	徐向前为平津保学生培训游击战旧址	文教机构遗址
西井镇	杏树滩	随营学校旧址	文教机构遗址
西井镇	源泉	华北财经学校九队旧址	文教机构遗址

续表

乡镇	村庄	遗址名称	类型
西井镇	源泉	华北财经学校十队旧址	文教机构遗址
西井镇	朱家岭	抗战第二高小旧址	文教机构遗址
程家山乡	凤子驼	八路军秘密交通站	战斗辅助、培训、后勤、医疗机构遗址
东阳关镇	东黄须	解放军官教导团旧址	战斗辅助、培训、后勤、医疗机构遗址
东阳关镇	东长垣	解放军官教导团旧址	战斗辅助、培训、后勤、医疗机构遗址
东阳关镇	上马家峪	八路军粮食后勤补给站旧址	战斗辅助、培训、后勤、医疗机构遗址
东阳关镇	西长垣	解放军官教导团旧址	战斗辅助、培训、后勤、医疗机构遗址
东阳关镇	枣镇	八路军物资仓库旧址	战斗辅助、培训、后勤、医疗机构遗址
东阳关镇	枣镇	总部通讯班旧址	战斗辅助、培训、后勤、医疗机构遗址
洪井乡	黄草汕	八路军锄奸部旧址	战斗辅助、培训、后勤、医疗机构遗址
洪井乡	黄草汕	藏粮洞群	战斗辅助、培训、后勤、医疗机构遗址
洪井乡	黄草汕	卫生队旧址	战斗辅助、培训、后勤、医疗机构遗址
洪井乡	孔家峪	八路军供给部仓库旧址	战斗辅助、培训、后勤、医疗机构遗址
洪井乡	李堡	129师政治部旧址	战斗辅助、培训、后勤、医疗机构遗址
洪井乡	王家庄	八路军兵站旧址	战斗辅助、培训、后勤、医疗机构遗址
洪井乡	吴家峪	八路军粮食仓库旧址	战斗辅助、培训、后勤、医疗机构遗址
洪井乡	吴家峪	抗大总校医院旧址	战斗辅助、培训、后勤、医疗机构遗址
洪井乡	庄头	野战医院旧址	战斗辅助、培训、后勤、医疗机构遗址
黄崖洞镇	白寺峧	军工部1943年整风旧址	战斗辅助、培训、后勤、医疗机构遗址

乡镇	村庄	遗址名称	类型
黄崖洞镇	宽嶂	八路军暗堡藏粮、藏机器、藏印钞材料石洞旧址	战斗辅助、培训、后勤、医疗机构遗址
黄崖洞镇	南山	八路军炮兵训练地旧址	战斗辅助、培训、后勤、医疗机构遗址
黄崖洞镇	漆树	垄西沟医院旧址	战斗辅助、培训、后勤、医疗机构遗址
黄崖洞镇	上赤峪	军工部旧址	战斗辅助、培训、后勤、医疗机构遗址
黄崖洞镇	上河	军工部整风旧址	战斗辅助、培训、后勤、医疗机构遗址
黄崖洞镇	水峧	卫生所旧址	战斗辅助、培训、后勤、医疗机构遗址
黄崖洞镇	西村	八路军医院、太行山白求恩和平医院旧址	战斗辅助、培训、后勤、医疗机构遗址
黄崖洞镇	下赤峪	干部训练队旧址	战斗辅助、培训、后勤、医疗机构遗址
黄崖洞镇	下赤峪	军工部医院旧址	战斗辅助、培训、后勤、医疗机构遗址
黄崖洞镇	赵姑	北庄军工部政治处旧址	战斗辅助、培训、后勤、医疗机构遗址
黄崖洞镇	赵姑	军工部及整风旧址	战斗辅助、培训、后勤、医疗机构遗址
黎侯镇	城南	黎城县第一届群英会旧址	战斗辅助、培训、后勤、医疗机构遗址
黎侯镇	李庄	129师首期轮训队旧址	战斗辅助、培训、后勤、医疗机构遗址
黎侯镇	麦仓	129师政治部、宣传部旧址	战斗辅助、培训、后勤、医疗机构遗址
黎侯镇	乔家庄	八路军黎城整军旧址	战斗辅助、培训、后勤、医疗机构遗址
黎侯镇	仁庄	胜利军粮站旧址	战斗辅助、培训、后勤、医疗机构遗址
黎侯镇	赵家山	八路军1939年4月3日阅兵遗址	战斗辅助、培训、后勤、医疗机构遗址
上遥镇	古寺头	769团卫生队旧址	战斗辅助、培训、后勤、医疗机构遗址
上遥镇	后家庄	八路军军火仓库旧址	战斗辅助、培训、后勤、医疗机构遗址

续表

乡镇	村庄	遗址名称	类型
上遥镇	葫芦脚	八路军总部供给部旧址	战斗辅助、培训、后勤、医疗机构遗址
上遥镇	岚沟	八路军医院旧址	战斗辅助、培训、后勤、医疗机构遗址
上遥镇	上马岩	八路军总部供给部旧址	战斗辅助、培训、后勤、医疗机构遗址
上遥镇	上马岩	军火仓库旧址	战斗辅助、培训、后勤、医疗机构遗址
上遥镇	上遥	129师卫生队旧址	战斗辅助、培训、后勤、医疗机构遗址
上遥镇	上遥	八路军财金管理仓库旧址	战斗辅助、培训、后勤、医疗机构遗址
上遥镇	阳坡	八路军棉花仓库人洞旧址	战斗辅助、培训、后勤、医疗机构遗址
上遥镇	正社	129师贸易局旧址	战斗辅助、培训、后勤、医疗机构遗址
上遥镇	正社	129师卫生队旧址	战斗辅助、培训、后勤、医疗机构遗址
停河铺乡	靳家街	八路军骑兵团整军旧址	战斗辅助、培训、后勤、医疗机构遗址
停河铺乡	靳家街	解放军官教导团旧址	战斗辅助、培训、后勤、医疗机构遗址
停河铺乡	苏村	解放军官教导团旧址	战斗辅助、培训、后勤、医疗机构遗址
停河铺乡	西黄须	解放军官教导团、将校队旧址	战斗辅助、培训、后勤、医疗机构遗址
停河铺乡	西黄须	新一旅阅兵场旧址	战斗辅助、培训、后勤、医疗机构遗址
停河铺乡	霞庄	解放军官教导团驻地旧址	战斗辅助、培训、后勤、医疗机构遗址
停河铺乡	霞庄	抗大卫生队	战斗辅助、培训、后勤、医疗机构遗址
西井镇	北坡	129师军需仓库旧址	战斗辅助、培训、后勤、医疗机构遗址
西井镇	北坡	天井寺八路军医院旧址	战斗辅助、培训、后勤、医疗机构遗址
西井镇	北桑鲁	抗大卫生队旧址	战斗辅助、培训、后勤、医疗机构遗址
西井镇	东井	总部炮兵团训练地旧址	战斗辅助、培训、后勤、医疗机构遗址

乡镇	村庄	遗址名称	类型
西井镇	樊家窑	战备医院旧址	战斗辅助、培训、后勤、医疗机构遗址
西井镇	南委泉	129师军法处旧址	战斗辅助、培训、后勤、医疗机构遗址
西井镇	南委泉	129师生产部旧址	战斗辅助、培训、后勤、医疗机构遗址
西井镇	牛居	八路军野战医院二所、三所旧址	战斗辅助、培训、后勤、医疗机构遗址
西井镇	彭庄	粮库旧址	战斗辅助、培训、后勤、医疗机构遗址
西井镇	彭庄	野战医院旧址	战斗辅助、培训、后勤、医疗机构遗址
西井镇	仟仵	抗大卫生队旧址	战斗辅助、培训、后勤、医疗机构遗址
西井镇	仟仵	野战医院旧址	战斗辅助、培训、后勤、医疗机构遗址
西井镇	上黄堂	129师锄奸部旧址	战斗辅助、培训、后勤、医疗机构遗址
西井镇	上黄堂	八路军疗养院旧址	战斗辅助、培训、后勤、医疗机构遗址
西井镇	上黄堂	百宝山八路军军工部炸药之母硫酸、硝酸诞生地旧址	战斗辅助、培训、后勤、医疗机构遗址
西井镇	上黄堂	刘邓与129师政治部旧址	战斗辅助、培训、后勤、医疗机构遗址
西井镇	五十亩	八路军粮库旧址	战斗辅助、培训、后勤、医疗机构遗址
西井镇	五十亩	边区政府医院旧址	战斗辅助、培训、后勤、医疗机构遗址
西井镇	西井	南窑寺抗大休养所旧址	战斗辅助、培训、后勤、医疗机构遗址
西井镇	下黄堂	129师第三卫生所旧址	战斗辅助、培训、后勤、医疗机构遗址
西井镇	下黄堂	汉斯米勒战地手术室旧址	战斗辅助、培训、后勤、医疗机构遗址

续表

乡镇	村庄	遗址名称	类型
西井镇	新庄	129师总机班旧址	战斗辅助、培训、后勤、医疗机构遗址
西井镇	新庄	八路军后勤部藏粮洞群旧址	战斗辅助、培训、后勤、医疗机构遗址
西井镇	新庄	秘密电台、秘密交通站旧址	战斗辅助、培训、后勤、医疗机构遗址
西井镇	杏树滩	八路军电话总机班旧址	战斗辅助、培训、后勤、医疗机构遗址
西井镇	杏树滩	八路军教养院渡水沟旧址	战斗辅助、培训、后勤、医疗机构遗址
上遥镇	广志山管理处	八路军总部后方医院旧址	战斗辅助、培训、后勤、医疗机构遗址
上遥镇	广志山管理处	八路军总部疗养院旧址	战斗辅助、培训、后勤、医疗机构遗址
程家山乡	蝉黄	第五游击队旧址	战斗指挥机构旧址
东阳关镇	后峻	东阳关大捷徐向前指挥所旧址	战斗指挥机构旧址
东阳关镇	岭西	马家洼772团响堂铺伏击战团指挥所旧址	战斗指挥机构旧址
东阳关镇	长宁	769团团部旧址	战斗指挥机构旧址
东阳关镇	长宁	朱砂洞川军团指挥所旧址	战斗指挥机构旧址
洪井乡	白云	129师特务团团部旧址	战斗指挥机构旧址
洪井乡	北社	129师师部旧址	战斗指挥机构旧址
洪井乡	孔家峻	129师师部旧址	战斗指挥机构旧址
洪井乡	烟子村	129师特务团旧址	战斗指挥机构旧址
洪井乡	烟子村	皮定均指挥所旧址	战斗指挥机构旧址
洪井乡	庄头	三皇脑反"扫荡"指挥所旧址	战斗指挥机构旧址
黄崖洞镇	东崖底	黄崖洞保卫战洞山彭德怀指挥所旧址	战斗指挥机构旧址
黄崖洞镇	东崖底	炮兵团旧址	战斗指挥机构旧址

乡镇	村庄	遗址名称	类型
黄崖洞镇	西村	黄崖洞保卫战左权将军小寨岭指挥所遗址	战斗指挥机构旧址
黎侯镇	董壁	129师先遣总队司令部旧址	战斗指挥机构旧址
黎侯镇	董壁	新一旅驻地旧址	战斗指挥机构旧址
黎侯镇	南关	二大队驻地旧址——延庆寺	战斗指挥机构旧址
黎侯镇	南桥沟	386旅旅部旧址	战斗指挥机构旧址
黎侯镇	乔家庄	129师师部旧址	战斗指挥机构旧址
黎侯镇	宋家庄	新一旅旅部旧址	战斗指挥机构旧址
黎侯镇	下桂花	129师师部旧址	战斗指挥机构旧址
黎侯镇	下桂花	决死三纵队司令部旧址	战斗指挥机构旧址
上遥镇	大寺	129师师部旧址	战斗指挥机构旧址
上遥镇	大寺	385旅769团团部驻地	战斗指挥机构旧址
上遥镇	东柏峪	上干队旧址	战斗指挥机构旧址
上遥镇	东柏峪	新一旅二团团部旧址	战斗指挥机构旧址
上遥镇	石板	朱德警卫团旧址	战斗指挥机构旧址
上遥镇	杨家庄	129师师部旧址	战斗指挥机构旧址
上遥镇	杨家庄	神头岭伏击战指挥部旧址	战斗指挥机构旧址
上遥镇	正社	129师师部旧址	战斗指挥机构旧址
上遥镇	正社	386旅旅部旧址	战斗指挥机构旧址
停河铺乡	岭底	松树山反"扫荡"新一旅侦查指挥所旧址	战斗指挥机构旧址
停河铺乡	苏村	游击四大队旧址	战斗指挥机构旧址
停河铺乡	西黄须	115师686团团部旧址	战斗指挥机构旧址
停河铺乡	西黄须	新一旅旅部旧址	战斗指挥机构旧址

续表

乡镇	村庄	遗址名称	类型
停河铺乡	霞庄	115师师部旧址	战斗指挥机构旧址
停河铺乡	霞庄	129师师部旧址	战斗指挥机构旧址
停河铺乡	子镇	129师师部旧址	战斗指挥机构旧址
西井镇	后贾岭	386旅旅部旧址	战斗指挥机构旧址
西井镇	南桑鲁	129师师部、响堂铺伏击战指挥部旧址	战斗指挥机构旧址
西井镇	南委泉	129师师部旧址	战斗指挥机构旧址
西井镇	南委泉	磁武涉林反顽斗争指挥部旧址	战斗指挥机构旧址
西井镇	上黄堂	百团大战决策地（马耳背）旧址	战斗指挥机构旧址
西井镇	朱家峧	129师特务团团部旧址	战斗指挥机构旧址
程家山乡	暴家脚	烈士墓旧址	阵亡将士、死难同胞纪念碑、园、墓
程家山乡	凤子驼	川军烈士墓地	阵亡将士、死难同胞纪念碑、园、墓
程家山乡	南堡	新一旅三烈士墓地	阵亡将士、死难同胞纪念碑、园、墓
东阳关镇	龙王庙	东阳关大捷烈士墓	阵亡将士、死难同胞纪念碑、园、墓
洪井乡	孔家峧	烈士墓地旧址	阵亡将士、死难同胞纪念碑、园、墓
洪井乡	三十亩	八路军烈士墓旧址	阵亡将士、死难同胞纪念碑、园、墓
洪井乡	吴家峧	烈士墓地旧址	阵亡将士、死难同胞纪念碑、园、墓
洪井乡	庄头	八路军烈士墓地	阵亡将士、死难同胞纪念碑、园、墓
黄崖洞镇	看后	烈士墓地	阵亡将士、死难同胞纪念碑、园、墓
黄崖洞镇	漆树	垴西沟烈士墓	阵亡将士、死难同胞纪念碑、园、墓
黄崖洞镇	西村	烈士墓地	阵亡将士、死难同胞纪念碑、园、墓

乡镇	村庄	遗址名称	类型
黎侯镇	城内	仓谷园惨案纪念碑	阵亡将士、死难同胞纪念碑、园、墓
黎侯镇	董壁	川军烈士殉难地	阵亡将士、死难同胞纪念碑、园、墓
黎侯镇	董壁	抗大烈士纪念碑	阵亡将士、死难同胞纪念碑、园、墓
黎侯镇	南村	董天智烈士纪念碑	阵亡将士、死难同胞纪念碑、园、墓
黎侯镇	西关	黎城县烈士陵园旧址	阵亡将士、死难同胞纪念碑、园、墓
上遥镇	岚沟	烈士墓地旧址	阵亡将士、死难同胞纪念碑、园、墓
上遥镇	前岭	八路军烈士墓地	阵亡将士、死难同胞纪念碑、园、墓
上遥镇	上遥	杨十三墓地遗址	阵亡将士、死难同胞纪念碑、园、墓
上遥镇	西社	129师特务连血战五阳岭烈士纪念碑	阵亡将士、死难同胞纪念碑、园、墓
上遥镇	阳和脚	谢家庆团长墓地旧址	阵亡将士、死难同胞纪念碑、园、墓
西井镇	北坡	烈士墓地	阵亡将士、死难同胞纪念碑、园、墓
西井镇	卜牛	烈士墓地遗迹	阵亡将士、死难同胞纪念碑、园、墓
西井镇	谷堆坪	小斗掌外洼烈士墓地	阵亡将士、死难同胞纪念碑、园、墓
西井镇	牛居	八路军烈士墓地旧址	阵亡将士、死难同胞纪念碑、园、墓
西井镇	彭庄	晒布崖烈士墓地	阵亡将士、死难同胞纪念碑、园、墓
西井镇	仟仵	烈士墓地	阵亡将士、死难同胞纪念碑、园、墓
西井镇	仟仵	太行军区妇女大队长韩夏月墓地	阵亡将士、死难同胞纪念碑、园、墓
西井镇	上黄堂	八路军塔洼烈士墓地旧址	阵亡将士、死难同胞纪念碑、园、墓
西井镇	下黄堂	八路军烈士墓地	阵亡将士、死难同胞纪念碑、园、墓

续表

乡镇	村庄	遗址名称	类型
西井镇	下寨	黄崖洞保卫战中心工事十三勇士班班长刘铁梁纪念碑	阵亡将士、死难同胞纪念碑、园、墓
西井镇	新庄	东西鸟水露天悬葬八路军旧址	阵亡将士、死难同胞纪念碑、园、墓
西井镇	源泉	日军偷袭新一旅牺牲烈士及无名烈士墓地旧址	阵亡将士、死难同胞纪念碑、园、墓
西仵乡	赵店	川军墓地	阵亡将士、死难同胞纪念碑、园、墓
上遥镇	广志山管理处	大天池四周八路军烈士墓地	阵亡将士、死难同胞纪念碑、园、墓
上遥镇	广志山管理处	广志山战斗烈士纪念亭	阵亡将士、死难同胞纪念碑、园、墓
上遥镇	广志山管理处	老君殿东侧国共抗战烈士墓地	阵亡将士、死难同胞纪念碑、园、墓
上遥镇	广志山管理处	庙后坡八路军烈士墓地	阵亡将士、死难同胞纪念碑、园、墓
上遥镇	广志山管理处	石灰窑老红军烈士墓地	阵亡将士、死难同胞纪念碑、园、墓
上遥镇	广志山管理处	棠梨坪八路军烈士墓地	阵亡将士、死难同胞纪念碑、园、墓
东阳关镇	东阳关	公祭川军烈士万人大会旧址	重要会议遗址
东阳关镇	枣镇	129师纪念七七抗战一周年前出击平汉线、正太线动员誓师大会遗址	重要会议遗址
洪井乡	北社	1941年12月党政军民数千人在北社举行反"扫荡"祝捷大会旧址	重要会议遗址
洪井乡	北社	北方局高干会旧址	重要会议遗址
黄崖洞镇	东崖底	工会大会旧址	重要会议遗址
黄崖洞镇	漆树	落实六届六中全会,筹建冀南银行、兵工厂、后勤保障机关会议旧址	重要会议遗址

乡镇	村庄	遗址名称	类型
上遥镇	古寺头	黎城第一次党代会旧址	重要会议遗址
上遥镇	河南	八路军参谋会议旧址	重要会议遗址
停河铺乡	西黄须	黎城会议旧址	重要会议遗址
停河铺乡	霞庄	黎城会议旧址	重要会议遗址
西井镇	岭头	军工部工会第二次职工代表大会旧址	重要会议遗址
西井镇	南委泉	太行区第一届群英会旧址	重要会议遗址
西井镇	上黄堂	朱德主持召开115师、129师军事会议旧址	重要会议遗址
西井镇	新庄	古寺及西湾老二院边区会议旧址	重要会议遗址
西井镇	新庄	破袭战（左、刘、邓、徐、聂）秘密会议旧址	重要会议遗址
西井镇	新庄	中共中央北方局莘地沟扩大会议旧址	重要会议遗址
西井镇	源泉	晋冀豫边区青总第一届儿童会议旧址	重要会议遗址

（二）黎城县乡村抗战遗址分布图

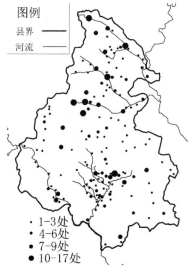

图 2-1：黎城县乡村抗战遗址总图

图 2-2：党政军领导机构旧址

图 2-3：军事设施与战场遗址

图 2-4：名人旧居与活动遗址

图 2-5：企业旧址

图 2-6：文教机构旧址

图例

县界 ——

河流 ——

● 战斗辅助、培训、
  后勤、医疗机构遗址

图 2-7：战斗辅助、培训、
后勤、医疗机构遗址

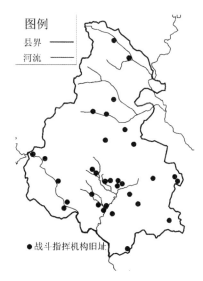

图例

县界 ——

河流 ——

● 战斗指挥机构旧址

图 2-8：战斗指挥机构旧址

图例

县界 ——

河流 ——

● 阵亡将士、死难同
  胞纪念碑、园、墓

图 2-9：阵亡将士、死难
同胞纪念碑、园、墓

图例

县界 ——

河流 ——

● 纪念设施
■ 日军侵华罪行与
  中国人民灾难遗址

图 2-10：纪念设施、罪行、灾难遗址

图例

县界 ——————

河流 ——————

■ 抗日组织
活动旧址

▲ 开荒旧址

● 重要会议旧址

图2-11：抗日组织、开荒、
国际援华组织活动旧址

图例

县界 ——————

河流 ——————

▲ 其他

● 重要会议旧址

○ 标语、壁画、石刻

图2-12：会议、标语、其他旧址

黎城县洪井乡孔家峧村田野调查报告

晏雪莲

黎城县洪井乡孔家峧村历史悠久，根据史料记载可以追溯至元代，村落几经搬迁，至清代民国间始建成现今规模。该村传统历史风貌保存良好，现存庙宇七处、戏台一座、庙宇遗址两处、清代民国民居十余处、碑刻十七通。此外还有大量红色革命遗址和民间文献。2019 年 6 月 6 日，孔家峧村列入第五批中国传统村落名录。从传统村落价值体现来看，该村的历史价值丰富多元，传统村落各项因素保留齐全，还因为特殊的地理位置，在抗战时期是八路军后勤体系中重要的堡垒，且留下大量的红色民间文献，为该村发展红色旅游和教育基地留下了宝贵的财富。

一、简介

黎城县洪井乡孔家峧村，位于县城西北 40 里，地处尖山南麓之谷地，西毗南峧，北依尖山，南靠老顶山（也叫凤凰山），南至柏官庄 3 里，东南至长畛背 4 里，东北至曹庄 5 里。村庄三面环山，一面临河，整体来说西北高东南低。

图1　孔家峧村庄位置示意图　比例尺：1:500000

全村在一条长约10里的西北—东南方向的大山沟的中间地带，按自然村落分别叫南峧（上孔家峧）、下峧（下孔家峧）。南峧，地处老顶山南麓之谷地，距县城41里，东临孔家峧，南依老顶山，西南至王家庄5里，西北至车元10里，也叫后峧，因位于孔家峧村后而得名，后又以方位易名南峧。该村村域面积7.5平方公里，户籍人口480人，常住人口200余人，村集体年收入12万元，村民人均年收入2500元，在黎城县处于中等偏下水平。在气候方面，属于典型的温带大陆性气候，四季分明、日照充足、雨量充沛、无霜期长，便于作物生长，主要种植玉米、棉花、油葵花、各种豆类和杂粮；境内山多坡广、山大沟深、林木繁密，盛产柿子和核桃。

图2　孔家峧地形图

村庄的历史可追溯至元代，现存权家岩遗址，位于村后10余里的深山有一个葫芦形的大山坳，现仍有石头房屋数十间，应为元代进士权秉中的故里。九龙寺残碑有文：权家岩有志[1]。清康熙二十一年（1682）《黎城县志》载："权秉中（1250—1315），字伯庸，元科年失考。至元年累迁封丘县尹，历钧州同知、海陵县尹、西台御史，入为翰林侍制兼国史院编修，迁监察御史，名实显于一时，祀乡贤。"[2]与兄权执中同以文章显。权执中，至正间汴梁路钧州同知，文学政事为时所称。胞弟权秉钧，元大德时任黎城县教谕。权秉中伯父权凤岩，元世祖中统（1260）时任黎城县主簿。权氏三兄弟同朝为官，权氏家族几代名实显于一时，祀乡贤。现存有《元修宣圣庙碑记》，碑已不存，文载旧志。碑正书元贞元年（1293）秋九月望日记立，进士权秉中文。至今在柏官庄村还有权家坟。权氏家族经历了元、明、清三朝，如今在孔家峧关帝庙的石碑中还能找到权氏后人的记载：清乾隆十九年（1754）《创关圣帝君庙碑记》载："……权祥、权重、权青……以上各施银一钱"[3]，不过之后的碑文中就难觅权氏踪迹，之后权氏迁往何处，或是绝后皆不得而知。空留下权家岩权氏故居和柏官庄权家坟遗址，1946年土改时，还有人在此居住，土改后都搬下孔家峧村居住。

图3　权家岩遗址　2017年5月摄

---

① 孔家峧九龙寺残碑。
② （康熙）《黎城县志》，载刘书友主编：《黎城旧志五种》，北京图书馆出版社，1996年，第147页。
③ 《创关圣帝君庙碑记》，孔家峧关帝庙。

图 4　孔家峧西北山麓全景图

说明：①九龙寺、②法堂庵遗址、③土地庙、④常家庄、⑤关帝峧。

图像截取自谷歌卫星地图，截取时间 2019 年 6 月 18 日

从目前村里的庙宇遗存情况来看，建造时间较早的法堂庵[①]、九龙寺[②]、土地庙[③]都建于村庄西北山麓；现今位于村内大庙沟的关帝庙始建于清乾隆十九年（1754），原建地址亦是现在村庄之后西北山麓的关帝峧。再加之村庄西北山麓如今尚有常家沟等地名，可见如今为农地的西北山麓在元明，最迟在明代至前清时期为村落聚集地，亦可证明村庄随着时代的变迁，自元代始，从西北山麓向东南山谷迁徙的历史过程。

孔家峧原名北峪峧，因位于老顶山北麓之山谷而得名。清乾隆年间，孔姓东来定居于此，清末故又以姓氏易名为孔家峧。北峪峧村名最早的记载见于柏官庄村老顶山的中殿圣母庙，明朝隆庆辛未年（1571）《太山圣母殿宇碑记》有碑文："北峪峧法堂庵慧林捐赠银钱。"清光绪六年（1880）《黎城县续志》载："圣裔碑，乾隆二十七年（1762）

---

① 最晚明代，今仅剩遗址，在老顶山圣母庙明朝隆庆辛未年（1571）尚有捐款记录。

② 从残碑推断最晚也应建于明代。

③ 前年尚存乾隆年间重建碑刻，根据乡村庙宇平均七十年重建规律，可推测最晚建于前清。可惜碑刻被人偷走，现不知去向。

为北峪峧孔氏立。"可知至1880年，孔家峧仍用旧名北峪峧。民国二十四年（1935）《黎城县志》载："孔家峧。"今沿用之。

图5　常家庄遗址　2019年1月17日摄

孔家峧村规划布局受地形限制，自然发展为带状村落，沿峡谷东西布局。村内有一条贯穿全村的主要街道，用石子和石板铺成。民居院落建筑均以坐北朝南的形式分布于主街道的北侧。主街道的南侧为村内的泄洪沟，村落地势大体为东北高、西南低，呈逐渐降低态势，最高处为北山"石窑坡"和"鸡冠山"，海拔分别为1077米和1117米，最低处为村内两侧山体形成的谷底，海拔为942米。鸡冠山到村内排水渠逐级降低，大体可以分为三个阶梯。第一阶梯，高山地带，是临近"鸡冠山"，呈梯田的地形逐级降低，也是村内主要耕地，地势比村内较高，村内炎帝庙也建于该阶梯，层次分明，梯状排开。第二阶梯，属于平川地带，也是村址所在地，地势较为平坦，交通便利，孔家峧新村和旧村都在这一层面上。第三阶梯，村内自然形成的排水沟地带，两侧的山体内形成"V"字形的排水渠，排水渠内受长期雨水及山洪的冲刷，河卵石、沙砾、砂石等都在这个层面，且排水渠呈西高东低的流向，径流村内与邻村排水沟汇合，抵达下游河道。村内主要街道两侧有小巷道若干，辅助巷道随高差地形合理分布，既满足居民出入的需求，也能够满足排水的需求。

图 6　孔家峧村东侧鸟瞰图（左上角水池为西池）　2017 年 3 月 16 日摄

目前村落中尚保留多座建于清代、民国的传统土木结构的民居，部分建国后新建的住宅也大体上保持着旧的建筑式样，整个村庄仍保留着浓郁的传统村落风貌。祠堂、寺庙等宗教建筑分别布置在村内较为重要的位置，民居在其周边布置，且村子呈现出由内而外的自然生长格局，符合"君子营建宫室，宗庙为先，诚以祖宗发源之地，支派皆源于兹"的要求。农田布置在村落周边，满足居民的生活供应，有利于村落的发展。孔家峧村的选址思想强调天人合一的理想境界和对自然的充分尊重，有科学基础以及很好的审美观念，与地形、山水等和谐统一。

总体来说，孔家峧村历史悠久，传统村落格局、寺庙建筑及碑刻、传统民居保存较好，2019 年 6 月，住房和城乡建设部会同文化和旅游部、国家文物局、财政部、自然资源部、农业农村部在各省（区、市）推荐基础上，经专家委员会审查，将孔家峧村列入第五批中国传统村落名录。

二、村庄人居情况与传统民居

　　孔家峧村现存传统民居总数较多，基本保留了历史原状。按照村落的主要道路沿街分布，道路保存完好；村内其余"鱼脊式"街巷作为过道使用。主要道路已经被水泥或整齐的石块硬化，美观整洁，石材都是就地取材，环保便利，体现了孔家峧村村民的勤劳和智慧。

图7　被大小不一却罗列有序的石块硬化的主要道路　2019年1月16日摄

　　孔家峧的泄洪道也都被就地取材的石块加以硬化，并做了分级处理，既美观又充分保障了其泄洪功能，同时在丰水期也起到了蓄水功能，一举多得。此外，泄洪道上还建起了数座石桥，方便两岸村民的来往。与此同时，进村的广场和小桥也统一铺上石块加以硬化，与村中道路、石桥、村民房屋由石块垒成的基座、田埂、山麓遗留下的石头房子形成统一的风格，别具古朴天然的乡野风格，也是当地自古流传下来的建筑特色。村口立有采自村后大山的一块巨型石块，石上有丹书"孔家峧"，与其他村落修建牌坊书写村名相比，自是别具一格。在传统古朴的石头广场上，太阳能路灯、健身器材等便民设施则彰显着为数不多的现代化魅力。

图 8　具有蓄水功能且被硬化的泄洪渠　2019 年 1 月 16 日摄

图 9　设有太阳能路灯和健身器材的村口广场　2019 年 1 月 16 日摄

图 10　书有村名的大石块　2019 年 1 月 16 日摄

图11 泄洪道上的石桥 2019年1月16日摄

图12 村中小巷 2019年1月17日摄

村里水利设施较好，村中的泄洪沟上游，即村庄西北端距村庄5公里处有一个较大的水池，用于储存山中流出的泉水。在村庄中间设有巨大的蓄水池名为"西池"，用于收集雨水和洪水，经过沉淀，清澈见底，给村内居民提供生活用水和农田灌溉用水。水池又明显高于主街道南侧的泄洪沟，使泄洪沟内的污水不影响池中的水，既起到了防洪的作用，也方便了村民的用水。此外村庄还设有东池和南池，每家或几家共建有水井和蓄水池，以保证生活用水。

图 13　村庄西北山麓蓄水池　2019 年 1 月 16 日摄

图 14　被硬化及美化的泄洪渠　2018 年 7 月 24 日摄

图 15　西池　2017 年 3 月 16 日摄

图 16　东池　2018 年 7 月 15 日摄

图 17　南池　2017 年 3 月 16 日摄

图 18　1 号民居水井

图 19 孔家岐水池图

建筑说明：①西池、②东池、③南池。图像截取
自谷歌卫星地图，截取时间 2019 年 6 月 18 日

　　整个村庄以"西池"为分界点，村内的新旧建筑区分明确，东侧以古民居建筑为主，村庄主要庙宇分布在东侧，西侧为居民新建的住宅，虽为新建建筑，但仍然保持着传统的建筑风格，没有破坏传统村落内部的建筑肌理，也使村内的建筑景观协调统一。东侧古民居建筑大多为清代、民国的建筑，古朴的门当、柱础、石级、雕梁画栋随处可见。

图 20 雕花门当 2019 年 1 月 17 日摄

图 21　萌兽门当、雕花柱础　2019 年 1 月 17 日摄

图 22　雕梁画栋　2019 年 1 月 16 日摄

比较具有代表性的传统民居主要有 4 栋，分别是：129 号民居、1 号院落、2 号院落和 3 号院落。

129 号民居：坐北朝南，一进院落布局，中轴线上建有大门、正房，两侧为东配楼、西配楼。创建年代不详，现存建筑为清代遗构。正房面阔五间，一层为窑洞，二层为阁楼式，进深五椽，

图 23　129 号民居平面图

单檐硬山顶，梁架结构为六檩前廊式，前檐下设斗拱 11 攒，柱头科 11 攒，平身科 5 攒，均为一斗二升；内置隔扇门窗，房内存有佛台，设有屋檐、斗拱，雕刻精美。灰陶筒瓦屋面，灰陶脊饰，明间辟门，次间为窗，窗体为窑口形式的装修。西配楼面阔三间，进深一间，二层阁楼，硬山顶，梁架结构为五檩无廊式，灰陶筒瓦屋面，灰陶脊饰，明间辟门，次间为窗。东配楼损毁，现已修复。

图 24　129 号民居正房外观　2019 年 1 月 16 日摄

图 25　129 号民居正房内佛龛、隔扇　2019 年 1 月 16 日摄

图 26　129 号民居东配楼　2019 年 1 月 16 日摄

图 27　129 号民居西配楼　2019 年 1 月 16 日摄

　　1 号院落：一进院落，中轴线建筑为正房、倒座房，院内建筑为东西厢房。正房为面阔五间，等级较高的建筑，进深一间，悬山顶，梁架结构为七檩前出廊式，灰陶筒瓦屋面，灰陶脊饰，装修设于前檐檐柱（金柱）间，明间辟门，次间为窗，梢间为墙体。这种建筑形式当地称之为"两掸袖"。西厢房面阔三间，进深一间，硬山顶，梁架结构为五檩无廊式，灰陶筒瓦屋面，灰陶脊饰，明间辟门，次间为窗。东厢房已损毁，后新建。倒座房面阔五间，进深一间，硬山顶，二层建筑，梁架结构为五檩无廊式，灰陶筒瓦屋面，灰陶脊饰，大门位于院落的东南角（倒座房的东侧梢间）。

图28　1号院落大门
2019年1月16日摄

2号院落：一进院落，正房面阔五间，二层建筑，进深一间，硬山顶，梁架结构为七檩前出廊式，灰陶筒瓦屋面，灰陶脊饰，明间辟门，次间为窗，窗体为窑口形式的装修。西厢房面阔三间，进深一间，硬山顶，梁架结构为五檩无廊式，灰陶筒瓦屋面，灰陶脊饰，明间辟门，次间为窗。东厢房已损毁，后新建。倒座房面阔五间，进深一间，硬山顶，二层建筑，梁架结构为五檩无廊式，灰陶筒瓦屋面，灰陶脊饰，大门位于倒座房的明间，在入户门的位置为影屏。平时不开影屏，只有在重要节日，或者重要人物做客时，开启影屏正面，以迎宾客。

图29　1号院落正房　2019年1月16日摄

图30　1号院落东厢房　2019年1月16日摄

图31　1号院落西厢房　2019年1月16日摄

　　3号院落：一进院落，正房面阔五间，进深一间，硬山顶，梁架结构为七檩前出廊式，灰陶筒瓦屋面，灰陶脊饰，装修设于前檐檐柱（金柱）间，明间辟门，次间为窗，梢间为墙体。这种建筑形式当地称之为"两掸袖"。院内其他建筑损毁严重，基本坍塌。

图 32　2 号院落天
地龛照片　2019 年
1 月 16 日摄

图 33　3 号院落正面图　2019 年 1 月 16 日摄

图 34　3 号院落正房梁架木雕　2019 年 1 月 16 日摄

三、庙宇、戏台等公共建筑及历史沿革

　　孔家峧村现存传统公共建筑包括 1 座戏台、9 座庙宇及 3 处庙宇
遗址。其中建造时间较早的主要位于村庄外围，如西北山麓的法堂庵、
九龙寺、土地庙，以及村庄东头的观音堂，主要集中在明代。现在村

庄内部的庙宇，如观音阁、文庙（孔氏宗祠）、龙王庙、关帝庙、五
道庙建造时间较晚一些，为清代始建。

图 35：孔家岭全景图

建筑说明：①观音堂、②观音阁、③文庙、④龙王庙、⑤关帝庙、⑥戏台、⑦五
道庙、⑧炎帝庙、⑨1号院落、⑩2号院落、k3号院落。图像截取自谷歌卫星地图，
截取时间 2019 年 6 月 20 日

戏台：创建年代不详，现存建筑为清代遗构，后作为中共中央北
方局太行军区司令部，现恢复为戏台重新使用，并作为村庄的红色接
待中心。它位于村内新旧村分界处，民宿广场北侧，戏台院落为一进
院落，呈三合院的布局形式，中轴线为戏台、山门。戏台正房坐北朝南，
东西 10.5 米，南北 8.05 米，戏台两侧的东西耳殿均为两层，一进院
落内有东西厢房。戏台建于石砌基座之上，面阔三间，进深六椽，单
檐硬山顶，梁架结构为七檩无廊式，前檐下设有斗拱 8 攒，柱头科 4 攒，
平身科 4 攒（明间 2 攒）。东西耳殿面阔三间，耳殿入口均为靠近戏
台一侧，硬山顶，梁架结构为五檩无廊式，且在与戏台共用的墙体上
开门，以供唱戏及工作人员休息，内部有楼梯可通往耳殿二楼。东厢
房，坐东朝西，面阔五间，第二、第四间开门，其余开窗，进深一间，
硬山顶，梁架结构为五檩无廊式；西厢房与东厢房呈中轴线对称。

图36 孔家峧戏台正房 2019 年 7 月 25 日摄

图37 孔家峧戏台西厢房、东厢房 2019 年 7 月 25 日摄

图38　孔家峧戏台正门　2018 年 7 月 25 日摄

　　法堂庵：在距南峧村后 2 里的地方，有个十字岔道口，岔道口往北翻过山岭可到车元，往南翻过山岭可到王家庄，往西通往后山九龙寺和权家岩，向东可到孔家峧。这个地方叫大岭口，往西南的地堰上有一大片地，很平整，村里人叫塔地，这里就是老顶山中殿圣母庙，明朝隆庆辛未年（1571）"太山圣母殿宇碑记"中记载的孔家峧村的尼姑庵，庵名叫法堂庵。20 世纪 70 年代，黎城县林业局曾在这里养过梅花鹿，后来草场退化迁走。在鹿场选址建设施工时，挖出了一些房屋构件和地基，有柱顶石和瓦片、塔基。村里人至今叫它塔地，原来这里有佛塔和庙宇，这个地名几百年来流传至今。

图39　法堂庵遗址　2019 年 1 月 17 日摄

九龙寺：始建年代不详，距村5里的寺角山根有一寺庙，如今在寺院残碑上有文字："据权家岩志始也。"后又名石瓮寺，何为石瓮呢？原来在寺院不远处有一个天然形成的瓮圪廊，瓮圪廊中有三个瓮，因而又名石瓮寺。九龙寺坐西朝东，两进院落，本寺僧人坟墓有两处，共计十几代。1943年，日军烧毁八路军贮存在九龙寺和中圪道的饼干160多箱；住在九龙寺的3个和尚参加了抗日斗争，其中有1人参军。现为原址重建，正殿面阔五间，配有东西耳房，皆为仿古建筑，彩绘精美。

图40 九龙寺远景 2018年7月24日摄

图41 九龙寺正殿及东西耳房 2018年7月24日摄

图42　九龙寺残碑　2018 年 7 月 24 日摄

土地庙：从塔地的法堂庵遗址向西遥望，可看到山上有一庙，就是土地庙。始建年代不详，原有清乾隆四十四年重修碑一通，去年被盗，下落不明。土地庙坐西北朝东南，面阔三间，长 7.1 米，宽 3.8 米，高 4.5 米，占地面积 26.98 平方米。

图 43　土地庙正面　2018 年 7 月 24 日摄

图44　土地庙内神像及帷幔　2018年7月24日摄

观音堂：位于孔家峧村最东边的村口高地，名为"东堂"，是村里的观音堂，始建年代不详，堂内佛龛有题记："皇明万历三十五年二月十三日立，辽州石匠杨属□，杨□□。曹庄里曹庄村董茂林撰。"可知最晚建于明代万历年间。建筑面阔三间，进深一间，悬山顶，梁架结构为五檩无廊式，灰陶筒瓦屋面，灰陶脊饰，明间辟门，次间为窗。庙内有佛龛题记两处，残碑一块。

图45　孔家峧观音堂正面　2018年7月25日摄

图46 孔家峧观音堂侧面 2018 年 7 月 25 日摄

图47 孔家峧观音堂佛龛题记 2018 年 7 月 25 日摄

图48 孔家峧观音堂佛像 2018 年 7 月 25 日摄

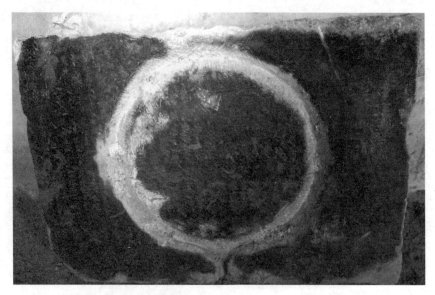

图 49　孔家峧观音堂残碑　2018 年 7 月 25 日摄

关帝庙：原建于村后的关帝峧，后迁至大庙沟。根据碑文记录，清乾隆十九年（1754）创建，道光二十八年（1848）、民国十二年（1923）重修。现存建筑三座，正殿及南北耳殿。正殿坐东朝西，东西 8 米，南北 5.6 米，占地面积 22.8 平方米，面阔三间，进深五椽，单檐硬山屋顶，梁架结构为六檩前廊式，灰陶筒瓦屋面，灰陶脊饰，明间辟门，次间为窗，殿内存留清代壁画，内容为关羽生平故事连环画。左右两侧分别新建面阔一间的耳殿，坐东朝西，进深一间，梁架结构为五檩无廊式，灰陶筒瓦屋面。殿前屋檐下有清代创建碑两通、重修碑一通，民国重修碑一通。

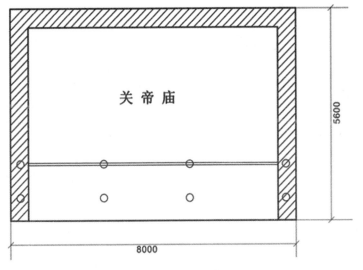

图 50　孔家峧关帝庙平面图

图 51　孔家峧关帝庙正面　2018 年 7 月 24 日摄

图52 孔家峧关帝庙壁画 2018年7月24日摄

图53 孔家峧关帝庙碑刻 2018年7月24日摄

观音阁：位于孔家峧村东北，始建于清康熙五十一年（1712），坐西朝东，东西6.7米、南北5.7米，占地面积38.19平方米。据庙内碑文载：清康熙五十一年（1712）创建，乾隆二十六年（1761）、道光二十八年（1848）重修，现存建筑为清代遗构。此阁分两部分，下为石砌基座，中设拱券过道，人车可以从洞里经过；上建观音殿，面阔三间，进深六椽，单檐硬山顶，板瓦屋面，梁架结构为七檩前廊式，前檐下设有斗拱7攒，柱头科4攒，平身科3攒，均为一斗二升，灰陶筒瓦屋面，灰陶脊饰，装修设于前檐檐柱（金柱）间，明间辟门，次间为窗。殿内有清重修碑一通，殿外走廊有清创建碑一通、重修碑一通以及现代重修新碑一通。

图54　孔家峧观音阁正面、背面　2018年8月25日摄

图55　孔家峧观音阁内神像　2019年1月16日摄

孔氏宗祠：紧邻的观音阁就是孔家峧孔氏宗祠，始建于清乾隆二十六年（1763），亦称文庙。据创建碑记载，自明嘉靖年间就有孔子后人孔贞睦来山西贸易，并在黎城北峧峧置土地田产，"及康熙五十三年，恩荣锡自阙里，黎邑孔姓以一族故，亦得赐恩生二人，一

曰继先，一曰继龙。由是黎之至圣庙竟有孔姓遗徽焉，典至渥也。然恩荣虽沐，而谱牒未清，徭役弗免，其不等于齐民者几何"。由此碑刻可见，明代孔家峧村名为北峪峧，推测在康熙恩赐孔氏后改名为孔家峧。孔家峧孔氏被清政府赐恩生后，特别前往山东考订家谱："系五十六代祖希范云之孙，户系孟村贞睦之所"，并"故每岁仲春，曲阜谒庙一次，聊表寸衷"。为了方便孔家峧孔氏后人祭祀祖先孔圣人，于乾隆二十六年仲春开始创建孔圣祠，翌年孟秋完工。民国七年（1918）二月孔家峧村初级小学在文庙成立，至今仍是学校，内有创建碑记和重修碑记。

图 55　孔家峧孔氏祠堂正门　2018 年 7 月 25 日摄

图 56　孔家峧孔氏祠堂正殿　2019 年 1 月 16 日摄

图57　孔家峧孔氏祠堂碑刻及柱础　2019年1月16日摄

龙王庙：从文庙向东爬上一陡坡就是龙王庙，始建年代不详。位于村内北侧的山坡高地，现存只有龙王殿，其他配殿已完全损毁，龙王殿坐北朝南，面阔三间，进深一间，悬山顶，梁架结构为五檩无廊式，灰陶筒瓦屋面，灰陶脊饰，明间辟门，次间为窗。

图58 孔家峧龙王庙正殿 2019年1月16日摄

五道庙：位于村中三岔路口处，坐北朝南，体量较小，面阔一间，高度约为 1.5 米，面阔约为 1.2 米，硬山屋顶。

图59 孔家峧五道庙 2019年1月16日摄

炎帝庙：位于村西北坡地，现已毁损，只剩下遗址。

图 60　炎帝庙遗址　2019 年 1 月 17 日摄

四、民间文献

孔家峧存有非常丰富的民间文献，主要分为三类：一是《孔氏家谱》；二是革命文书；三是其他账本；四是庙宇碑刻。

（一）《孔氏家谱》

孔家峧《孔氏家谱》共有三本：康熙年间纂修本、道光年间编修本、光绪年间编修本。康熙《孔氏家谱》目前已经残缺不全，受损较为严重，现存 93 页。

图 61　康熙《孔氏家谱》

道光年间编修本保存情况较好，封面为黄色棉麻纸，有字曰《孔子世家支□□》，因有残损，故书名不全。书中《黎城县孔氏族谱序》曰："道光二十年，岁在庚子，暮春之吉，阙里主鬯袭封衍圣公孔庆镕拜撰"，加之书内中缝有书名《孔氏家谱》，故亦可将此书命名为道光《孔氏家谱》。该书正文为雕版印刷，共38页。

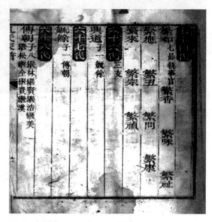

图62　道光《孔氏家谱》

　　光绪年间编修本保存情况较好，封面为黄色棉麻纸，有字曰《孔子世家支谱□》，因有残损，故书名不全。书中《黎城县孔氏族谱序》曰："光绪二十八年，岁在壬寅，暮春之吉，阙里主鬯袭封衍圣公孔令贻拜撰"，加之书内中缝有书名《孔氏族谱》，故亦可将此书命名为光绪《孔氏族谱》。该书正文为雕版印刷，共84页。

图63　光绪《孔氏族谱》

（二）革命文书

由于孔家峧村在抗日战争时期曾有八路军 129 师秘密后勤保障机构，村民郭海波的曾祖父郭建仁曾任该后勤保障机构的会计及孔家峧村村长，故而保留了当时大量相关的票据、账本、信函、文件、通知、证明、凭证、传单、名单、图书等。此类文献由于属于党的地下、秘密机构的文献，收藏者出于保密责任并没有公开，学界罕有利用者。该批文书主要为孔家峧村村民郭海波家中所藏，加之郭家曾捐献给黎城档案馆、文保局的相关文书，目前共计 3000 余份。由于此批文书有部分因为变卖而分散在其他地方，所以具体的统计情况尚待进一步的搜集整理后公布。这批文书具有极高的史料价值。这种从民间商业行为中借鉴过来的传统票据信用制度被中共在抗日根据地运用得更加

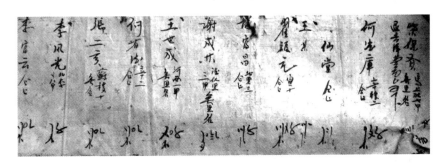

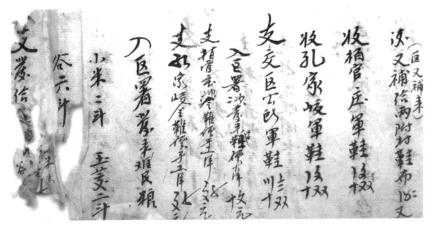

图 64　孔家峧革命文书　2018 年 7 月 24 日摄

纯熟，并进一步形成了严格的钱粮出入制度和灵活多变的战时乡村财政机制。对此进行整理和研究还可以进一步推进太行山抗日根据地党史、党建、经济建设、军队供给、党群关系、军队和地方政府关系、根据地乡村会计史、共产党的乡村治理等诸多方面的研究。故而这批文书在抗战文物中占据非常重要的地位，它们能生动地反映出抗日根据地乡村经济活动图景和真实细致的军民连心抗日画卷，并呈现抗战的复杂性、曲折性与繁难性。对它们进行深入的挖掘和研究，并通过具体的案例加以展示，将会是孔家峧发展红色旅游的一大亮点。

（三）其他账本

除了革命文书外，村民郭海波家还藏有其他民间文献，如民国十一年十月兴盛堂记的日行流水账本。该账本为白色棉麻纸，毛笔手写的账本，从内容上看，主要是出售各种药材及中药方剂的记账账本，前来买药的人员除了本村村民外，还向外辐射十几个村庄。郭海波的曾祖父在该地医名远扬，除了给人治病外，还出售各种药材、中药方剂及成品药丸，这是郭家之所以能在当时的孔家峧富甲一方的重要佐证。

图65　孔家峧郭海波家中其他账本　2019 年 1 月 17 日摄

（四）庙宇碑刻

孔家峧村现存庙宇碑刻 15 通，明代 1 通，清代 10 通，民国 1 通，现代 1 通，还有 2 通年代不明，根据残缺的碑文和石碑情况，可推测为明代或清代早期碑刻。此外，还有 2 块明代的佛龛题记。这些碑刻题记的具体情况参见下表：

孔家峧碑刻题记一览表

序号	碑名（题记）	年代	所属寺庙及其他	现存位置	形制	备注
1	无	万历三十五年	观音堂	观音堂佛龛（北）	佛龛题记	
2	无	明代	观音堂	观音堂佛龛（南）	佛龛题记	
3	创建观音阁碑记	康熙五十一年	观音阁	观音阁北侧墙壁内	立碑	
4	不明	雍正四年	观音阁	观音阁正殿	立碑	残碑
5	重修观音堂碑记	乾隆三十五年	观音阁	村口	壁碑	残缺
6	重修观音堂碑记	道光十八年	观音阁	观音阁正殿前	立碑	漫漶
7	重修观音阁碑记	二〇〇九年	观音阁	观音阁正殿前	立碑	
8	北峪峧创建关帝庙记	乾隆十四年	关帝庙	关帝庙正殿前	立碑	
9	创建关圣帝君庙碑记	乾隆十九年	关帝庙	关帝庙正殿前	立碑	
10	重修碑记	道光二十八年	关帝庙	关帝庙正殿前	立碑	
11	重修碑记	民国十二年	关帝庙	关帝庙正殿前	立碑	
12	北峪峧孔氏创建圣祖祠碑	乾隆二十七年	孔氏祠堂	孔氏祠堂内	立碑	
13	重修碑记	乾隆四十四年	土地庙		立碑	被盗
14	无题名	明代	九龙寺	九龙寺正殿前	立碑	残缺，漫漶不清
15	无题名	不明		九龙寺东耳殿前	立碑	残缺
16	无题名	不明		九龙寺东耳殿内	立碑	残缺
17	九龙寺重修碑记	二〇〇六年	九龙寺	九龙寺正殿前	立碑	

五、结语

　　从传统村落的价值体系来看,黎城县洪井乡孔家峧村的历史固有价值内涵丰富,层次多元。孔家峧村历史悠久,根据史料记载最晚可以追溯至元代,村落几经搬迁,至清代民国间始建成现今规模。该村传统历史风貌保存良好:从大山深处的权家岩,到山坳处的法堂庵、土地庙,再到现今依然保存完好的关帝庙、观音阁、观音堂、孔氏祠堂等,村落发展和历史变迁踪迹清晰。现存庙宇、戏台、传统民居及碑刻资料同地方志相互印证,完整地勾勒出孔家峧村的历史风貌。此外,还有家谱、账本等民间文献为孔家峧村人丁、产业、社会生产、乡村发展、村政建设、移民情况等历史细节增加了丰富而生动的注脚。

　　最值得关注的是,在抗日战争时期,因其特殊的地理位置,孔家峧村长期是129师司令部的驻扎地和八路军后勤体系中重要的堡垒,留下了大量红色革命遗址和珍贵的民间文书。该批文书种类多样、数量庞大,主题内容是八路军军队、医院、军工厂、学校等重要党政机构粮钱出入账、各种凭证、票据,还包括对因日军扫荡或天灾而衣食无着的村民和难民发放的粮食衣物凭证等,加之孔家峧目前存留的不可移动革命文物——抗战后勤保障遗址,包括作为临时战备储存室的乡村庙宇、民宅、地窖、山洞,以及村公所、区公所、八路军领导旧居,还有协助采购物资的八路军相关部门遗址:如抗大、军工厂、临时战地医院等,二者相互印证,细致入微地展现出太行山抗日根据地的社会经济生活图景,为该村发展红色旅游和创建爱国主义教育基地留下了宝贵的财富。

　　由于四面环山、交通不便,虽然孔家峧村在热心的村主任和村民的建设下,美丽宜居、整洁和谐,但是依然留不住年轻的村民,空心化和贫困依然是孔家峧村面临的最大问题。可以说,从历史中走来的孔家峧村提供了太行山地区传统村落研究的模板,传统村落的现实评估价值和未来预期价值亟待研究者和乡村建设者共同努力。

作者简介：晏雪莲，历史学博士，山西大学历史文化学院讲师、硕士生导师，研究方向为社会经济史、民间文献、妇女史、中西文化交流史。

太行山南麓黎城县边界村庄社会经济调查

张 霞

本文以人群、经济、交通及社会文化为着眼点，重点对地处太行山南麓地区黎城县的边界村庄进行调研，集中就该地区的常住人口、耕地使用、学校教育、现存庙宇、庙会活动等方面展开分析，结合考察结果进一步思考乡村振兴战略如何更好落地。

太行山纵贯华北数省，是中国东部地区重要的地理分界线。其间横谷密布，多呈东西走向。由此构成了沟通山脉两侧的交通要道，自古为商旅通衢。其中，享誉盛名的"太行八陉"历来是世人津津乐道的焦点之一。近年来，围绕太行山脉的系列研究不断涌现。相比之下，全面、深入的田野调查活动却有待强化。基于上述考虑，本文集中就太行山南麓黎城县边界村庄展开调研，重点考察其人群与庙宇分布情况。

黎城最早设县可追溯至隋朝开皇十八年（598），改原刘陵县而得名。北宋熙宁年间，该县一度被废，将所属各地"分并于潞城、涉县两地"。① "黎，古为冀州地。汉、魏、晋为潞县地。北魏置刘陵县；北齐、北周因之。"自黎城独自设县以后，该地"与潞城各自为县"。②

---

① 刘书友：《黎城旧志五种》北京图书馆出版社，1996（4—5）。

② 刘书友：《黎城旧志五种》，（338）。括号内标注的数字为该村距离县城的里数，此为清光绪年间的统计情况。

如今的黎城县和潞城县相毗邻，但就两地在历史时期的行政区划演变情况而言，二者关系密切。即两县交界处的部分村镇在过去多归属于一地，后又因各种原因被人为分割。类似情形同样出现在黎城县与平顺县的边界地。据民国《黎城简志》记载：明嘉靖朝将本县"东南五里"分割设立平顺县。清乾隆二十九年（1764），王曲等五里因平顺县被裁而重新隶属黎城县。民国元年（1912），"县境东南王曲等五里二十七村再次划归平顺县"。[①] 因此，田野考察中选择调查点时，这样的县际交接处不失为重要且内涵丰富的典型样本。本次考察即首选黎城县与潞城县相交界的农村地区，着重就东阳关镇的小口村、香炉崾村、下湾村、上湾村和西仵乡的西水洋村、东水洋村、隔道村、西仵村、东仵村、东旺村、赵店村等边界村庄进行实地调研。

关于这些村落的发展历史，就目前所见资料和调查情况而言，我们了解有限。光绪《黎城县志》是现存诸版本中较详细记录黎城县村落的一本，具体内容如下：[②]

> 东曰平贤乡：小口村（三十里）、香炉崾（三十五里）、下湾村（四十里）。
> 南曰漳源乡：东旺村（五里）、西仵村（十里）、赵店镇（十五里）、程家山（十五里）、隔道村（十五里）、东水洋（十五里）、西水洋（十八里）、路堡村（二十里）。

上述村庄聚落形成于何时，已难以推测。但就以上记载来看，这些村落都有着悠久的历史。不过，受资料所限，多数已无法详细勾勒。因此，实地调查中所获信息是目前了解这些村落现状及其未来发展的有力依据。就近期调研所得相关信息进行整理列表，如下：

---

① 刘书友：《黎城旧志五种》，（88）。
② 刘书友：《黎城旧志五种》，（248）。

表1 受调研各村庄基本信息一览表

乡镇	村庄	人口（人）	常住人口	主要姓氏	耕地数（人均/亩）	耕地用处	学校
东阳关镇	小口村	426	200	史、申		玉米	
	香炉峧村	300	100		10		
	上湾村	320	60余	常	1—2		
	下湾村	600	300	王、张、许	1—2		
西仵乡	西水洋	1300		张	5		有
	东水洋	1200		申	≤3	玉米	有
	隔道村	400		李		玉米	有
	西仵村	2000			不多	有工业园区，外地企业较多	有
	东仵村	300		李	2—3	玉米	有
	东旺村	1200		王	2		有
	赵店村	1200					有

　　总体而言，表中各村人口大多是中小规模，常住人口所占比例多在50%以下，且以老年人为主。外出人口以务工为主，多前往周边县市或更远距离的东部沿海城市寻求新的发展机会。人均耕地面积较少，多用于种植耐旱的玉米作物。其中不乏个别村庄因地利之便，占有数量可观的水浇地。农业是当地人除务工以外的主要收入来源。仅西仵乡西仵村建有工业园区，且多为外地企业。从目前的外出务工情况来看，这样的本地工业园区尚不足以为当地及周边民众提供足够的就业机会。

　　耕地面积及其用途主要受制于地理环境。清康熙年间编修完成的县志对黎城所处地理位置及其地势状况进行了描述："黎当晋豫之交，处二漳之间，壶口一关，称为险峻。盖自是由西而南，则地势愈高，自是由东而北，则地势渐下，亦天之所以界二州也。"[①] 就目前留存于世的五种《黎城县志》版本而言，这段话是对当地地理情形加以详细勾勒的最早记载。1937年，日本全面侵华开始后，在内地占领区陆续

―――――――――
① 刘书友：《黎城旧志五种》，（450）。

进行大规模社会调查活动。由日本陆军山冈部队汇编完成的《山西大观·黎城县》即是这一时期的重要成果。其中关于黎城县所在地理环境的叙述，更符合现代人对该地区的总体认识："黎城县地处太行山脉东南走向的支脉上，除县城内外仅有的盆地外，没有平原，漳河流经县境之处，切断向南走向的太行山脉，到处形成险峻的悬崖。"①

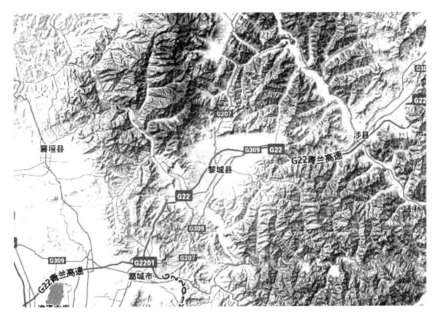

图 1　黎城县地形图

险峻的自然条件使黎城县在周边地区处于居高临下之势，"黎邑幅员绝长补短，广袤约百有余里，以视他县固亦泱泱大风"。然而，这样的天然环境也造就了这里多山地少平川的局面，"而县列三等者，则以环黎皆山，陵谷居其大半，较平衍者仅附郭数十方里耳"。这在以农为本的传统社会显然不利，"其余面积虽广，不啻石田厥赋中下有由来也"。但同时也具备了防御外敌的天然屏障，"然以壤接豫境，为晋省东边要区，壶口一关实上党北出门户"。②

村庄的公共设施建设不足。只有 50% 的村庄设有学校，且基本

① 刘书友：《黎城旧志五种》，（515）。
② 刘书友：《黎城旧志五种》，（339）。

限于小学阶段的教育，在读学生也寥寥无几。如西水洋村虽设有幼儿园和小学，但仅限于一、二年级，三年级以上的学生需前往西仵乡政府所在地的中心小学方能继续接受教育。受常住人口规模所限，相关公共服务设施也非常有限。就本次调查的村庄而言，仅西仵乡西水洋村和东水洋村的情况较为乐观，前者设有卫生所，后者有理发店、便民门市和公共健身场所。

　　除了耕地，地方特产也能为当地民众提供新的谋生机会。黎城县特产"以核桃、花椒、党参、柿子、柿饼为最著"。其中，"核桃、花椒、柿子、柿饼多输出于天津、顺德等地"，"党参则销售于江南各省"。[①]可见，民国方志记载的当地农产品行销范围远及南北多地。然而，百年前的乐观景象却早已不复存在。根据当地人的描述，这些产品已经很难为他们创造丰厚的经济利润。正如我们在考察中所见，挂满枝头的成熟柿子要么无人问津，要么以低廉价格出售。即便偶有初级加工，也无法在激烈的市场竞争中拔得头筹。

图2　当地人对收获的柿子进行初级加工

　　水资源对农业生产至关重要。发源于长子县发鸠山的浊漳河途经襄垣县后，下游流经黎城县，"南与潞水合"。[②]期间先后流经西水洋、赵店镇、路堡村、石城村等地，从而为当地的农村种植业提供了宝贵

①　刘书友：《黎城旧志五种》，（504）。
②　刘书友：《黎城旧志五种》，（13）。

的水源。当地人很早便对其进行利用开发。清康熙年间的县志记录了这一曲折过程,"漳善壤田,而渠又无定,沿流者患之。"① 合理的水利设施是河流水资源得到有效利用的保证。至今仍存于西水洋村昭泽王庙内的碑刻《将本渠规条列左》即是最好例证。不过,调查所得结果却不是很乐观,浊漳河对这些村庄的恩泽实在少之又少。除了屈指可数的土地可得到水浇外,绝大多数是靠天吃饭的山地和旱地。

图 3　远眺山间田地

纵然地势陡峻,山地遍布,但其间仍不乏穿梭迂回的条条通道,从而为这座封闭县域提供了与外界进行交流沟通的契机。"东由县治北行",先后历经停河铺、东阳关、小口村、下阳湾,"又二里入河南涉县界响堂铺",这是"通豫冀二省孔道";"南由县治正南十里至西仵村,又五里至赵店镇,渡浊漳而南入潞城县界,为通潞泽孔道";若从赵店镇"折而东南",五里可至路堡村,由南堡村出境后"又五里至平顺属王曲村",此"为入平顺县山径","亦通河南林县要路"。② 然而,这样的路径并不十分益于行人和货物的通行。民国《黎城简志》称:黎城县"东南西三面为通襄垣、潞城、涉县之要冲,虽可通行大车,然行其境者,未尝不以为苦也"。③ 事实上,即便是在交通条件大为改善的今日,当我们驱车行驶在这些乡间小道时,仍能对前人的描述感同身受。

---

① 刘书友:《黎城旧志五种》,(92)。
② 刘书友:《黎城旧志五种》,(339—340)。
③ 刘书友:《黎城旧志五种》,(498)。

闭塞的地理条件成为商业贸易发展的严重阻碍因素。"黎邑民贫，多以务农为主，商业一项，向不发达。"不过，历史上该区域小范围的商贸往来亦不缺乏，只是目前尚无可靠、扎实的史料以兹论证。方志中仅就民国年间该地的商业状况略微论及，且情形不甚乐观，当时正值全国性的"金融死滞时代"，"营业不景气"俨然成为国内各地的普遍现象，"故倒闭歇业者，屡见不鲜"。县志还就黎城县境内仅存的若干商号做了一一列举。①

庙宇是传统时期重要的公共场所，由神灵信仰转化而来的庙会活动也成为重要的地方仪式。定期举办庙会活动不仅是地方社会重要的祀神仪式，而且也能带动区域性经济的发展。因此，民间信仰色彩浓厚的庙会活动同时也具有深刻的经济韵味。当地的商贸交往除了体现在市集之日，庙会期间也会吸引远近各地商贩的短期集聚，从而促成地区性经济的短暂繁荣。当然，"庙会之期，男女毕至，少长咸集"，②从而成为各类信息、资源相互交流的关键时期。由此可见，受距离远近、关系亲疏等因素影响，各地在漫长的历史过程中先后涌现出不同类型的庙宇建筑和相应的祭祀活动。华北地区有着悠久的迎神赛会传统，与各地民众的日常生活息息相关，因此历来受到高度重视。"各村视为要务，每岁按地摊款，以为常年敬神费用。"③

依据民国年间的记载，黎城全县的庙会活动十分有限。民国《黎城简志》记载："东关厢洞子寺、城隍庙、池口街昭泽庙、河下街关岳庙"为当时本县的"庙会例集"。④实际情况可能要远远超出上述记录。以下为本次考察对该地区现存庙宇与庙会时间的统计表：

---

① 刘书友：《黎城旧志五种》，（505）。
② 刘书友：《黎城旧志五种》，（464）。
③ 刘书友：《黎城旧志五种》，（502）。
④ 刘书友：《黎城旧志五种》，（464）。

表2 受调研村庄的庙宇、庙会信息一览表

乡镇	村庄	现存庙宇	碑刻（通）	庙会时间（农历）
东阳关镇	小口村	皮仙庙、阎王殿、关帝庙	4	三月初三
	香炉峧村	龙王庙、温泉寺	2	三月初四（土地庙会）
	上湾村	关帝庙、山神庙、龙王庙	2	三月初三
	下湾村	响堂寺	4	二月十九
西仵乡	西水洋	土地庙、昭泽王庙	4	三月十二
	东水洋	土地庙、女娲庙	2	不固定
	隔道村	关帝庙、二神庙	2	无
	西仵村	土地庙	1	二月初五、七月十五
	东仵村	三官殿	1	无
	东旺村	佛爷庙、牛马王殿	1	无
	赵店村	潞王祠、天主堂、关帝庙、五道庙	4	

由上可见，被调查村庄的现存庙宇类型有很大趋同性和相似性，这主要由于这些庙宇与民众的日常需求紧密相连，因此受到地方人群的持续青睐。也正因为如此，这些村庄在其漫长的发展历程中曾先后兴建了众多庙宇。而调查中所见庙宇极有可能只是其中一小部分。如民国县志中尚有西仵村三峻庙的记载，[①] 但考察时并未得到相关信息，可知该庙早已不存。再如，当地人称小口村旧时曾建有奶奶庙和土地庙，今亦不存。村庄庙宇的多样性还在于许多供奉于阁内的神灵或神龛，如香炉峧村的北阁，东旺村的文昌阁、西阁、东阁，赵店村的三官阁、佛阁，东水洋村的关帝阁等。类似信仰的产生同样基于地方民众的现实需求，因此而建成的庙宇规制、类型具有较大的随意性和实用性。

当然，在长期的演进过程中，也不乏延续至今的庙宇。下湾村的

---

① 刘书友：《黎城旧志五种》，（495）。

响堂寺便是一例，^①目前所见的相关史料记载可追溯至民国方志，但考察发现，寺中现存石碑最早刊刻于清光绪年间。其余三通皆为2014年新立的捐钱碑。再如，位于西仵乡赵店村的潞王祠内今存有《祈雨条规并序》《重立禁赌碑记》《重修潞王庙记》三通碑刻，除其中一通的落款时间待考外，其余两通均刻于清光绪二年。但关于这座寺庙的历史可以追溯的更早，光绪版的县志中记录了北宋年间县尉韩固文撰写的《潞祠记碑》。^②

戏曲表演是庙会活动的另一项重头戏。为了表示对神灵的谢意和崇敬，地方社会通常会在庙会期间邀请戏班来当地演出。因此，戏台便成为庙宇建筑中不可或缺的构成部分。由于是为供奉神祇进行的演出，所以戏台多呈倒座格局。这也是山西多种戏台规制中较为普遍的一类。香炉峧村的倒座戏台虽不算豪华，但仍在使用中。至于所演戏曲的剧种，在当今社会似乎更具有随意性，这主要受所筹庙会经费的影响。因此，合村演戏也是常有之事。如东阳镇上湾村与隔壁的小口村就采取了隔年轮流演戏的方式，以使这一活动得到长期维系。可即便如此，也不是村村都有能力独自或合伙演戏，如西仵乡隔道村受经费限制，该村村民只能到周边村庄寻找看戏机会。近年，由政府组织开展的"送戏下乡"文化活动，在一定程度上缓和了部分村庄为筹办演戏而产生的经费紧张状况，也极大地丰富了地方民众的日常生活。但由于村庄众多，目前能享受这一福利的地区仍较为有限。

本次调研范围以黎城县边界村庄为考察点，调查发现，"空心化"趋势是当前太行山南麓地区农村发展遇到的首要难题。常住人口在总人口中所占比重较低且呈日趋减少之势，又因老年人居多，从而造成这些地区经济发展后劲和潜力不足。与之相随的是乡村"贫困化"问题，大量土地仍维持着传统利用方式，致使从中获得的收益十分有限，与一般普通家庭的正常开销形成较大差距。从某种程度上讲，外出务

① 刘书友：《黎城旧志五种》，（495）。
② 刘书友：《黎城旧志五种》，（322）。

工是当地民众寻求生活出路的无奈之举。大量人口外流又导致了土地生产投入不足，乡村发展缺乏活力和生机。长期以来，乡村地区逐步陷入难以扭转的死循环。因此，乡村振兴是一个迫在眉睫但又任重道远的命题，值得深入探究。

乡村研究是历史学、社会学、人类学等多个学科的重要领域。就历史学而言，目前可依据的史料非常有限，尤其是文字记载甚为稀少。因此，从事相关研究必须重视实地考察，通过研究者的亲身经历和亲自观察，会获得有关研究对象的新认识。以小口村为例，至今仍有三条道路并排分布于该村外围，其修建时间大致可确立在：民国时期、建国后至改革开放前、20世纪80年代以来的省道和高速公路（主要用于晋煤外运）。三者的兴建及其用途都有着深刻的时代背景，同时也可由此一窥村落的演变历程。类似这样的考察线索十分难得，且极为有限，但遗留至今的蛛丝马迹仍能引人深思，从而在分析视角和思路方面受到启发。

作者简介：张霞，历史学博士，山西大学历史文化学院讲师、硕士生导师，研究方向为明清社会经济史、区域史。

河北太行东麓传统村落调查报告

杨 波

　　河北传统村落绝大部分集中在太行山地区，太行东麓传统村落占河北传统村落总数近 70%，河北太行东麓传统村落是华北地区典型的传统村落集中地区。调查覆盖了河北太行东麓全部四个地级市，共计 31 个传统村落。太行东麓 31 个传统村落调查表明这些传统村落特色鲜明、类型多样。目前，这些传统村落的保护与发展情况呈现巨大差异，有的村落保护与发展很好，有的则情况堪忧。国家相关部门、地方政府、村民、学者和企业都是传统村落保护发展的重要力量，如何充分发挥这些主体的积极性是当前传统村落保护中最重要的问题之一。针对现状和主要问题，传统村落保护发展的对策主要包括：区域整体协同发展、自然环境与历史人文相结合、物质与非物质文化融合发展、深入挖掘历史文献、重视传统村落的艺术再创作等。

一、调查概况

　　本次调查主要范围为河北所属太行东麓地区的传统村落。截至 2019 年住建部第五批传统村落名录公布，河北省共有传统村落 206 个，其中与太行山地区有关的五个市（邯郸、邢台、石家庄、保定和张家口）有 201 个，其中在太行山区范围之内的传统村落 186 个，涉及磁县、峰峰矿区、涉县、武安市、临城县、内丘县、沙河市、邢台县、井陉矿区、井陉县、鹿泉区、平山、赞皇、阜平、涞水、唐县、怀来县、蔚县、阳原县等，共计 19 个县 / 市 / 区。太行山地区传统村落数量占了河北全省的 90% 以上。除张家口以蔚县为主的地区位于太行西麓之外，其余四个地级市均位于太行东麓，共计有 143 个传统村落，占全省总数量的近 70%。以蔚县为代表的太行西麓传统村落主要以长城地区的古堡为特色，与太行东麓传统村落有较大区别。

此次区域系列调查历时 20 天，分三次进行，共计调查传统村落 31 个。此次调查涵盖了河北太行东麓的邯郸市、邢台市、石家庄市和保定市 4 个地级市，其中涉县 9 个（赤岸、原曲、固新、王金庄、大洼、岭底、宋家、东鹿头、偏城村），磁县 3 个（北贾壁、北岔口、北王庄），武安 4 个（什里店、冶陶、固义、安子岭），井陉 6 个（地都、城内村、赵村铺、于家、当泉、南横口），井陉矿区 2 个（南凤山、贾庄），鹿泉 1 个（水峪），阜平 2 个（朱家庵、骆驼湾），邢台县 1 个（英谈村），沙河市 3 个（樊下曹村、大坪村、上申庄）。大致地，涉县、磁县、武安、邢台县和沙河代表南太行，井陉、井陉矿区和鹿泉代表中太行，阜平代表北太行，基本情况参看本报告附表。此次调查平均每天 1.5 个左右，属于较为简单的观察式调查，尚缺少深入的考查。因此，本次调查的结论带有一定的主观性。

二、区域特征

河北太行东麓是中国地形的第一阶梯和第二阶梯的过渡区域，是华北平原与黄土高原的相接处，地理区位非常重要且极具特色。

（一）地貌特征

地质学家主要将太行山地区的地貌概括为嶂石岩地貌和云台地貌。[①]1992 年，郭康在河北邢台嶂石岩景区考察时提出了嶂石岩地貌

---

① 郭康：《嶂石岩地貌之发现及其旅游开发价值》，《地理学报》，1992 年第 5 期。

的概念。1993 年，中国地理学会旅游地理专业委员会与嶂石岩风景区联合召开了嶂石岩地貌专题研讨会，嶂石岩地貌与丹霞山地貌、张家界地貌并列为中国三大砂岩地貌。2002 年，在河南云台山风景区规划建设中，张忠慧提出云台地貌的概念。① 嶂石岩地貌与云台地貌的基本特征和成因整理为下表：

太行山地区主要地貌类型

特征	嶂石岩地貌	云台地貌
形态特征	顶平、身陡、棱角明显、整体性强的大墙和Ω形障谷，台多柱少	长崖、瓮谷、围谷、悬沟、深切障谷
主要岩层	红色石英砂岩、红色灰岩	寒武系—奥陶系碳酸盐岩
主要成因	太行山抬升、横向侵蚀、崩塌	水蚀切割作用

说明：此表依据郭康《嶂石岩地貌之发现及其旅游开发价值》和张忠慧《云台地貌形成之研究》概括整理

嶂石岩地貌和云台地貌都是在太行山地区发育的地貌，具有相同的大地构造背景，它们的主要区别是成景的岩层的不同，但是其形态特征是类似的。樊克锋和杨东潮将它们概括为一个统一的太行山地貌系统："在地貌形态上，发育众多的峡谷群；通常在峡谷下部，常为深切的河谷，或嶂谷；在中部，峡谷较为宽阔，两侧地形缓坡之上为陡峭的山坡、高耸的崖壁，即断崖、长崖；顶部，常见平缓的台地或平台以及长脊、长墙。"② 也即下部为深切河谷，中部为陡崖，上部为台地。

（二）地形特征

太行东麓由太行腹地高山区和由太行腹地延伸出的长岭形成的丘陵地带构成。冀晋两省以太行腹地为分界线，太行腹地为海拔在1000 米以上的高山区，相对高差大。从太行腹地山区延伸出的长岭形成了山水相间的地形，长岭和低地交错相间分布。太行山并非分水岭，太行西麓河流大部分均自西向东流，穿过太行山，形成独特的太行大

① 张忠慧：《云台地貌形成之研究》，地图出版社，2002 年。
② 樊克锋，杨东潮：《论太行山地貌系统》，《长春工程学院学报（自然科学版）》，2006年第 1 期。

峡谷地貌。丁文江在 1913 年考察太行西麓的平定昔阳盆地的时候曾经非常困惑于太行山地区的河流流向，按照他的分析，这个区域东西都是高山，中间低地北比南高，河流流向应该是由北向南才对，但实际上河流都是自西向东穿越太行山。丁文江困惑地写道："这些水道都与现在的地形有点冲突，研究这种水道的成因，是地文学上极有兴味的问题。"①这实际上是太行山逐步隆起过程中形成的特殊地理现象。河水对河谷的侵蚀作用与太行山隆起速度接近，就形成了太行山特有的太行大峡谷地貌。这使得太行山不是分水岭，而是被多条河流切割，从南向北依次是沁河、丹河、浊漳河、清漳河、甘陶河、桃河、滹沱河、永定河（桑干河）等。穿过太行山的这些河流将太行山切割成一片一片的丘陵，丘陵与河谷相间分布，形成一个个的盆地。

华北平原上的河流多属于海河水系，可分为两种类型，一类是发源于太行西麓，穿过太行大峡谷，泥沙含量大，较浑浊；另一类是源于太行东麓，泥沙含量小，较清澈。太行山是冀晋两省之间的天然地理屏障，贯穿太行山的河流在太行山东西形成了若干个通道，这些通道在史书上称作太行陉道，习惯上有"太行八陉"之说。河北太行东麓的传统村落大多分布于山西出河北的这些太行陉道的沿线，如著名的滏口陉和井陉。

（三）社会经济特征

河北太行东麓传统村落分布最集中的两个县为石家庄井陉与邯郸涉县，两县分别位于从山西流出太行山的绵河（在山西阳泉称桃河）与清漳河流域。保定阜平的传统村落也位于从山西流出的沙河流域沿线。这种地理分布特点是历史形成的。元明之际，华北平原遭受严重的战乱破坏，明初从山西向河北进行大量移民。目前所保留下来的河北传统村落绝大部分均为明清时期的村落遗存，它们都是明初大移民之后逐步形成的定居点。从方言上说，这个区域主要是晋方言区。从

---

① 丁文江：《太行山里的旅行（续）》，《独立评论》（第十四号），1913 年，第 19 页。

村落社会组织形式上来说，这一区域的村社组织源自宋代的山西。从经济上说，这里主要是晋商的活动区域，区域内的武安商人也深受晋商影响。从文化上说，河北梆子也是来自山西，晋剧在河北中部也有流行。从更大尺度来看，华北平原东部有运河通过，北京位于其北段，运河是南北商品流通的主要通道，卫河、滹沱河、滏阳河等华北平原的河流在晚清时期均为重要的通航水道，太行山的商品货物经由陆路东行，再经过这些水道通往运河或天津，从而到达全国各地。总的来说，太行东麓处于山西与运河区域之间，需要从这两个方面来认识太行东麓的区位特征。

（四）调查村落地形类型区分

此次调查传统村落所在地理位置主要有两类。第一类村落位于河谷低地或丘陵（以下简称第一类村落），这些河流大部分发源于太行山背风坡，流程长，泥沙含量大，包括涉县清漳河（赤岸、原曲、固新）、井陉桃河（地都、城内）和甘陶河（南横口）、阜平沙河（骆驼湾）等，也有少数为太行迎风坡河流，流程短，泥沙含量小，如武安南洺河（什里店、冶陶、固义）。这些河流大部分均有沿河谷的国道或省道等主干道路，村落的主街大体上均与河流及其旁主干道路平行，大部分均有阁门作为主街的标志，大部分阁门与主街方向一致，少数阁门背山面水，与主街垂直（地都、冶陶、固义）。第二类村落位于山区（以下简称第二类村落），一般距离主干道路较远，有的靠近一些县乡级主要道路，有的有旅游公路，交通还算便利，还有的交通非常不便。附近河流大多为小溪，水量不大，属于季节性河流。大部分此类村庄三面或四面环山，出入不便，有的道路非常狭窄。

太行东麓大体上由太行腹地伸出的长岭以及这些长岭之间的河谷和盆地组成。比较重要的是清漳河河谷、涉县盆地、沙河河谷等。大部分村落就位于这样两种地形之中，因此分为两类，少量村落位于华北平原西缘的山地，例如鹿泉和武安的情况大体上如此。在更大尺度上看，太行东麓的河流大部分从太行西麓的山西发源，自西向东穿越太行山进入河北，这些河流大多穿过山西河北之间的太行陉道，如著名的滏口陉和井陉。太行东麓传统村落主要分布在这些陉道的出口处，以涉县和井陉县最为集中。

三、各村落调查基本情况

太行东麓的区域差异主要体现在南中太行地区与北太行地区。总的来说，南太行和中太行传统村落数量较多，北太行很少。南太行和中太行传统村落传统建筑较多，北太行传统建筑很少。中太行与南太行均有非常明显的阁门作为村庄结构的标志，是这一区域的一大特征，北太行罕见。相应的，中太行和南太行村落结构大部分都比较清晰，北太行则结构特征不明显，阁门在其中起到了重要的村落结构的标志性作用。南太行少数地区有山西地区常见的大庙，但是北太行和中太行以及南太行大部分地区均只有小庙，缺少规模较大、建筑完整的大庙。大庙也只出现在河谷低地地区，山区基本上只有小庙。南太行和中太行山区村落基本都是石头房子，北太行缺少这种类型。以下根据南太行、中太行和北太行的区域划分对所调查的 31 个传统村落情况做概述。

（一）南太行

1. 赤岸

赤岸村位于涉县河南店镇，地处清漳河右岸，丘陵地形。村落位于南北向主干道路旁，村中主街为东西向，与主干道路垂直，主街沿山坡地势逐步抬升，从东到西依次有观音庙、老爷庙和关帝庙。传统建筑数量较多、结构完整、标识清晰。129 师总部建有纪念馆，旅游发展比较成熟，游客众多。赤岸村既是传统村落，又是 129 师总部旧址的双重身份给了我们一个非常好的机会来分析传统村落保护与红色文化的关系。赤岸村东是一条老街，从南到北，从观音庙到老爷庙再到关帝庙，构成了一个典型的山区小村庄的基本格局：逐步抬高的地势，南北向主干道和东西向主街，隔一段距离一个小庙。赤岸村西南就是129师总部的旧址。两相比较，村西游客不少，做买卖的也不少。村东却门可罗雀。村西的129师总部旧址实际上也就是普通的房子，或许当时是村里比较好一点的民居而已。房子整体上保存很好。普通的民居因为曾经发生过重大历史事件而具有了附加价值。传统村落的价值会因为其发生过重大历史事件而增加。赤岸这样的传统村落因为其红色文化的价值而得到了特殊的保护和开发利用。传统村落很多，目前大部分其实并没有真正有效的保护措施，遑论保护基础之上的开发利用。搭着红色文化的顺风车，赤岸走出了一条别具特色的道路。赤岸村正街叫作拥军路。我不知道什么时候开始叫拥军路的，以前应该是没有这个名字的。其实，村里的路大部分都没有名字，或者简单称呼为正街、主街、东街等，甚至以前县城的路都没有专有名称。这种对村子的包装很有特色。

2. 原曲与固新

原曲与固新两村相邻，均属于涉县固新镇，位于清漳河右岸，地形为河谷低地，旁边有主干道路经过，南北向主街与清漳河以及河边主干道路平行，有东西南北阁门为标志，有大庙。传统建筑数量较多，结构完整，标识不清晰，新旧建筑掺杂。两村都有大庙，有较高建筑价值，原曲村的漕碾极有特色，两村均残留部分沿街店铺，体现了以前村落的商业特色。两村均有抗大六分校旧址，位于庙中，属于具有红色文化特点的遗存。原曲和固新目前正在进行联合旅游开发，已经有完整详细的规划，固新北阁目前由个人开发，建成古槐公园，属于较为简单的旅游开发。

涉县固新镇的固新和原曲两个村情况比较类似。村庄布局方面，都是沿着清漳河以及河西的省道呈南北向分布的带状村庄，都是东西南北四个阁门齐备，实际上最重要的还是南北两个门。村庄结构方面，两村均有南北向主街，主街两边为东西向的小巷，这是一种典型的鱼骨状村庄布局，大体上多为镇或者接近镇的大型村落（所谓巨村）的格局。据碑文和固新村村主任介绍，固新原为故县，实际上是以前的县城。两村人口都很多，在6000人以上，都是实实在在的巨村了。两村均有大庙，原曲是龙王庙（早期可能是崔府君庙），固新正殿牌位是弥勒和两位玉皇，当为三教堂或玉皇庙之类。这两庙实际上均有全神庙的特色，典型的大庙的配置。原曲大庙位于村南，南阁旁边；固新大庙位于村北，北阁旁边。两村大庙正殿均为五间，整体建筑格局类似。据固新村民说，大庙原有献殿，当与原曲类似。

3. 王金庄

王金庄属于涉县井店镇，位于涉县东南部山区，连接县城与东南部的主干道路穿村而过，沿村中小河谷（枯水）东西向有很长的主街，村头有关帝庙。村中绝大部分为建国以后建筑，主街石板街为主要特色，有部分石头房。周围山上的古兵寨很有特色，目前古兵寨由个人开发建成旅游区。村落周围的梯田和花椒种植很有特色。

作为传统村落，王金庄最主要的特色是石板路和石头房子。但是王金庄的农业很有特点，一是梯田，二是花椒种植。这些特色农业带来的村落景观甚至不比石板路和石头房子差。历史建筑需要和自然环境结合起来才更有味道。特色农业既带给了王金庄经济收入，同时又带来了自然景观，与传统村落相结合，更加有特色了。王金庄有一个所谓的兵寨，这种兵寨实际上在周围很多村子都有，无论其价值应该如何判断，都不影响它作为传统村落价值的一部分发挥作用，作为旅游景点发挥作用。王金庄一位70多岁的大爷和其他两位村民多年来出资100多万将古兵寨修复了起来，而且在古寨上搞了客栈、射箭等娱乐项目，旅游点初具规模。这件事情是村民个人参与传统村落保护的一个典型案例。传统村落的保护需要多方面主体的共同参与。大爷跟我说，镇上很支持他们修复古寨，但没有资金支持，从县城到王金庄建立的旅游导向牌子就是镇上给立起来的，对于引流还是能起到一定的作用。应该协调国家各级职能部门、村委会、村民、研究者、民间企业家、社会文化团体等主体，让它们在传统村落保护中发挥各自的作用。地方上的信息常常不能有效传递。很多传统村落甚至很难在网上查到太多的信息，更不要说可能的各种帮助了。村民自发的保护存在很多问题，但是，他们没有太多渠道去获得更专业的帮助和支持。

4. 大洼、岭底和宋家

大洼属于涉县更乐镇，位于涉县东南部山区，距离主干道路较近，村落建在山坡上，无明显村落结构。传统建筑数量很多，大部分为青石石头房，保存完整，标识不清晰，有部分农家乐。农家乐配合周围旅游区，游客较少。

岭底属于涉县关防乡，位于涉县东南部，丘陵地形。村落位于主干道路旁，主街东西向，在地势较高处，有阁作为标志。传统建筑数量较多，青石石头房，结构基本完整，民居保存不好，新旧混杂。老房子大多无人居住，基本无标识。目前，新村在地势较低的地方，与旧村混杂。

宋家属于涉县关防乡，位于涉县东南部山区，丘陵地形，村落位于主干道路旁，南北向主街，有阁门和庙作为标志。传统建筑数量较少，青石石头房，结构基本完整，保护不好，基本无标识。旧村基本无人，村落旁边山上进行了旅游开发，游客很少，新村在对面路东。

以上三村均位于涉县东南部山区。这里大部分传统村落都以石头房为特色。每个地方盖房子都遵循"因地制宜、就地取材"的原则。蔚县用土盖城堡和房子，邢台用太行山红色嶂石岩盖房子，在这片区域也有类似的石头房子，几乎所有村庄都是如此。由于缺少嶂石岩的视觉冲击，这种石头房子观感上差一些。传统村落的价值有两个问题，一是千篇一律、风格单一造成的没有差异化。二是功能单一造成的单调乏味。这两个问题在当天考察的传统村落中表现得非常明显。应该说，王金庄、南漫驼和禅房这三个村算是很有特色的了，有梯田、石板路、花椒和古兵寨，但是这些特色几个村全部都有。去第一个是惊喜，第二个是诧异，第三个是乏味，第四个就是厌烦了。另外，大洼看上去很不错的石头房子，除了居住之外没有其他的功能，没有特色，没有亮点。

大洼是一个整体景观保存非常好的传统村落，但是其功能非常单一。大洼附近有个村子搞了一个水上乐园，游人不少。大洼也有了农家乐，我们去的时候有一些游客，但是不多。大洼就在路边，交通便利、环境优美，只要搞好内部装修，很适合居住。传统村落说到底就是保存了旧面貌的居住环境，因此，对于旅游来说，它最大的功能不是景点之类的东西，而是提供了一种独特的生活居住体验。但是，人们不大可能单纯为了生活居住来传统村落，这就需要周边进行配套建设。全域旅游的理念在很多地方已经实践。从王金庄一直到大洼，沿路全部都搞了旅游开发，全域旅游的格局已经初步建立起来，这对于拉动沿线的传统村落旅游产业就很有意义了。

5. 东鹿头和偏城村

东鹿头属于涉县鹿头乡，位于清漳河谷东部丘陵。村落主要特色为数处庙宇和民居建筑均保存较好，民居建筑为晚清民国风格。村落没有明显保护措施，没有明显标识。

偏城村属于涉县偏城镇，是偏城镇镇政府所在地，偏城原是黎城的飞地，后划归涉县。村落位于清漳河谷东部丘陵地区，旧村为堡寨式村落，保存完好，在此区域内极具特色。旧村堡寨中目前居民很少，有一定标识，尚未进行开发。旧村与新村分离，旧村有完整保护和开发的条件。

6. 北贾壁村、北岔口和北王庄

北贾壁村属于磁县北贾壁乡，位于磁县西部山区，主干道路穿村而过。传统建筑沿村中小河两边分布,无明显标识,数量较多,大部分为青石石头房,结构基本完整,保护不好,基本无标识。旧村人口较少,新村由于是乡政府所在地,面积较大,人口较多。北贾壁村是磁县抗日民主政府所在地,具有红色文化的特点。北贾壁的小河很有特色,在此区域较为罕见,小河两边的古建筑有点江南古镇的感觉,但是目前新旧建筑混杂,破坏了景观的一致性。

北岔口属于磁县陶泉乡,位于磁县西部山区,旁边无主干道路,地理位置比较偏僻。村落主街为南北向,有明显的阁和庙标志,传统建筑数量很多,主要特色为青石石头房,结构完整,保存较好,目前部分传统建筑正在修缮,阁门较有特色,标识较少。北岔口建筑整体面貌完整,有很好的发展潜力。

北王庄属于磁县陶泉乡,位于磁县西部山区,村落位于主干道路旁,主街南北向,与道路平行,旧村在地势较高处,无明显标识,传统建筑数量较少,青石石头房,保存不好,无标识。

7. 什里店

什里店属于武安石洞乡,位于南洺河左岸低地,主干道路旁,村落有南北向主街,与南洺河以及河边主干道路平行,有阁门和庙宇为标志。传统建筑数量较少,且比较分散,结构不完整,新旧混杂,标识少,局部做过开发和修缮。村中有柯鲁克故居,简单开发。什里店村落景观无明显特色,以庙宇、民居和阁门等单体建筑或建筑群为主体,类似原曲和固新等村。此类村落是目前最容易被忽视的村落类型。它不像石头房子在外观上那么引人注目,也不像非遗类型和红色文化类型村落那么简单明了。但是,实际上这类村落的历史价值最高,这类村落往往是遗留石刻文献最多的村落类型,其村庄布局、社会结构、经济发展、文化习俗等都是最丰富的。什里店另有重要的文书资料保留,还有柯鲁克撰写的书留存,这些都是传统村落宝贵的历史文献资源。

8. 冶陶

冶陶属于武安冶陶镇，位于南洺河左岸低地，主干道路旁。村落有东西向主街，与南洺河以及河边主干道路平行，有阁门和庙宇为标志。传统建筑数量较多，民居保存较好，结构基本完整，但新旧混杂。目前村中围绕晋冀鲁豫军区司令部旧址正在进行较大规模的开发。村中建有纪念馆，正在装修。冶陶村红色文化特色非常鲜明。

9. 固义

固义属于武安冶陶镇，位于南洺河左岸低地，主干道路旁。村中有东西向主街，与南洺河以及河边主干道路平行，有阁门和庙宇为标志。传统建筑数量较多，结构完整，但新旧混杂。目前村里主要围绕固义傩戏进行发展。固义傩戏非常有特色，名气很大。

10. 安子岭

安子岭属于武安冶陶镇，位于武安南部山区。村边无主干道路，位置偏僻，村落南北向布局，结构不明显。传统建筑数量很多，结构完整，保存完好，山上石头寨有特色，日月水池有特色，标识清晰完整。目前已经进行旅游开发，但游人很少。安子岭在很多方面类似于北岔口，村落保存相当完好，人口不多，具有很大的开发潜力。

11. 樊下曹村和上申庄

樊下曹村属于沙河市白塔镇，位于邢台西部丘陵地带，交通便利。传统建筑数量不多，村落结构完整，但新旧混杂，传统建筑有部分修缮，有一定程度开发，有企业以市场化形式参与建设。

上申庄属于沙河市十里亭镇，位于邢台西部丘陵地带，交通便利。传统建筑数量不多，村落结构完整，其中祠堂有特色。村中建筑新旧混杂，结构保存尚好，经过一定程度开发，但基本没有游客。

12. 大坪村

大坪村属于沙河市刘石岗乡，位于太行山腹地山区，交通不便，道路难行。砂岩石头房的特色很明显，村落结构完整，传统建筑保存完好，没有任何开发。村中居民已经很少，呈现空心村状况。大坪村是典型的红色嶂石岩村落。

13. 英谈村

英谈村属于邢台县路罗镇，位于太行山腹地山区，传统建筑数量众多，村落结构完整，保存很好。目前英谈村经过完整的旅游开发，配套完整，是成熟的旅游景区，依托周边的太行大峡谷和天河山。英谈村位于邢台市西 70 公里，路罗镇西 8 公里，毗邻冀晋省界。英谈村的地理环境是典型的太行山红色嶂石岩地貌，距离邢台太行山大峡谷和天河山景区均不足 5 公里，村落三面环山，一面临河，周围有雾子垴、和尚垴等群峰环绕，地理环境相对封闭。英谈村现存古建筑规模 4500 平方米，保存完好。村民就地取材，利用当地随处可见的红色砂岩作为建筑材料，形成独具太行山区特色的红色石头房景观。由于太行山区在历史上受到匪患影响，山区村民为求自保，形成独特的堡寨形式，四面均有寨门。

（二）中太行

1. 地都

地都属于井陉天长镇，原属山西，1958 年划归河北。村落位于绵河（桃河）右岸丘陵地带，主干道路旁。村中东西向主街与桃河以及河边主干道路平行，有阁门和庙宇为标志。传统建筑数量很多，结构完整，保存较好，标识清晰，村落进行了部分旅游开发。

井陉道有南北两条道路，北路走娘子关，南路走固关，地都是娘子关方向山西进入河北之后的第一个村。地都有三个阁门，其中两个（中与东）是南北向的，西阁则是东西向的。这主要是因为地都村东西向布局，主街是东西向的，但整个村背山面河，阁的走向也因山势取南北向。地都圆通庵位于村落地势较高的地方，也是坐南朝北，背山面水。井陉道沿线目前有大量的传统村落，历史遗存较为丰富。一般地，我们可以从小区域的角度来讨论传统村落，但是一旦遇到重要商路穿过这片区域的时候，就需要考虑远距离的道路（商路）对于村落的影响。据村民说，村里人以前大多在北京和张家口做皮毛生意，还有不少有关字号的记忆。我们以前很少注意平定商人在张家口活动的情况。在地都，我们再次感受到民间力量对传统村落建设的热情，我们遇到了热心于公益事业的出家人，遇到了热心村庄历史文化建设的两位老人，民间力量和公益组织参与传统村落建设存在很多问题，每个人或组织的目的和手段都不同，如何让这些力量形成合力，是一个很大的问题。

2. 城内村

城内村属于井陉天长镇，也称宋古城村。村落位于桃河右岸低地，主干道路旁。村落有较大面积低地，四方结构，传统建筑数量很多，结构基本完整，标识不清晰，正在进行大规模开发，整体价值较高。村落原为井陉县城，后为天长镇所在地，现为行政村建制。

传统村落名录里面的宋古城村在地图上查不到，目前名称实际为城内村。宋古城村和地都一样是第一批传统村落，后面可能改了名称。原井陉县城城墙以内的部分分为城内、北关和东关三个村，再加上与县城隔河相望的河东村，四个村全部都是传统村落。这些村所在的天长镇有传统村落共计 13 个，是河北省最多的，超过保定全市的数量（12个）。城内村有个城，这是村城，但这个城显然不是一个村所能有的，是一种极为罕见的传统村落类型。从现在的行政管理角度来说，它毫无疑问是一个村，但从村庄聚落角度来说，无论如何不能说它是一个村。那么，应该是一个历史文化名村，还是历史文化名城？这不是一个好回答的问题。这就是传统村落这个词内在的矛盾，到底按照历史界定，还是按照现实界定。无论怎么界定都有无法说清楚的矛盾。井陉古城总体上来说基础很好，目前正在开发中，相信未来会成为一个很好的旅游点。

3. 南凤山

南凤山属于井陉矿区凤山镇，位于井陉盆地北部丘陵地带，周围无河流，村中有南北向主要街道，有庙宇标识。传统建筑数量较少，规模不大，结构基本完整，保护较好，标识较少。村中有村史馆，"文化大革命"时期的忠字碑有特色。

南凤山不属于井陉县，而是属于井陉矿区。作为一个村庄是很奇怪的，它与周围的三矿等矿区连在一起。我们找了很久都没有找到村落在哪里，完全不是我们印象中的村落。从地理上说，它不是一个独立的聚落，和周围的工业社区连成一片。但是，从行政管理角度来说，又确实是一个村落。从经济上说，这个村落周围没有地，大部分人在矿上打工，实际上是工人。从外来人口、流动人口、非农业人口等各个角度来看，它都不是乡村，但它就是一个村。南凤山村旁边就是近代著名的工业遗址正丰矿，我国最早使用德国技术建立的现代化煤矿。谁能想到正丰矿的隔壁就是一个保留着旧貌的传统村落。这个区域的村中普遍存在老君庙，作为烧窑行业的行业神，说明这个区域的矿业有很早的传统。和城内村一样，面对南凤山，我们对村落的界定再次出现了困难。

4. 贾庄

贾庄属于井陉矿区贾庄镇，位于井陉盆地，主干道路旁，村中有东西向主要街道，有阁门和庙宇标识。现存传统建筑数量很少，结构破坏严重，保护不好，开发过度，标识完整清晰，游客较多。

贾庄已经进行了大规模的旅游开发，并且以贾庄古镇的名义进行宣传。这是我们调查时见到的第一个非红色文化的传统村落旅游开发案例。总的来看，开发似乎不是很成功，很多店铺都关门。当我们看过那么多传统村落之后，一看到贾庄就觉得这不是传统村落。宽敞的街道绝不可能是以前的村落（古镇）所能有的，规模非常夸张的关帝庙在以前绝对不合礼制。这个村落只是按照以前村落的结构点缀了几处古建筑，其余全部都是重修。传统村落的风貌可以说是完全破坏了，这是现代人想象的古镇。只要去一下大阳古镇就知道，这两个古镇有本质的区别。这种开发到底是对传统村落的保护还是破坏？一方面，部分古建筑确实得到了更好的保护；另一方面，村落整体上是被破坏了。

5. 赵村铺

赵村铺属于井陉北正乡，井陉盆地北部丘陵地带，距离主干道路近，村落为丁字型结构，三个阁门作为标识，结构有特色，传统建筑数量较多，结构完整，标识较少。村落属于井陉北路驿道经过村落，驿道有特色。

6. 于家

于家村属于井陉于家乡，位于井陉南部山区，距离主干道路很远，但目前有旅游公路通过，村落整体结构不完整，传统建筑数量很多，保存完好，青石石头房特色明显，结构完整，标识清晰。村落是成熟的旅游开发区，游客数量众多。

于家村现在直接被叫作"石头村"，连路牌上都直接写石头村，地图上都标着于家石头村。水峪在路牌上也写着太行红石村。这就叫超级版挂牌式保护。于家村每个院子门口贴着一个牌子，叫作石榴园、草莓园之类的，这些名字当然不是原来就有的，而是为了发展旅游搞出来的名堂。不仅如此，每个院落门口都挂上了一副对联，这个对联以前当然也没有。为传统村落的道路、院落等组成部分制造各种名称，为他们附加各种美化的修饰物，这就是一种超级版传统村落保护。这种行为是保护还是破坏？传统村落的保护当然不仅仅是保护物质的实体，也应该保护它非物质层面的东西，这就包括各种名称，修改了原有的名称就是一种破坏。但是对于旅游来说有一定好处，有待大家去思考。调查时，于家村有人在写生，这就是有意无意地制造新的附加价值。众所周知，周庄那么有名，很大程度上是因为陈丹青的画作。如果有一幅在于家村创作的画获得大奖或者拍卖了高价，于家村可能就一夜成名，游客迅速增加。于家村还有人在拍纪录片，这些都是在创造附加价值。平遥古城原本就是一个古城，但是后来搞了国际摄影节，国际摄影节就成了平遥重要的附加价值，目前又在做电影节。乌镇本来也是挺有名的江南古镇，搞了互联网大会，附加价值增加了。价值与保护的关系是相互转换的，因为有价值，所以要保护；因为保护了，所以产生新的价值，新的价值又需要新的保护。村落过去是如此，现在也是如此。我们不能单纯地认为传统村落就是一个价值的输出者，我们都要去向它索取价值，获得价值。传统村落也是价值的制造者，传统村落如果开发成旅游区，那么它既在利用它的价值满足游客的需要，游客也在为传统村落制造新的附加价值。当一份份的旅游攻略出现的时候，依托于传统村落的附加价值就在增加。

7. 当泉

当泉属于井陉于家乡，位于井陉南部山区，距离主干道路很远，有旅游公路通过，村中有南北向主街，有阁门和庙宇标识，结构完整，传统建筑数量较少，保存较好，青石石头房特色明显，结构完整，标识较少。目前经过部分旅游开发，但游客很少。

8. 南横口

南横口属于井陉秀林镇，陶清河与桃河交汇处，低地地势。村落建在两河交汇的河口处，整体结构不完整。传统建筑数量较多，保存较好，坩埚建房特色明显，村落已经进行成熟的旅游开发，以陶瓷水镇闻名，有烧瓷窑址遗存，特色鲜明。井陉南横口村通过建筑很好地展现了其烧瓷的经济特色，绵河与甘陶河在南横口村附近合流，此后改称冶河，这是井陉最主要的几条河流。清代在南横口村河流沿岸分布着大量的瓷窑，烧制瓷器。南横口村通过㘭埚房屋这一民居特色很好地将历史上的社会经济与传统村落的景观结合在了一起，可以说是此类传统村落的典型代表。

9. 水峪

水峪属于鹿泉白鹿泉乡，位于鹿泉西部山区，周围为旅游道路，村落建在山坡上，无明显结构。传统建筑数量较少，规模不大，红色嶂石岩石头房保护较好，经过一定程度的开发。村落属鹿泉西部旅游区域的一部分。水峪村位于鹿泉与井陉交界处，属鹿泉区白鹿泉乡，东距石家庄市区20公里。鹿泉（原获鹿）位于今石家庄市区西面，与井陉盆地之间有一道低矮的丘陵分割，水峪村就位于其上。水峪村规模不大，最高处海拔600多米。村中有一条小河，将村子分割成两部分，河南为新村，河北为老村。老村建在地势较高的山坡之上，依山就势，民居均分布在山坡之上，沿山坡修建，以石头房子为主要特色，由上街、下街、后边巷、庙巷、武巷、下武巷、四巷和十字街口组成。丘陵类型传统村落主要特点是绝对海拔不高，相对高差较大，依山而建，靠近水源地，规模较小。

（三）北太行

1. 朱家庵

朱家庵属于阜平天生桥镇，位于县西部山区，周围无主干道路，村落建在山坡上。传统建筑数量极少，无结构，保护不好，没有任何标识，属天生桥景区周边村落。

2. 骆驼湾

骆驼湾属于阜平龙泉关镇，位于县西部山区，主干道路与沙河旁。村落沿着山坡修建。传统建筑数量极少，无结构可言，已经经过完整开发，标识清晰，但与传统村落无关，已经是成熟的旅游景区，游客众多。

四、传统村落特色与类型

（一）传统村落类型区分的角度

传统村落数量众多，情况又各不相同，进行类型化分析是非常必要的。目前对传统村落的类型区分主要有三种视角：自然地理视角、文化地理视角、村落传统功能视角。自然地理的视角是基于村落所在区域的地形地貌特征，将传统村落区分为山地村落、高原村落、平原村落、草原村落、沿海丘陵村落、湖滨水域村落等类型。[①]文化地理视角通常是针对全国传统村落的地域特色而言的。冯淑华区分了江南水乡、皖赣、闽粤、北方（华北）、西北、川渝、湘黔、滇桂和西藏八个文化区域。[②]住建部没有对传统村落进行分类，中国历史文化名镇（名村）的分类可以作为参考，主要有文化型、经贸型、交通枢纽型、生态环保型、革命历史型、军事型、建筑遗产型、民族特色型。[③]这一分类主要是根据传统村落在历史时期的主要功能来划分的。周宏伟依据传统功能将传统村落分为农业型、工贸型、行政型、军事型、交通型、宗教型、纪念型和多功能型。[④]类似的，冯维波将传统村落分为农耕型、工贸型、寨堡型、交通型、纪念型等几类。[⑤]传统村落的功能常常不是单一的，这种分类自然也是相对的。

从上面的学术史概述可以看出，传统村落的分类是一个相当复杂的问题，任何一种分类都难说是完善的。中国幅员辽阔，地区差异大，对于传统村落的保护难有统一的标准和"放之四海而皆准"的方法，不能采取一刀切的方式。分类就是解决这一问题最简单的方法，但是分类又常常容易形成对传统村落简单化、刻板的认识。因此，建构一个系统完整的传统村落价值体系成了避免单一视角分类缺陷的最好办

---

① 管彦波：《论中国民族聚落的分类》，《思想战线》，2001 年第 2 期。
② 冯淑华：《传统村落文化生态空间演化论》，科学出版社，2011 年，第 4—9 页。
③ 《全国历史文化名镇（名村）评选和评价办法》，住建部官网 http://www.mohurd.gov.cn/.
④ 周宏伟：《基于传统功能视角的我国历史文化村镇类型探讨》，《中国农史》，2009 年第 4 期。
⑤ 冯维波：《重庆民居上·传统聚落》，重庆大学出版社，2017 年，第 254 页。

法。近年来，学者们已经提出对传统村落立档调查的方法，[①] 从试图对传统村落进行数据采集和整体把握的角度来说，立档调查不失为建构传统村落价值体系的很好办法。这一方法要想取得良好的效果需要建立在两项基础工作之上，一方面是需要对传统村落价值体系进行学术研究，学术研究不能滞后于立档调查。价值体系研究的关键在两个方面，一是多重角度的类型分析，二是对不同分类角度之间相互关系的探讨，使得不同的分类角度相互支撑，构成一个有机的价值体系。另一方面，由于地域差异的存在，统一化、标准化的立档调查规范是不存在的，每个区域需要根据自身情况来建立符合地区特色的具体规范。这两项基础工作要求在传统村落研究中进行区域化的、范例化的、理论化的实地调查。这里针对河北太行东麓地区的具体情况，对 31 个传统村落的类型做初步考察。

（二）自然地理角度的类型

河北太行山区向西为黄土高原，向东为华北平原，是我国地形上第一和第二阶梯的过渡地带。1913 年，地质学家丁文江在平定和昔阳附近做调查时对太行山区的地形地貌做了详尽的描述："太行山全部虽是一条南北的山脉，山脉里的长岭却多是从北偏东、向西偏南的方向。"[②] 太行山腹地是海拔较高的高山地区，从太行腹地延伸出一列列的长岭（丘陵），长岭之间是一条条的河流形成的小流域或小盆地。因此，从自然地理的类型来说，河北太行东麓传统村落主要可以分为山地、丘陵、小流域和小盆地四种类型，下面依次讨论。

1. 山地类型

山地类型传统村落位于太行山腹地，海拔通常在 1000 米以上。邢台县英谈村是此类村庄的典型。

---

① 冯骥才：《中国传统村落立档调查田野手册》，文化艺术出版社，2014 年。
② 丁文江：《太行山里的旅行（续）》，《独立评论》（第十四号），1913 年，第 17 页。

2. 丘陵类型

从太行腹地延伸出来的长岭将河北太行东麓地区分割成一片片的低地,主要的城镇大多位于这些低地的中心,而这些长岭上的村落就是丘陵类型的传统村落,其中一部分还位于山区与平原交界处。此类村落数量很多,前面提到的水峪村便是这类村落的代表。

3. 小流域类型

小流域一般是指太行山地区几条主要大河(浊漳河、清漳河、甘陶河、绵河、滹沱河、永定河)及其一级支流或二级支流的河谷所构成的区域。从太行腹地之中延伸出一列列的长岭,这些长岭之间是一条条的峡谷,峡谷之间就是小河。这种山水相间的地形中的河谷就是小流域地区,太行山地区大部分村落就位于这些小流域之中。建国以后在太行山地区开展的"小流域综合治理"就是针对这些地区展开的。[①]涉县清漳河沿线的原曲和固新是此类村庄的典型。

4. 小盆地类型

河北太行东麓的小盆地类型村落数量相对更少,但是重要性却更显著。太行山地区稍微大一些的盆地大多是历史上县治或重要市镇所在地,也多为今日的县政府所在地。小盆地就像沙漠中的绿洲一样成为人们主要的聚居地,这种情况在今天城市化的进程中更加明显一些,山区县人口出现负增长,人口表现出向小盆地集中的趋势。井陉天长镇的城内村[②]原为井陉县治所在地,位于井陉盆地的中心。井陉盆地是太行腹地(以固关长城为标志)与华北平原之间的过渡区域。自西向东流淌的绵河在城内村附近拐了一个弯之后继续向东,将城内村环绕在其中,城内村因此东西南三面环水,地理环境优越。城内村仍然保留了清代井陉县城包括城墙在内的大量主体建筑,现在虽为村级行

---

① 最著名的小流域治理就是河北农业大学李保国教授所主持的邢台前南峪等村的治理,成为建国以后农村建设的典范。

② 传统村落名单中称宋古城村,今称城内村。

政区，但实际上却是县城的建筑规模。地理条件相对较为优越的小盆地有条件形成规模较大的聚落，成为区域社会经济中心。

（三）文化地理角度的类型

太行山地区位于中原与北方民族过渡区域，北部靠近长城一线深受北方民族影响，在历史上通常是民族冲突和民族贸易的主要区域，南部则靠近以洛阳和开封为中心的中原地区，是中原文化核心区的一部分。目前所见传统村落绝大部分形成于明清时期，间有部分宋元时期建筑。明代大移民与明清山西商人的贸易活动将太行东西麓紧密联系起来，明清河北大部分村落的村民祖籍均是山西，河北也是山西商人重要的销售市场之一。因此，河北太行东麓传统村落在文化上主要具有东西交融与南北差异的特点。基于此，河北太行东麓传统村落在文化地理方面主要分为北部、中部和南部三个类型。

1. 北部文化区

以保定为代表的北部文化区传统村落数量很少，保定二十多个县的传统村落数量比井陉天长镇一个乡镇还要少。目前公布的传统村落的传统建筑也很少，时间也较晚。从住建部公布的第五批传统村落数据来看，阜平天生桥镇朱家庵村和骆驼湾村的传统建筑数量仅为 4 个和 2 个。[①] 从实地考察情况来看，两个村落仍然具有传统村落的格局，但绝大部分建筑均为新修。村民称当地有拆掉旧屋，在原址盖新房的习惯做法，这就导致传统建筑大部分不存。太行山北部由于在元明时期受到战乱破坏，明代人口远少于南部。清代中叶以后人口逐步增加，但是社会经济发展水平还是非常落后，现在仍然是太行山地区贫困县最集中的区域。明清时期，北太行地区的村庄社会分化程度低，以自耕农为主，缺少村落组织，村庄凝聚力差，是涣散无力的自耕农社会，黄宗智称之为小农经济或贫农社会。[②]

---

① 参看住建部官网，http://47.93.137.210:84/publicityPage.aspx.
② 黄宗智：《华北的小农经济与社会变迁》，中华书局，2000 年。

2. 中部文化区

以井陉为代表的太行中部文化区包括石家庄和邢台的部分地区，也是通常所说的中太行地区。美国学者李怀印利用获鹿档案对这一区域的乡村社会进行了深入的研究。[①] 这个区域生态环境和收入稳定，流动人口少，亲族关系牢固，凝聚力强，以自耕农为主，社会分化程度不高，因此形成了村民自发联合的乡地制度。乡地制度增加了村落凝聚力，提高了村落抵御自然和政治风险的能力。李怀印说："如果我们把华北大部分地方涣散无力的自耕农社会与华南强大的士绅、宗族统治，视作 20 世纪早期国家与乡村关系的两种极端形态的话，那么，流行于获鹿一带的乡地制所反映的，则是此一关系的中间状态或第三类范畴。"[②] 清中叶之后，伴随着晋中商人的强势崛起，沟通晋中与华北平原的中太行地区得到了长足的发展，以棉花种植为代表的特色产业也同时兴起，成为华北重要的产棉基地。河北省传统村落最集中的县域就是属于这一区域的井陉县，特别是沟通冀晋两省的井陉道沿线，大部分村落都是传统村落，和这条商路在历史上的发达是分不开的。

3. 南部文化区

以涉县为代表的太行南部文化区包括邯郸和邢台的部分地区。南部太行地区是最具特色的传统村落类型区。从宋元开始，这个区域就出现了比较有特色的民间信仰和演艺活动，同时出现的是这些活动举行的场所——祠庙建筑。涉县原曲大庙即是始建于宋代的崔府君庙，[③] 磁州（今磁县）崔府君信仰兴于唐代，是这个区域的特色。庙中献殿同时为乐楼，始建于明嘉靖年间，具有明显的金元时期建筑风格。[④] 南太行地区常见的村落大型庙宇在其他地区非常少见，北太行和中太

---

① 李怀印：《华北村治：晚清和民国时期的国家与乡村》，王士皓校，中华书局，2008 年。
② 李怀印：《晚清及民国时期华北村庄中的乡地制——以河北获鹿县为例》，《历史研究》，2001 年第 6 期。
③ 嘉靖四十四年《重修府君龙王庙记》，现存涉县原曲村大庙。
④ 李刘根：《涉县固新镇传统聚落庙宇建筑研究》，河北工程大学 2018 年硕士学位论文。

行地区的庙宇大多比较小。现存宋元时期的散乐、百戏和杂剧，考古发现几乎全部出自南太行这一区域，[①]武安固义村的傩戏是这一区域戏曲非遗的典型代表，也同样是南太行这一历史传统的体现。建筑、戏曲和民间信仰是南太行地区主要的文化特色。抗战时期，南太行地区是八路军最重要的根据地，这里的传统村落几乎都有红色文化的内容，最突出的是涉县赤岸村129师总部旧址，武安冶陶的晋冀鲁豫军区司令部旧址。红色文化也成为这一区域的鲜明特色之一。

（四）村落功能角度的类型

根据其不同的遗存特色和功能，我们大体可以将太行东麓传统村落分为以下几种类型。

1. 红色文化类型

典型代表：赤岸、冶陶。

涉县在这方面比较突出，涉县是抗战时期重要的根据地，相关历史文化遗存众多。由于抗战时期的旧址或故居之类的历史文化遗存大部分是当时村中比较好的传统建筑，保护这些旧址实际上就是保护传统建筑。传统村落保护与革命文物的保护在这里是统一的。这些建筑实际上都是比较普通的民居建筑，因为发生过重大的历史事件而被赋予了新的内涵。

2. 非遗文化类型

代表村落：固义、南张井（此次调查未去）。

和上述红色文化类型相似，极具特色的非遗文化为传统村落增添了别样的魅力。固义傩戏引起了很多专家学者的关注，以其悠久的历史和独特的形式吸引着人们。南张井的老虎火别有特色，"火"是井陉县南张井村村民对"烟火"的俗称，"老虎火"就是用制作成老虎状的道具放烟火。

---

① 赵永军:《金代墓葬研究》，吉林大学2010年博士学位论文，第66—68页。

3. 石头房子类型

代表村落：于家、大洼、北岔口、安子岭、水峪。

这一类型传统村落所占比重最大，南太行和中太行地区几乎所有山区村落都是这种石头房子，邢台地区的红色嶂石岩房子观感更好。其突出特点是结构完整，视觉冲击力强。

4. 古庙、古民居类型

代表村落：原曲、什里店。

以古庙、古民居为主要特色的传统村落和文物保护单位类型的景点类似。个别的传统建筑非常亮眼，但整体上比较薄弱。其历史价值、研究价值、建筑价值和艺术价值都比较高。

5. 古城类型

代表村落：城内村。

这种类型少见，原本是古城，现在转变为行政村建制，仅有天长镇城内村是这种情况。

6. 历史文化类型

代表村落：地都、赵城铺。

这是指发生过重大历史事件（指近代之前），或者曾经有重要历史影响（包括社会经济方面）的古村落。地都和赵城铺都是井陉驿道上的重要节点，赵城铺现在以秦皇驿道的名义进行宣传，就是在强调这种历史文化价值。

7. 地理形胜型

此类传统村落的价值主要体现为特殊的地理位置，井陉地都村是典型个案。地都村位于晋冀两省交界处，原属山西平定县，1958 年因争水诉讼而改属河北井陉。地都村地理位置十分重要，扼守在山西与河北之间的井陉道上，绵河右岸，倚山面河。村落沿河以东西向带状分布，东西有阁门作为进出村落的标志。村内主要道路名为晋阳街，体现着河北与山西两省之间的密切交往。战争与贸易是地理形胜类村庄的两个主题，和平时期从事贸易，战争时期又成为兵家必争之地。据村民说，地都在清代有不少人在张家口从事皮毛贸易，庚子之变时，八国联军路过地都，焚毁村中阁门。无论是村落的布局、建筑，还是文化和传说都和地都独特的地理位置密切相关。

8. 生态环保型

传统村落并不仅指人工建筑，同时也包括村落周边的自然环境。生态环保既和区域自然气候条件、历史上人类活动的长期效应等有关，也和当代村民的改造利用有关。涉县王金庄以石板路为主要特色，而其自然环境才是最大的亮点。梯田所代表的粮食种植和花椒所代表的经济作物共同构成了王金庄优美的自然环境。站在传说中战国时期始建的兵寨之上眺望整个村落，层层的梯田美景和阵阵的花椒香味能够带来很好的乡村生活体验。传统村落的价值是多元化的，农业生活方式与农业遗产景观构成其不可忽视的一个方面。

9. 社会经济型

传统村落在社会经济方面的价值常常不容易得到充分的重视，因为它很难得到可视化的呈现。无论是建筑遗存还是非物质文化遗产实际上根源于传统村落在历史时期的社会经济状况，社会经济状况才是决定性的因素，如何挖掘传统村落的社会经济价值是传统村落发展面临的重要问题之一。南横口村通过钳埚房屋这一民居特色很好地将历史上的社会经济与传统村落的景观结合在一起，可以说是此类传统村落的典型代表。

以上只是根据调查情况做的简单罗列，不是严格的类型区分，也存在一些交叉的可能性。传统村落类型的区分有助于更好地对传统村落价值进行评定。

五、传统村落保护与发展现状

根据调查情况，太行东麓传统村落的保护主要有以下几个问题。

一是新旧建筑混杂，传统建筑与现代建筑杂糅在一起，观感很差。村里人为了改善居住条件而修建新房，由于存在贫富差距，有的人家修建了新房，有的人家没有，就出现了新旧建筑混杂的情况，这不利于村落的整体保护。相对来说，第一类村落这种问题更为严重一些，第二类村落就要好一些，因为山区村落经济上更加落后，修建新房子更加不便，整体保护较好。比如大洼除了道路是新铺的，全村基本上都是完整的古建筑。于家因为已经是乡政府所在地了，新修的建筑其实不少，但是新修建筑没有和以前的建筑混杂。这一方面是因为石头房子拆除起来可能非常不容易，还不如在别的地方新建；另一方面也是因为于家已经进行了比较成熟的旅游开发，经过了整理。

二是老建筑大多没有人居住了，因为各种原因，老房子住起来不舒服，很多人都改成了新房子，或者搬到了新房子里面。宋家村的旧村基本空了。岭底和北贾壁的老房子也没什么人住。没人居住就没人保护。老房子修缮起来很麻烦，成本较高，进行现代化设施的改造也比较困难。特别是石头房子修建起来是很不容易的，现在都不再盖这种房子了。传统村落保护不仅是对现有建筑的保护，也是对传统技艺的保护，时间长了，老式房子的修建技术就面临失传的危机了。

三是旧村的格局被破坏。比建筑破坏更严重的是旧村格局的破坏。当标识不清晰的时候，甚至很难找到旧村，难以对旧村形成一个完整的印象。旧村与新村连在一起，界线不清晰。这里的主要问题是山区村庄空间有限，发展的余地不大，还涉及宅基地的问题，如果不在原地拆旧盖新就很难解决村民改善居住条件的需求。北太行村落中之所以传统建筑很少，主要原因就是村民在原地拆旧盖新。

四是有些建筑复建过程中不注意恢复历史景观。特别是庙宇重修的时候，或者直接使用现代的红砖，或者样式完全改变，等等。这些都造成很差的观感。特别是很多阁门下面是原来的基础，上面是重修的庙屋，但上面完全是现代建筑的样式了。

总的来说，第一类村庄一般规模较大、人口较多、交通便利，村落保护情况则不容乐观，新建民居较多，新村规模较大，新旧建筑混杂比较明显。第二类村庄总体上保护状况要好一些。红色文化类型村庄投入力度较大，大部分已经进行了开发建设，有的游客较多，有的很少。有的村落仅仅修缮和保护少数与红色文化有关的建筑，没有利用保护红色文化的机会对全村进行整体保护。非遗类村落由于对村落传统建筑与非遗之间的关系认识不够清楚，没有很好地将两者结合起来。例如固义专门修建了戏院用来表演傩戏，但是村落中的传统建筑却没有充分体现这一点。庙宇民居类型村落也存在同样问题，什里店仅仅对柯鲁克故居附近进行了保护和修缮，其他区域则没有进行修缮。历史文化类型村落也应该解决好历史文化叙事与村落现存传统建筑之间的关系问题，例如地都通过叙述阁上记录八国联军破坏事件的碑刻就是一个正面案例。古城类型村落则尤其需要注意整体的修缮和维护。总的来说，目前传统村落保护总体上较好，大部分村落已经有比较明显的保护或开发行为，有的已经成为非常成熟的旅游区，有的正在开发之中，但也存在完全没有保护或者开发过度的情况。

六、传统村落保护与发展的对策建议

通过此次河北太行东麓传统村落调查，调查组对传统村落保护与发展提出一些初步的建议，以供进一步探讨。

（一）传统村落保护的依靠力量

与传统村落的保护利用有关的主体很多，不同主体的目的、动机、认识、知识水平各不相同，如何让这些主体形成合力，这是传统村落保护与利用中最重要的问题之一。

1. 村民和居民

40多年来，随着中国社会经济的持续高速发展，不少村民和居住在传统村落中的居民已经有了一定程度的经济积累，这时他们也开始关心地方文化建设。在调查中，课题组常常遇到这样的事例。涉县王金庄的一位煤矿工人退休之后返回村里，联合另外两位村民，完全依靠自己的力量，自筹资金，将古兵寨修复了起来。井陉地都村一位在外工作多年的李姓老人修复了村中李氏祠堂，另一位姓段的老人自己手绘了一幅村里的地图，通过实地调查，将每一间房子的平面图都绘制得很清楚，他们还联合去村里庙内抄录碑刻。这样一些事例表明，传统村落保护与利用实际上已经成为当地村民和居民的一种内在需求。对这些活动比较热心的群体主要有以下几类：一是曾经在外从事工商业工作，退休之后的老年人；二是在任、退休村干部或籍贯在本村的更高级别干部；三是乡村教师等乡村文化程度较高者。近些年来，随着传统文化的繁荣和复兴，本村在外学习的年轻大学生也开始参与到地方文化建设中。这些群体的动机主要不是谋利的，对家乡的感情和对历史文化的兴趣是其主要的推动力。这一类群体也存在一些问题，如王金庄古兵寨建设者认为古兵寨是战国时期赵国赵简子修建的，类似这种结论没有充足的史学依据。村民有热情，但是缺乏专业知识，要么就是对村落历史做了错误的解读，要么就是造成资源没有优化配置。大家虽然都关心村落的文化建设，但是目的和动机可能都不一致。地都李姓老人特别关注他们做举人的祖先，家族的视角特别容易受到民间力量的关注。这和传统村落保护的理念其实并不完全符合。

2. 地方政府

传统村落保护利用差异很大，有的村落做得很好，有的村落却做得不好。这主要取决于地方政府和村干部的重视程度与能力的大小。在传统村落保护和利用中，村民的力量太小，相关市场化企业还不成熟，国家的角色主要是政策导向和制定规范，真正推动传统村落发展的是地方政府和村干部。地方政府在传统村落保护中究竟应该占有何种地位呢？主要表现在以下三个方面。

一是结合当地情况，制定具体的规划和发展策略，整体性推动地方文化宣传，树立地方文化品牌和形象。无论从宣传、建设、发展各方面来说，一定区域内的传统村落的保护很多时候需要给予整体的关注。2019年9月，以传统村落旅游为主的石家庄旅发大会在井陉县和井陉矿区召开，井陉县对于推动传统村落旅游做出了很大的努力，一次旅发大会对于举办地的旅游产业都有很大的推动作用。

二是完善村落周边的配套设施。村民所做的各项工作仅能局限在村落内部，更多配套问题需要政府帮助解决。涉县王金庄也对村里老人修复古寨给予支持，在沿线都立了旅游指示牌，这些标识可以引导人们去王金庄参观旅游。

三是探索多样化的资金、人力、知识等村落外部的支持方式，充分调动各方面积极性，构建围绕传统村落保护利用的乡村文化服务体系。地方政府应该利用其更为强大的社会动员能力、社会关系资本等为村民提供支持。

3. 国家相关部门

住建部在不断推出传统村落的名录之后并没有提出具体的保护措施和要求，这是可以理解的。中国幅员辽阔，地域差异很大，从国家角度，搞出一个统一的方案是非常困难的。国家应该更多从顶层设计角度去考虑，从立法规范角度去考虑，积极性主要看地方的，国家主要应该明确不要做什么事情，对一些破坏行为画红线。

4. 学者

学者在传统村落保护利用中是知识的主要提供者。在传统村落保护中，学者们的主要工作还是研究。如何才能做好传统村落的研究，对实践工作有所帮助呢？应该包括如下几个方面。

首先，要探索适合传统村落研究的方法，重视实地调查，增强社会服务意识。政府根据各地申报的材料公布名录就可以了，不可能一个个去了解具体情况。无论地方政府还是民间力量都容易犯"只见树木，不见森林"的错误，只了解当地的情况，不了解整体情况。学者的优势是能够形成一个整体认识。学者的任务既不是冲到传统村落保护一线去从事保护利用的工作，也不能待在书斋里只看材料；而是要去了解实际存在的现状、经验、教训、趋势，一方面提供给各级政府参考，另一方面也能够教育群众。了解现状，形成一个宏观整体的认识是最重要的。

其次，要打破专业壁垒，进行跨学科、跨领域的研究。传统村落保护利用是一种应用型的研究，由于其本身是一个新生事物，各个学科都缺少这方面研究的传统。很多学科大多是从自身单一角度来看待传统村落，这是制约目前传统村落研究的最主要原因。

5. 企业

与传统村落保护和利用有关的企业市场化行为可以分为两类，一类是文化产业，另一类是非文化产业，如传统村落保护过程中的土建施工等。这里主要指的是前一种，传统村落保护利用既是一种文化事业，也是一种文化产业。在适合进行市场化运作的领域应该鼓励社会资本的进入。邢台樊下曹村有企业租用村落中的传统建筑，作为夏令营和国学类培训的场所。这样一些尝试目前都只是刚刚开始，还不成熟，但不失为好的探索。

（二）传统村落保护与开发的路径与方法

1. 传统村落保护与开发的整合效应

传统村落本身存在功能单一的问题，将传统村落与附近其他旅游开发区连起来发展是很重要的路径。大洼是一个整体景观保存非常好的传统村落，但是其功能非常单一。大洼附近有个村子搞了一个水上乐园，游人不少。大洼也有了农家乐，我们去的时候还有一些游客，虽然不多。大洼就在路边，交通便利、环境优美，只要搞好内部装修，很适合居住。传统村落说到底就是保存了旧面貌的居住环境，因此，对于游客来说，它最大的功能不是游览，而是提供了一种独特的生活居住体验。从王金庄一直到大洼，沿路全部都搞了旅游开发，全域旅游的格局已经初步建立起来，这对于拉动沿线的传统村落旅游产业就很有意义了。朱家庵之于天生桥景区，水峪之于石家庄西山旅游区等都是如此。

2. 传统建筑与自然景观的结合

传统村落主要是从传统建筑角度说的，但是自然景观要与建筑结合起来。作为传统村落，王金庄最主要的特色是石板路和石头房子。但是王金庄的农业也很有特点，一是梯田，二是花椒种植。这些特色农业带来的村落景观甚至不比石板路和石头房子差。什么是传统村落？主要是看历史建筑，但是历史建筑需要和自然环境结合起来才更有味道。特色农业既带给了王金庄经济收入，同时又带来了自然景观，与传统村落相结合，更有特色了。

3. 传统建筑与非遗结合起来

建筑是凝固的艺术，而非遗是流动的艺术。它们能形成很好地结合。传统村落申报中非常重视非遗的内容，这其实就是静和动的结合。固义傩戏固然可以在新建的戏院里进行，但如果是在原来的老戏台上，在村里的旧街道上是不是更有味道一些呢？传统建筑在今天已经逐步丧失了其原有的功能，甚至最基本的居住功能都在丧失，这就需要非遗来丰富其内涵，让传统村落活起来。

4. 传统村落的艺术再创造

传统村落既是一种需要保护的资源，也是一种可以在其基础上进行再创作的资源。于家村现在直接被叫作"石头村"，连路牌上都直接写石头村，地图上都标着于家石头村。水峪在路牌上也写着太行红石村。赤岸村的正街叫作拥军路。我不知道什么时候开始叫拥军路的，以前是没有这个名字的。立足于传统村落进行各种创新，是传统村落保护的一种重要路径。

5. 挖掘历史文献资源

传统村落保护中，目前不太重视对历史文献的挖掘和保护。这里所说的历史文献主要是指碑刻和各种纸质文书档案。这些对村庄进行文字记录的材料对于把传统村落的故事讲好能起到很大的作用。传统村落的保护是多方面的，既是物质的保护，也是非物质的保护，既是不可移动的传统建筑的保护，也是可移动文物的保护。

七、进一步的思考

调查中还涉及一些理论和实践方面的问题，这里简单罗列一些作为参考。

（一）传统村落保护的标准与效果

究竟怎样的行为可以叫作保护呢？水峪村为了发展旅游将村中一些比较破旧的房子都拆除了，作为垃圾清理了。贾庄为了发展旅游将整个村大部分都破坏了，修建了宽长的街道和规模宏大的关帝庙，但是传统的韵味尽失，这些很难说是真正的保护。究竟应该用何种标准去衡量保护呢？

（二）传统村落认定的标准

从调查情况来看，北太行的传统村落保护情况非常不好，传统建筑数量极少。保定全市的传统村落数量还比不上井陉一个天长镇，即便是已经公布的传统村落质量也不高。如果按照这个标准，那么山西可能所有村都是传统村落了。不同区域情况不同，执行不同的标准也是可以理解的。毕竟每个区域应该有代表性的村落作为传统村落，但是过于降低标准也不是很合适。

（三）传统村落保护中的国家行为与民间力量

国家与民间力量在传统村落的保护中其实是各有利弊的。国家的好处是有整体观念，有专业水平，有全局意识，执行能力强，但是国家行为的缺点是容易一刀切，不了解地方实际情况，容易滋生寻租行为等。民间力量则和国家相反，有热情，对地方也了解，但是专业性不足，缺少整体意识。我们当然清楚各种力量应该很好地结合，取长补短，但是需要一个好的机制让各方面力量发挥好作用。

（四）传统村落的界定

此次调查遇到的城内村和南凤山村引起我们关于传统村落界定的思考。传统村落名录里面的宋古城村在地图上查不到，目前名称实际为城内村。城内村是原井陉县城城墙以内的部分，这是一种极为罕见的传统村落类型，从现在的行政管理角度来说，它毫无疑问是一个村，但从村庄聚落角度来说，无论如何不能说它是一个村。这就是传统村落这个词内在的矛盾，到底按照历史界定，还是按照现实界定。无论怎么界定都有无法说清楚的矛盾。南凤山作为一个村庄是很奇怪的，它与周围的矿区连在一起。我们找了很久都没有找到村落在哪里，完全不是我们印象中的村落。从地理上说，它不是一个独立的聚落，和周围的工业社区连成一片。从行政管理角度来说，它又确实是一个村落。从经济上说，这个村落周围没有地，大部分人在矿上打工，实际上是工人。以上这两个案例都让我们思考究竟什么是传统村落。

（五）传统村落的价值体系构建

无论如何，传统村落的保护必须有一个标准，究竟保护什么，怎么保护，要保护成什么，这些都很重要，要建立在传统村落价值体系的基础之上。最麻烦的事情就是传统村落的多样性差异，我们似乎很难找到一套统一的标准。传统村落保护当然是一个现实问题，但同时也是一个理论问题。如果理论问题不解决好，现实中的困惑得不到根本解决。对于传统村落的调查让我们更加清楚地感受到这样的价值体系建立的重要性。

作者简介：杨波，中国史博士，山西大学历史文化学院民间文献整理与研究中心研究员，研究方向为社会经济史、民间文献、史学理论。

后 记

　　19世纪末以来，随着现代学术在中国的确立。西方人文社会科学领域的"社会调查"方法引入国内，并逐渐受到多方重视。基于现实的关怀和学理的逻辑，李景汉、陈翰笙、顾颉刚、钟敬文、杨成志、梁方仲、傅衣凌等一批具有不同学科背景的学者，不约而同地从各自的分析对象出发，对中国社会的诸多方面展开调查并予以研究。

　　在各种理论的推动下，20世纪二三十年代，中国兴起了"社会调查运动"的风潮，留下了大量宝贵的调查资料。自20世纪80年代开始，社会史研究兴起，人类学、社会学和历史学等多学科对话不断深入。在这一背景下，"田野调查"作为一个"新事物"，重新进入史学研究者的视线。史学界、民俗学界等提出"眼光向下"的田野调查的学术范式。

　　山西大学民间文献整理与研究中心（以下简称中心）自成立伊始，便始终贯彻"走向田野与社会"的学术理念，多年来致力于围绕太行山地区开展田野调查，今年已经是第七个年头。这七年来，中心师生不避寒暑，奔走于环太行山沿线各地的1万余个村落，开展抢救性的民间历史文化遗存普查工作。这一过程不仅搜集到了大量的民间文献，还深化了我们对乡村社会的认识，丰富了中心的研究方向。中心师生利用搜集到的民间文献开展学术训练、论文写作和课题申请，近年来取得了一定的成果，走上了良性循环的道路。可以说，田野调查之于中心不仅具有学术研究的方法论意义，更具备教学育人的学科建设意义。通过田野调查，一方面推动了山西大学历史学科的学术发展；另一方面也促进了学生综合素质的提高和学术能力的培养，这是中心教研相长的一个典型特色。

郝平教授的《山西晋城传统村落调查报告——传统村落保护的要素与区域差异》一文，通过对晋城传统村落的调查以及整体性的关怀，为建构传统村落价值体系奠定调查基础。文章以阳城为例重点关注传统村落保护的区域不平衡问题。同时，在具体的传统村落中则以水池、水井和碑刻为例探讨传统村落内部各要素之间保护的不平衡问题。从整体来看，文章依托课题的逻辑思考，对传统村落价值体系的构建和实践奠定了一定的基础。

孟伟教授《高平市历史文化调查报告》一文，对地处晋东南地区的核心地带、面积不足1000平方公里的高平市进行了调查，发现了以宋代以来的建筑和碑刻为主要特点的历史文化遗存，这些历史文化遗存反映了民间社会的丰富内容，其中信仰、村社和商人分别反映了区域社会的文化、社会和经济的一个侧面，既具有鲜明的地方特色，又反映了宋代以后民间文化发展的一般特征。

周亚教授的《祁县传统村落调查报告》一文，依托对祁县传统村落的调查，发现在传统村落保护过程中，存在手段与目标相混淆、村落保护与地方经济发展不协调、居民参与不足、宣传"浮夸风"等诸多问题。这些问题的形成是多阶段历史层累的结果，体现为保护中的产权和职责不清，缺乏专门管理机构和整体全面研究，等等。提出在今后的工作中，应当加强在各个层面的顶层设计，建立专门的组织机构，引入第三方对保护和利用进行科学评估；还应主动加强与高等院校、地方学者以及商业组织之间的互动交流，做好传统村落的分级、分层，有针对性地开发利用；同时，加强对村民的文化教育，使其充分认识"本文化"的重要价值，形成文化自觉，进而在实现乡村振兴中凸显文化自信。

魏晓锴副教授的《太行山传统村落价值体系研究——以黎城县南

委泉为例》一文，以南委泉为个案，对其传统资源、文化价值等特征进行了阐释，认为旧阁和古庙是太行山古村落中较为普遍的存在，也是南委泉现存遗迹中最有年代感的东西。城隍庙作为重要遗迹，成为集文物古庙、黎北县府驻地、群英会址三位于一体的传统村落文化价值载体。太行群英会不仅在南委泉历史上留下了浓墨重彩的一笔，而且从南委泉走出来的英雄，引领和开创了一个时代，"南委泉开创的时代"及其引领下的表彰机制和英模精神，成为南委泉传统村落价值体系中最有特质的部分。文章还对传统村落中所赋存的各类资源进行了全面的描述和阐释。同时，对于南委泉没有入选住建部传统村落名录给出自身的思考。

闫爱萍副教授、许晓亮硕士的《大阳古镇文化遗产资源活化利用调研报告》一文，以大阳古镇为调研地点，在深度田野调查的基础上对大阳古镇的各类文化遗产进行了"深描"，作为晋东南地区物质文化和精神文化的典型代表的文化遗产，正是当地重要的旅游资源，在文旅融合的背景下，这些不同类别的文化遗产的活化利用成为重要的思考命题，作者在调研的基础上，试图给出相应的旅游活化的对策和建议，以期为晋东南地区的文化遗产开发利用提供一些借鉴，从而实现其旅游目的地建设和旅游可持续发展。

刘伟国副教授的《黎城县乡村抗战遗址调查与初步研究》一文，以抗战遗址作为研究对象，对于太行山地区的乡村抗战遗址进行了详尽的梳理，通过在黎城县深度调查所得的民间文献资料，结合黎城县档案馆所藏资料，对黎城县乡村抗战遗址进行了初步研究，结果表明黎城县乡村抗战遗址类型丰富、系列多样、历史信息连续、社会和文化价值高、空间分布特征明显，但是也存在着时间关系不明确、单体文物价值不高、整体保存状况不佳的问题。基于以上特征和问题，文章提出了深入挖掘抗战遗址的历史信息、构建与自然地理特征相结合的解说系统、实施抗战遗址的区域性保护、建设以抗战遗址为主体资源的产业化道路的保护与利用策略，以期对乡村抗战遗址保护与乡村振兴发展提供借鉴。

晏雪莲博士的《黎城县洪井乡孔家峧村田野调查报告》一文，在对黎城县洪井乡孔家峧村的田野调查基础上，得知孔家峧历史最晚可以追溯至元代，村落几经搬迁，至清代民国间始建成现今规模。该村传统历史风貌保存良好，现存庙宇七处，戏台一座，庙宇遗址两处，清代民国民居十余处，碑刻十七通。此外，还有大量红色革命遗址和民间文献。2019年6月6日，孔家峧村列入第五批中国传统村落名录。从传统村落价值体系来看，该村的历史价值丰富多元，传统村落各项因素保留齐全，还因为特殊的地理位置，在抗战时期是八路军后勤体系中重要的堡垒，且留下大量的红色民间文献，为该村发展红色旅游和建立教育基地留下了宝贵的财富。

张霞博士的《太行山南麓黎城县边界村庄社会经济调查》一文，以人群、经济、交通及社会文化为着眼点，重点对地处太行山南麓地区黎城县的边界村庄进行调研，集中就该地区的常住人口、耕地使用、学校教育、现存庙宇、庙会活动等方面展开分析，结合考察结果进一步思考乡村振兴战略如何更好落地。

杨波博士的《河北太行东麓传统村落调查报告》一文，对太行山东麓地区的河北4个地级市，共计31个传统村落进行了详尽的调查，表明这些传统村落特色鲜明、类型多样。通过调查可知这些传统村落的保护与发展情况呈现出巨大差异，有的村落保护与发展很好，有的则情况堪忧。国家相关部门、地方政府、村民、学者和企业都是传统村落保护发展的重要力量，如何充分发挥这些主体的积极性是当前传统村落保护中最重要的问题之一。针对目前的状况和主要问题，传统村落保护发展的对策主要包括：区域整体协同发展、自然环境与历史人文相结合、物质与非物质文化融合发展、深入挖掘历史文献、重视传统村落的艺术再创作等。

山西大学民间文献整理与研究中心依托教育部重点课题"中国传统村落价值体系与扶贫搬迁中的遗产保护"的资助，各位老师不惧艰辛，每年寒暑假都奔波行走在三晋大地广阔的乡村之间，穿梭于不同历史时期的村落现场，去感受隐于民众精神世界的传统文化、民俗信仰，观察它们在民众精神世界中的意义，看到它们对千千万万仍在乡野生存、忙碌的民众的生活的维系力量。不断逐梦于田野，将自身的理性和学术追求尽可能与社会现实命题和需求相结合，将论文写在广阔的太行山上，本书正是这个过程中阐释和思考的结果。

今后，我们将一直贯彻的信条是：上穷碧落下黄泉，动手动脚找资料，走进田野，体验田野。

由于撰写与审校时间较紧，加之其他主客观因素制约，书中难免会有疏漏、瑕疵甚至舛错，诚望读者的批评指正。

2020 年 10 月

写于山西大学